烽烟记忆

珍稀旧籍里的抗战岁月

钱念孙 著

时代出版传媒股份有限公司
安徽教育出版社

图书在版编目(CIP)数据

烽烟记忆:珍稀旧籍里的抗战岁月/钱念孙著.
合肥:安徽教育出版社,2025.8.— ISBN 978-7-5748-0912-3

Ⅰ.K265.06

中国国家版本馆 CIP 数据核字第 2025RF0715 号

烽烟记忆:珍稀旧籍里的抗战岁月
FENGYAN JIYI: ZHENXI JIUJI LI DE KANGZHAN SUIYUE

出 版 人:王能玉
选题策划:王能玉　李冰冰　文　乾
责任编辑:文　乾　赵佩娟　程心怡
责任校对:张文娟
装帧设计:许海波
责任印制:陈善军

出版发行:安徽教育出版社
地　　址:合肥市经开区繁华大道西路 398 号 邮编:230601
网　　址:http://www.ahep.com.cn
营销电话:(0551)63683012,63683013
印　　刷:安徽新华印刷股份有限公司

开　本:787mm×1092mm　1/16
印　张:20.5
字　数:300 千字
版　次:2025 年 8 月第 1 版
印　次:2025 年 8 月第 1 次印刷
定　价:80.00 元

(如发现印装质量问题,影响阅读,请与本社营销部联系调换)

序言

白纸黑字 史实说话

从1931年九一八事变点燃局部抗战的烽火，到1937年七七事变掀起全民族抗战的高潮，直到1945年日本侵略者无条件投降——连续14年的中国人民抗日战争，不仅是世界反法西斯战争中开展时间最早、持续时间最长、作战异常惨烈的东方主战场，更凸显和展现了中国人民面对顽敌侵略，不畏强暴、浴血奋战、保家卫国的悲壮历程。抗日战争的胜利，是以爱国主义为核心的民族精神的伟大胜利，是中国共产党发挥中流砥柱作用，建立抗日民族统一战线而英勇奋斗的伟大胜利，是中国人民与反法西斯同盟国以及各国人民并肩作战的伟大胜利。

抗日战争那段可歌可泣的峥嵘岁月已经过去80周年，我们对抗战历史及意义的认识也在不断深化与拓展。与此同时，在对抗战史的回顾和讨论中，不时听到一些混淆历史的不实之词，甚至沿用国民党顽固派诋毁中国共产党在抗战中的地位与作用的虚假谎言，污蔑共产党抗战"游而不击""一分抗日，两分应付，七分发展"等。这是对抗战史的故意歪曲和颠覆，意在抹杀中国共产党抗战的历史作用和重要贡献，极大干扰抗战历史的民族记忆，严重妨碍抗战精神的传承发扬。

2005年，正值抗战胜利60周年，我曾利用自己的收藏，翻捡出20世纪三四十年代出版的抗战旧书200多本，逐个叙述其内容、背景及作者简况等，写了一本《无法尘封的历史：抗战旧书收藏笔记》。该书通过呈示抗战当事人、当年写、当时印行的抗战旧籍，以无可辩驳的原始史料及客观描述，表现中华民族在那血与火的时代与入侵之敌殊死搏斗的英勇事迹，揭露日本侵略者惨无人道的野蛮行径。拙著由安徽教育出版社2005年8月出版面世后，除获得"中国最美的书"和"五个一工程"优秀作品奖、"安徽图书奖"等荣誉以外，还数次加印，颇受读者青睐。

岁月如梭，一晃又临近抗战胜利80周年。安徽教育出版社希望我能用抗战当年的珍稀旧籍史料，以图文并茂的形式再推出一本有关抗战的书，以作为2025年的主题出版读物。该社曾推出我的多本学术著述，"老东家"的嘱托自然不容推辞和怠慢，何况自己在这一领域毕竟有所涉猎，再次进入多少有些熟悉和把握，更何况"文章合为时而著，歌诗合为事而作"，扎根祖国大地，吐纳时代风云，这本身就是人文学者应该努力践行的方向。

可是，做此事的一大难题，就是我个人收藏的抗战时期出版的旧书数量有限，区区两三百本已经基本用于《无法尘封的历史：抗战旧书收藏笔记》。如果还以这些旧籍史料为原材料，改头换面变个角度或方式予以呈露和阐释，无异于"炒冷饭"，不仅有违学术的规矩和道德，更对不起读者和社会。如何搜罗到各类抗战旧书，解决"巧妇难为无米之炊"的难题？我想到一些图书馆和藏书界的朋友，但他们在这方面的收藏均处于零打碎敲、散兵游勇的状态，既散落各处、访求比较麻烦，更难以一下搜罗到足以成书的数百本抗战旧籍。

寻思之时，我脑中蹦出孔夫子旧书网的当家人和宏明先生，顿时涌出"众里寻他千百度，蓦然回首，那人却在，灯火阑珊处"的喜悦。和先生系中国人民大学财政金融学院的教授，他作为执掌全球最大中文旧书交易平台的企业家兼文化人，以独到的眼光和魄力，多年来重点搜集人们较为忽视的晚清至民国的史料典籍，其所创办的大型私立公益图书馆"杂书馆"，收藏各类民国图书期刊及名人信札稿本等近百万件。几年前我前往北京市朝阳区崔各庄乡何各庄村328号红厂设计创意产业园参加孔夫子旧书网主办的古籍善本拍卖会，曾参观"孔网红色文献博物馆"，其展陈的数量可观的有关抗战等题材的红色文献，让人印象深刻。

"稀有原材料"的藏身之处有了定位，我便与其主人和先生取得联系，得到他的热情首肯和慷慨支持。于是，2月中旬元宵节过完不久，我就赶往北京，每日早九晚六，与孔夫子旧书网员工同时上下班。查找书目、调阅原书、浏览阅读、摘录笔记、拍摄书封及内文等，在孔夫子旧书网"杂书馆"的沈文峰、陈沅陇等的帮助下，我一连忙了近两个星期，感觉所需材料大体凑齐，便收获满满地打道回府了。

返回合肥寓所，如老牛饱食草料后慢慢反刍咀嚼，我也一头扎进抗战旧书的史料堆里，再次细嚼慢咽，回味品评，逐本叙述其内容主旨、写作出版背景、作者简况及意义价值等。我希望通过这些抗战当年留下的、先辈们亲身经历而不是后人回忆或转述的文字及图片，让人们更清晰、真实地感受和认识那段艰苦卓绝的抗战岁月，看到祖国的每一寸曾被战火蹂躏的土地都是神圣不可侵犯的，革命先辈用血肉之躯筑起了钢铁长城。同时，在对历史的回望和梳理中，纠正一些人对抗战历史的错误认知，让人们从正确的抗战历史中吸取前进的力量。

再次埋首于抗战史料之中，我有以下两点比较突出的感受。

一是国民党作为当时中国的执政党，其所掌控的军事力量虽然于抗战全面爆发后，在正面战场与敌人进行诸多殊死搏斗，为保卫祖国山河作出重要贡献，但在整个抗战过程中，不仅在九一八事变后犹豫妥协，采取"不抵抗"政策，使敌人迅速侵占东三省；还在抗战白热化阶段摇摆分化，其副总裁汪精卫投降日本并在南京成立伪政府，给抗战造成极大困难和阻碍；更在1941年初同室操戈，制造震惊中外的皖南事变，犯下"使亲者痛，仇者快"的严重罪行。与此不同，共产党自始至终无所畏惧，坚定抗日，不仅在九一八事变后率先擎起抗日大旗，于1931年9月20日发表《中国共产党为日本帝国主义强暴占领东三省事件宣言》；还随着反侵略战争逐步进入全民族抗战阶段，从"抗日反蒋"到"逼蒋抗日"到"联蒋抗日"，建立最广泛的抗日民族统一战线，为抗战最终胜利奠定基础。即便发生皖南事变这样祸起萧墙的惨痛悲剧，中国共产党仍以抗战大局为先，忍辱负重，斗而不破，始终维护抗日民族统一战线。

二是抗战分为国民党领导的正面战场与共产党领导的敌后战场，过去总以为正面战场是主要战场，敌后战场是次要战场，此次浏览大量史料后，我发现这种认识和看法是片面的。且不说九一八事变后，隶属国民党的国民革命军东北边防军（即东北军）基本撤回关内，是共产党及其领导的东北抗日武装出没于深山密林之中，积小胜为大胜，有力迟滞了日军对我国关内地区的侵略；即以七七事变后共产党领导的八路军、新四军及华南抗日游击队等，就纷纷在华北、华中、华南等地区建立抗日根据地，开辟广阔的敌后战场，以伏击战、地雷战、地道战、麻雀战等游击战的战法，配合大规模的运动战，有力歼灭大量日本侵略者。如1937年9月中国军队主动对日作战取得第一个重大胜利的平型关大捷、1940年8月八路军发动的百团大战等，都给敌人以沉重打击，极大振奋全国人民抗战必胜的信心。尤其是进入战略相持阶段后，广袤的敌后战场实际成为抗日战争的主战场。这一点，当时的国民革命军第十八集团军（即八路军）参谋长叶剑英就在与中外记者的谈话中指出："中国抗战，一开始就分为正面和敌后两大战场；而自一九三八年十月武汉失守以后，敌后战场就在实际上成了中国的主要战场"（见本书第 193 页）。正是敌后战场与正面战场相互配合、相互支援，共同铸就了抗日战争的伟大胜利。

认识和书写任何一段已经逝去的历史，主要应依据这段历史的原始史料。所谓"原始史料"，是指历史亲历者当时记载、当年留存或刊印的史料，而非后人回忆、转述、阐发或加工过的资料。这对于认识和撰写抗战史尤为重要，其原因不仅在于原始史料相对可靠，相对接近历史真相，更在于中国抗日战争力量组成结构的特殊性和复杂性，使得对抗战史的叙事时有歧义和变调。

正是基于抗战原始史料具有还原历史的功能和价值，这本《烽烟记忆：珍稀旧籍里的抗战岁月》，以抗战时期的出版物为基本材料，从日本侵华的背景、九一八事变引发局部抗战、七七事变与全民族抗战、十四年抗战历程、战时中国政治、战时中国军事、战时中国经济、战时中国外交、战时中国文化、抗战胜利与恢复十个方面，让历史说话，用史实发言，回顾历尽艰辛的抗战岁月，传扬气壮山河的抗战精神。

感谢生活和历史，让我在人生旅程中不断获得新的启示。此次有幸与这些珍稀抗战旧书相晤对话，翻阅这些发黄发脆，甚至一碰就掉渣破损的文献史料，我不仅对日本侵略者曾经的狂妄野心和滔天罪行义愤填膺，更对我们伟大民族在血腥抗战中所创造的英勇伟绩感佩不已。我相信这些尘封已久的白纸黑字，作为一段历史的见证，其所饱蕴的丰富内涵和精神力量，既有助于我们审视来路，把握当下，更有助于我们凝望未来，开拓民族复兴的新征程。

目 录 CONTENTS

▶ 烽 烟 记 忆 ◀
珍稀旧籍里的抗战岁月

蓄谋已久：日本侵华的背景

《节译日本对满蒙积极政策》等五种……………………003
《日本大陆政策的真面目》…………………………………006
《满蒙经济大观》……………………………………………007
《国耻史讲话》………………………………………………008
《日本侵略中国外交秘史》…………………………………009
《日本对东三省之铁路侵略》………………………………010
《济南惨案》…………………………………………………011
《六十年来中国与日本》（一至六卷，缺第二卷）………012
《东南西北》…………………………………………………014
《万宝山事件及朝鲜排华惨案》……………………………016
《倭寇侵华简史》……………………………………………018
《日本的发展》………………………………………………019
《中国到那里去？》…………………………………………020
《抗日手册》…………………………………………………022
《近二十年来之中日贸易及其主要商品》…………………024

宁死不屈：九一八事变引发局部抗战

《杨靖宇和抗联第一路军》…………………………………027
《暴日合并中的伪满洲国真相》……………………………028
《马占山孤军血战》…………………………………………030
《察哈尔抗日实录》…………………………………………032
《东北人民抗日义勇军》……………………………………034
《东北抗日的铁路政策》……………………………………035
《上海抗日血战史》…………………………………………036

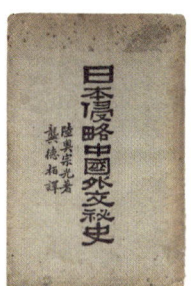

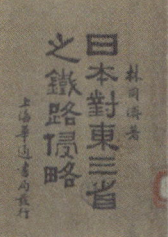

《上海血战抗日记》……………………………………038
《十九路军抗日大战史》……………………………039
《榆关抗日战史》……………………………………040
《东北抗日联军斗争史略》…………………………042
《东北抗日联军对日作战之经验》…………………044
《东北抗日烈士传》…………………………………046
《九一八前后的中国》………………………………047
《东北抗日联军十四年奋斗简史》…………………048
《第一期抗战的经验与教训》………………………050

同仇敌忾：七七事变与全民族抗战

《九一八以来的抗日战争》…………………………053
《从"九一八"到"七七"》…………………………054
《抗战到底》…………………………………………056
《全面抗战论》………………………………………058
《全面抗战方略》……………………………………060
《后方民众的总动员》………………………………062
《倭寇内部的危机》…………………………………064
《论持久战》…………………………………………066
《抗日民族革命战争论》……………………………068
《长期抗战所必须的条件》…………………………069
《八路军半年来抗战的经验与教训》………………070
《抗战的新阶段》……………………………………071
《全民抗日救国的基本问题》………………………072
《中国全面抗战记》（第一集）……………………073

《救亡的理论与实践》⋯⋯⋯⋯⋯⋯⋯⋯⋯⋯⋯⋯⋯⋯⋯⋯074
《抗战的经验与教训》⋯⋯⋯⋯⋯⋯⋯⋯⋯⋯⋯⋯⋯⋯⋯075
《毕业上前线》⋯⋯⋯⋯⋯⋯⋯⋯⋯⋯⋯⋯⋯⋯⋯⋯⋯⋯076

（四）

血战到底：十四年抗战历程

《论新阶段》⋯⋯⋯⋯⋯⋯⋯⋯⋯⋯⋯⋯⋯⋯⋯⋯⋯⋯⋯079
《中国抗日大战纪》⋯⋯⋯⋯⋯⋯⋯⋯⋯⋯⋯⋯⋯⋯⋯⋯080
《抗战纪实》（四册）⋯⋯⋯⋯⋯⋯⋯⋯⋯⋯⋯⋯⋯⋯⋯081
《中国抗战军事发展史》⋯⋯⋯⋯⋯⋯⋯⋯⋯⋯⋯⋯⋯082
《中国抗战史》⋯⋯⋯⋯⋯⋯⋯⋯⋯⋯⋯⋯⋯⋯⋯⋯⋯⋯084
《中国抗战形势图解》⋯⋯⋯⋯⋯⋯⋯⋯⋯⋯⋯⋯⋯⋯086
《东北抗日联军十四年苦斗简史》⋯⋯⋯⋯⋯⋯⋯⋯088
《毛泽东救国言论选集》⋯⋯⋯⋯⋯⋯⋯⋯⋯⋯⋯⋯⋯090
《抗日的第八路军》⋯⋯⋯⋯⋯⋯⋯⋯⋯⋯⋯⋯⋯⋯⋯092
《日本在中国的赌博》⋯⋯⋯⋯⋯⋯⋯⋯⋯⋯⋯⋯⋯⋯095
《抗日救国须知》⋯⋯⋯⋯⋯⋯⋯⋯⋯⋯⋯⋯⋯⋯⋯⋯096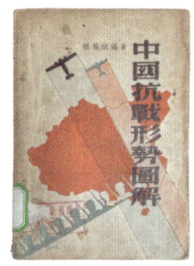
《抗日必胜论》⋯⋯⋯⋯⋯⋯⋯⋯⋯⋯⋯⋯⋯⋯⋯⋯⋯097
《文汇年刊》⋯⋯⋯⋯⋯⋯⋯⋯⋯⋯⋯⋯⋯⋯⋯⋯⋯⋯098
《抗战一周年》⋯⋯⋯⋯⋯⋯⋯⋯⋯⋯⋯⋯⋯⋯⋯⋯⋯102
《一九三八年之中国》⋯⋯⋯⋯⋯⋯⋯⋯⋯⋯⋯⋯⋯⋯103
《抗战三周年》⋯⋯⋯⋯⋯⋯⋯⋯⋯⋯⋯⋯⋯⋯⋯⋯⋯104
《胜利的四年》⋯⋯⋯⋯⋯⋯⋯⋯⋯⋯⋯⋯⋯⋯⋯⋯⋯105
《"七七"四年》⋯⋯⋯⋯⋯⋯⋯⋯⋯⋯⋯⋯⋯⋯⋯⋯106
《抗战总动员》⋯⋯⋯⋯⋯⋯⋯⋯⋯⋯⋯⋯⋯⋯⋯⋯⋯107

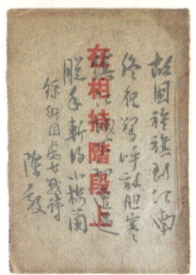

《抗战外史》………………………………………………………108
《外人目睹中之日军暴行》………………………………………110
《中国战区中国陆军总司令部处理日本投降文件汇编》(上、下卷)…112
《缅甸荡寇志》……………………………………………………114
《海军战史》………………………………………………………117
《第十战区纪念册》………………………………………………118

五

匹夫有责：战时中国政治

《论中日战争——毛泽东与堡脱兰谈话》………………………121
《抗战与军队政治工作》…………………………………………122
《苏联革命与中国抗战》…………………………………………124
《十月革命的经验与中国抗战》…………………………………125
《抗战言论集》（一至三辑）……………………………………126
《抗战建国之根本问题》…………………………………………128
《论抗日民族统一战线的发展，困难及其前途》………………129
《中国与二次大战》………………………………………………130
《新大学——民族革命哲学》……………………………………132
《我们断然有救》…………………………………………………133
《国共合作抗日文献》……………………………………………134
《我对于抗战的意见》……………………………………………136
《从国际形势观察中国抗战前途》………………………………138
《告日本社会主义者》……………………………………………139
《抗日民族统一战线教程》………………………………………140
《民主政治与救亡运动》…………………………………………142
《统一战线下的中国共产党》……………………………………143
《论联合政府》……………………………………………………144

《抗战中的党派问题》……………………………145
《抗战政治工作纲领》……………………………146
《民族革命与抗战》………………………………147
《抗战与新启蒙运动》……………………………148
《抗战中的政党和派别》…………………………150
《抗日军队中的政治工作》………………………151
《国共合作史》……………………………………152
《新民主主义论》…………………………………154
《在相持阶段上》…………………………………156
《抗日民主政权及其各种基本政策》……………157
《九一八以来国内政治形势的演变》……………158
《团结抗战与中共》………………………………159
《抗战以来重要文件汇集》………………………160

（六）

前赴后继：战时中国军事

《抗战中的征兵问题》……………………………163
《抗日除奸特种训练纲要汇编》…………………164
《兵役问答》………………………………………165
《从江西到陕北——二万五千里长征记》………166
《中国国民兵役史略》……………………………168
《怎样做总动员的宣传工作》……………………169
《野战筑城》………………………………………170
《中国的游击队》…………………………………172
《游击战争的经验与教训》………………………174
《活跃的新西北》…………………………………175

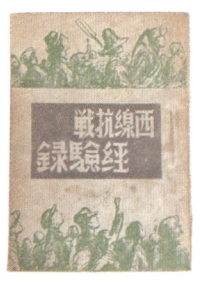

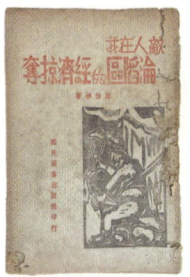

《战斗中的陕北》……………………………………………176
《第二期抗战歼寇录》………………………………………177
《在游击队中》………………………………………………178
《第八路军基础战术》………………………………………180
《抗日游击战争的战略问题》………………………………182
《战略与策略》………………………………………………183
《军训部游击干部训练班组织大纲、训练大纲、训练纲领、训练施行细则》……………………………………………………184
《战时技术人员训练》………………………………………185
《红军战士底战斗勤务》……………………………………186
《存亡的关键》………………………………………………187
《皖南突围记——为纪念皖南事件一周年而印》…………188
《论解放区战场》……………………………………………190
《八路军新四军的抗战成绩与敌后抗日根据地的概况》…191
《中共抗战一般情况的介绍》………………………………192
《抗战八年来的八路军与新四军》（上、下册）…………194
《中国敌后抗日民主根据地概况》…………………………196
《西线抗战经验录》…………………………………………198

（七）

艰苦卓绝：战时中国经济

《日本侵略下之工商地志》…………………………………201
《中国统制经济论》…………………………………………202
《战时统制经济论》…………………………………………203
《抗战与财政金融》…………………………………………204
《抗战与救济事业》…………………………………………205

《抗战与农村经济》……………………………………206
《抗战与民生》………………………………………207
《抗战建国之经济建设工作报告》……………………208
《抗战与农产》………………………………………209
《抗战与消费统制》…………………………………210
《敌人在我沦陷区的经济掠夺》………………………211
《抗日模范根据地晋察冀边区》………………………212
《铁路在抗战中的表现及今后筑路的教训》…………214
《抗战六年来我国工业技术之进步》…………………215
《抗战以来的经济》…………………………………216
《民营厂矿内迁纪略——我国工业总动员之序幕》……218
《三年来之工矿运输》………………………………220
《第二次全国生产会议总报告》………………………222
《国防与农业》………………………………………224

得道多助：战时中国外交

《国联调查团报告书》………………………………227
《中日纠纷与国联》…………………………………228
《中苏合作抗日论》…………………………………230
《抗战中军事外交的转变》…………………………231
《抗战与国际形势》…………………………………232
《抗战期间的国际关系》……………………………233
《中国抗战与国际关系》……………………………234
《我为中国人说话》…………………………………235

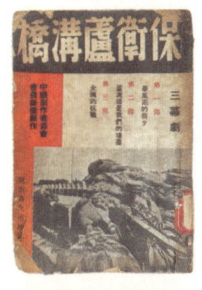
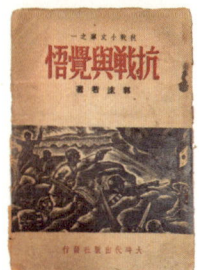

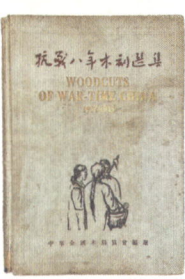

《论苏德战争及其他》···236
《国际劳工组织与援华运动》·······································238
《抗战与外交》···240
《随军漫记》··241
《抗战六年来之外交》···242
《近百年来中外关系》···243
《盟邦人士的诤言》··244
《美人所见：中国时局真相》······································245
《新西行漫记——与中共相处两年》···························246

（九）

匕首投枪：战时中国文化

《保卫卢沟桥》··249
《鲁迅与抗日战争》··250
《抗战与觉悟》···252
《抗战诗歌讲话》··253
《抗战诗歌集》（一、二辑）······································254
《抗日剧词》··256
《农村妇女抗战常识图说》···257
《军中随笔》··258
《抗战丛刊》（第一辑）··260
《抗战与新闻事业》··262
《大时代名人战地历险记》···263
《第四十一号女童军》···264
《抗战的一日》···266
《抗战独幕剧选》（初集）···267

《抗战的郭沫若》·················268
《抗战与游艺》··················270
《绘图抗日传初集》（四册）·········271
《抗战与歌曲》··················272
《抗战故事讲话》·················273
《抗战歌声》（第一集）············274
《抗战建国的文化运动》············276
《抗战文艺评论集》···············277
《抗战小说选》··················278
《抗战歌曲选》··················279
《抗战以来》····················280
《二期抗战新歌续集》·············281
《抗战八年木刻选集（1937—1945）》·····282
《抗战前后——名家短篇小说选》（上、下册）·····284
《抗战十年来中国的戏剧运动与教育》······285
《抗战时期边区教育建设》（上、下册）······286
《中国抗战文艺史》···············287
《论中国文学革命》···············288

浴火重生：抗战胜利与恢复

《日本投降的经过》···············291
《抗战胜利歌》··················292
《日本投降记》··················293
《保卫抗战胜利果实》·············294
《战后经济和平论》···············295

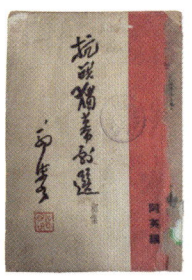
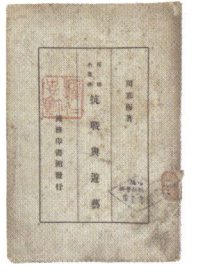

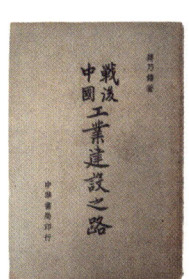
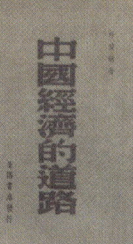

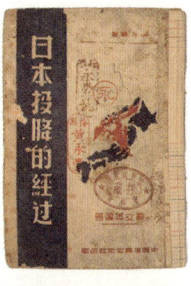

《战后中国工业建设之路》……………………296
《中国胜利与日本投降》………………………297
《我们的胜利——太平洋战争纪实》…………298
《由战时经济到平时经济》……………………299
《中国战后经济问题研究》……………………300
《中国经济的道路》……………………………302
《战后中国的两条路线》………………………303
《中国共产党对中华民族的供献》……………304
《日本投降以来中国政局史话》………………306
《战后经济建设论》……………………………308
《战后中国的国民教育》………………………309
《战后经济学说》………………………………310

后　记……………………………………………311

一

蓄谋已久

日本侵华的背景

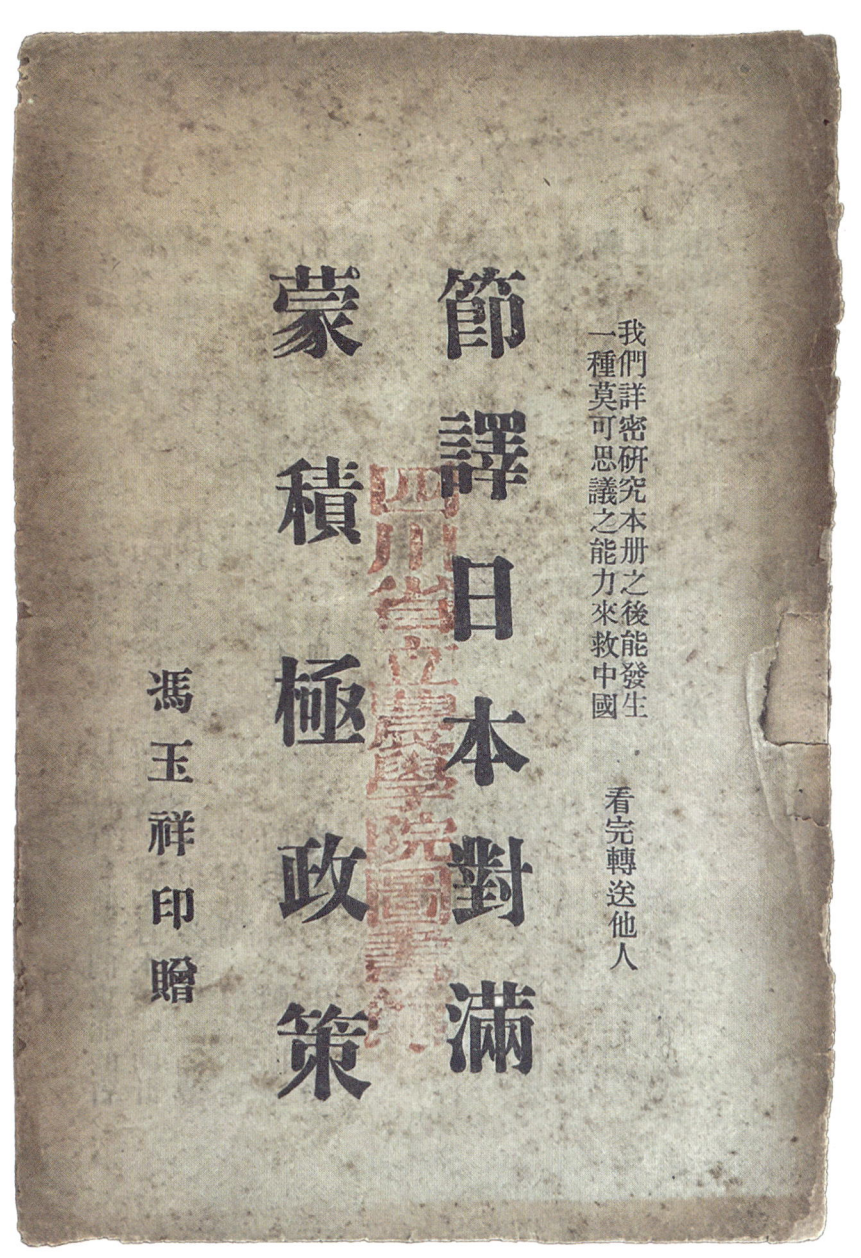

32 开本，13cm×18.5cm

冯玉祥印赠，1931 年 11 月印行。序 1 页，读后感言 2 页，正文 30 页。

《节译日本对满蒙积极政策》等五种

日本对中国的侵略蓄谋已久。1927 年 6 月 27 日至 7 月 7 日，日本政府在东京召开有外务省、陆军省、海军省、参谋本部、关东军及有关中国问题专家参加的"东方会议"，并形成《对华政策纲领》文件。

会后，日本首相田中义将会议形成的侵略中国东北和蒙古的方案，拟成《帝国对满蒙之积极根本政策》秘密奏折（即《田中奏折》），于 7 月 25 日通过宫内大臣一木喜德郎代呈天皇。奏折全文长达四万言，提出日本征服中国的战略，主张把侵略中国的起点定在东北，建议"必

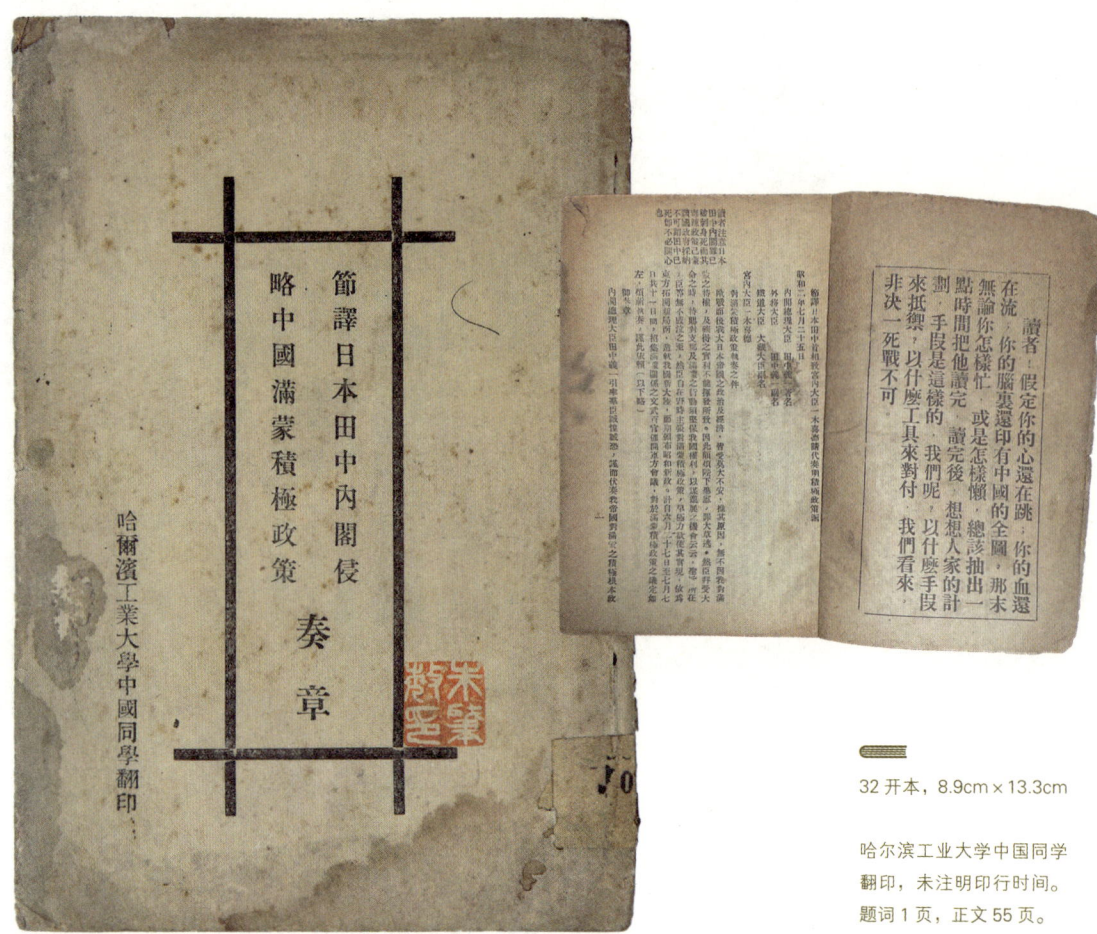

32 开本，8.9cm×13.3cm

哈尔滨工业大学中国同学翻印，未注明印行时间。题词 1 页，正文 55 页。

须以积极的对满蒙强取权利为方针，以权利而培养贸易"，并相应提出通过管制"满蒙地区"铁路线、掌握海上运输等一系列支配满蒙经济的计划。该奏折是日本帝国主义侵略中国的总政策，暴露了日本企图霸占中国的野心，也标志日本对中国的侵略战争难以避免。

　　该奏折为在日本经商的蔡智堪冒险获得。因系密件，一直不为国人所知。事隔两年多，由哈尔滨工业大学中国同学得此奏折，乃迅速翻印，名之为《节译日本田中内阁侵略中国满蒙积极政策奏章》，自行印刷，于 1929 年 12 月公之于众。哈尔滨工业大学的中国同学在扉页上写下了这几句话："读者！假定你的心还在跳，你的血还在流，你的脑里还印有中国的全图，那末无论你怎样忙，或是怎样懒，总该抽出一点时间把它读完。读完后，想想人家的计划、手段是这样的，我们呢？以什么手段来抵御？以什么工具来对付？我们看来，非决一死战不可。"哈尔滨工业大学中国同学当年的自印本，较为珍贵。

　　《田中奏折》在中国被披露后，群情激愤，各界多有翻印转发，以揭露日本的侵略野心。《节译日本对满蒙积极政策》便是著名抗日爱国将领冯玉祥自行印赠本。他在自印本前面的读后感言中写道："此计划书，实日本帝国主义处心积虑，掠夺我东三省与蒙古之积极政策，居心狠毒，蓄谋深远，惟此不过暴露之一部分耳！"

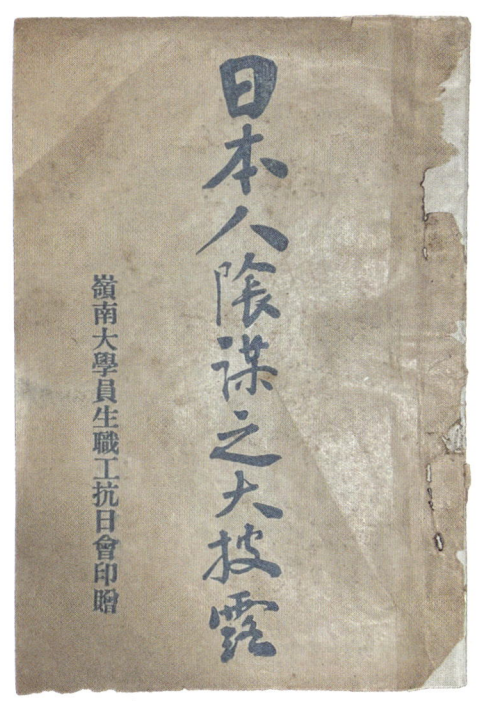
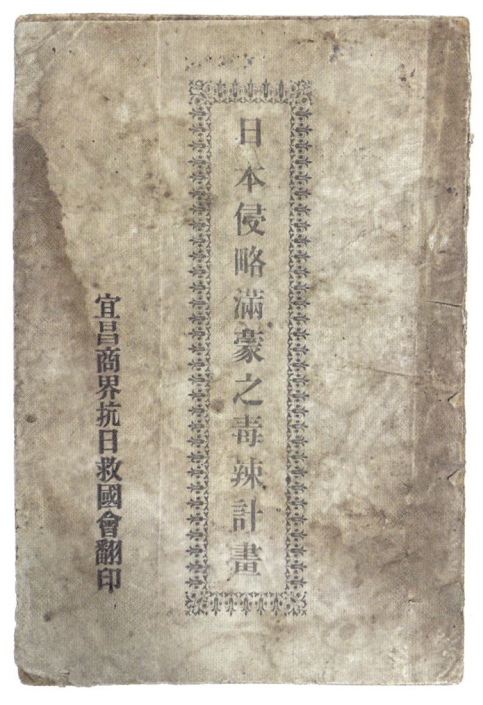

32 开本，13cm×18.6cm

岭南大学员生职工抗日会印赠，未注印行时间。前言 1 页，地图 1 页，正文 54 页。

32 开本，12.4cm×17.8cm

宜昌商界抗日救国会翻印，未注印行时间。告白 2 页，正文 43 页。

32 开本，13.4cm×18.7cm

广告 1 页，地图 1 页，痛言 2 页，正文 36 页。

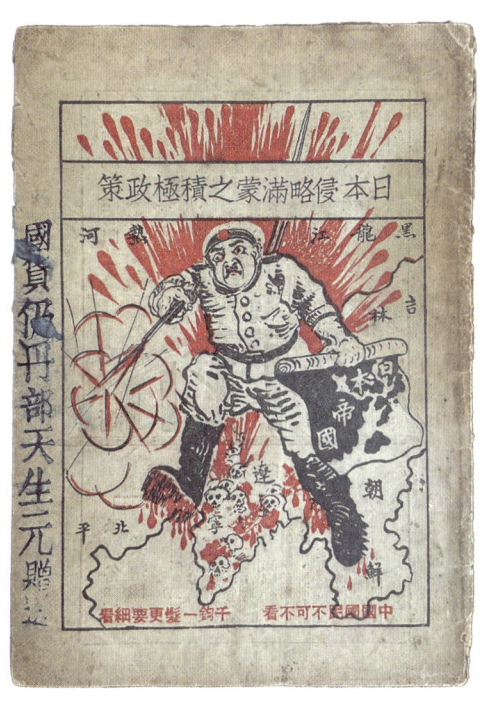

《日本人阴谋之大披露》，为岭南大学员生职工抗日会印赠。《日本侵略满蒙之毒辣计画》，为宜昌商界抗日救国会翻印。《日本侵略满蒙之积极政策》，乃一未注明商家的套色印行本。

有关《田中奏折》，笔者见到当时不同机构印行的十余种不同的珍贵版本。众多机构争先恐后印发，乃在揭露日本的狼子野心，也是举国上下义愤填膺、爱国热情高涨的生动体现。

（一）蓄谋已久：日本侵华的背景　005

32 开本，13cm×18.5cm

国难资料编辑社编，生活书店（上海）1937年7月出版。序1页，目次1页，正文129页，版权页1页。

《日本大陆政策的真面目》

  日本为侵略中国长期谋划，作了一系列部署。此书有鉴于此，特搜集当时日本侵华的六种重要的文献，包括《田中〈大陆政策〉奏折》《日本并吞满蒙之秘密计划》《天羽"四一七"声明》《日本对华的基础观念》《广田对华"三原则"》等，汇编出版，告知国人。编者在序言中说："我们从侵略者的口供中，看出毒辣的阴谋，使我们震栗，使我们兴奋！这是全国人必读之书，把它放在案头上，真如'暮鼓晨钟，发人深省'！"

  譬如《日本对华的基础观念》长文，为日本在中国天津的驻屯军司令官多田骏少将，于1935年9月24日接待日本记者时分发的一个小册子，其中充满霸占中国的狂想。尽管刊发此文的日本报纸和外务省均声明，并非代表日本政府之意见，而只是多田骏的个人言论，但日本军警对中国之态度，可谓昭然若揭。

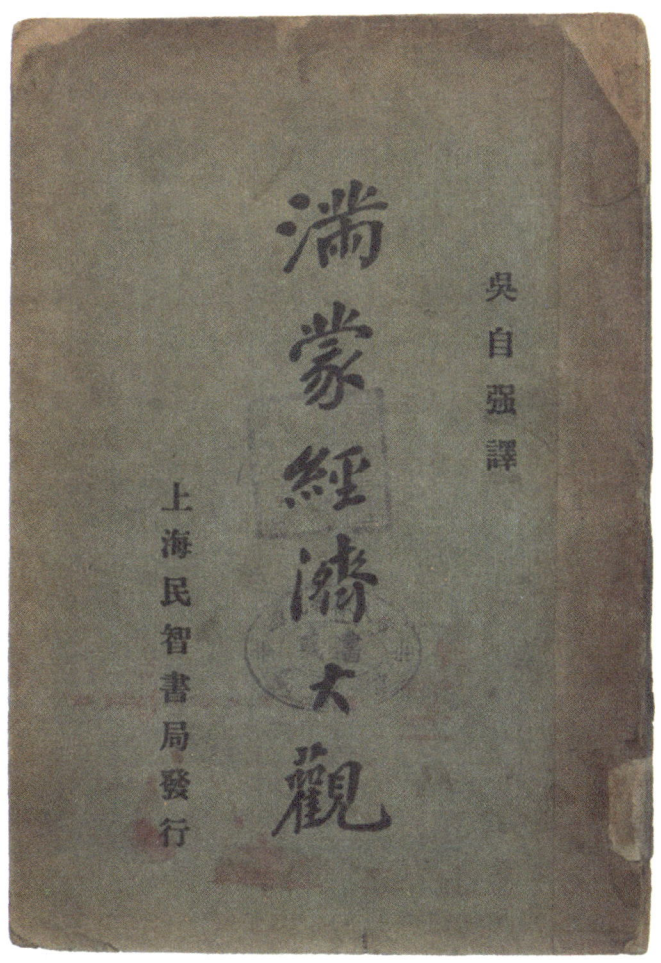

大 32 开本，15cm×21.6cm

[日]滕冈启著，吴自强译，上海民智书局 1929 年 12 月初版。译者叙言 2 页，[日]后滕新平序 2 页，[日]山本条太郎序 2 页，[日]本山彦一序 2 页，著者例言 2 页，目次 10 页，正文 266 页。

《满蒙经济大观》

  日本记者滕冈启于 1925 年至 1928 年，奉大阪每日新闻社和东京日日新闻社之命，到两社在中国大连出版的《满洲每日新闻》和《满洲日日新闻》工作四年。该书就是他以记者名义，对满蒙经济发展状况进行实地调查而写成。全书除附录外分为五章：一、由我国（指日本）国情上观察的满蒙；二、由历史上观察的满蒙；三、由地理上观察的满蒙；四、由富源上观察的满蒙；五、关于富源开发必要之诸政策。

  这里，尤以第四章和第五章为重点。第四章的小标题就有"满蒙农业对我国（指日本）的价值""救我国（指日本）铁矿饥馑的满蒙铁""对于我国（指日本）燃料问题必要解决的石炭""关东州产盐十亿斤以上"等，可说对满蒙的丰富经济资源举说头头是道且垂涎欲滴。第五章示意日本政府如何在经济政策和外交政策上确立占取和掠夺满蒙的具体计划，更是详细明确得令人吃惊。日本后来之所以制造九一八事变直接侵占东三省，实是其蓄谋已久的既定方针，更有其深刻的经济原因。

  译者吴自强在序言里说他翻译此书，目的是让"全国同胞，今后都要留意满蒙状态之变化——监视日人在满蒙的行为——一方面把人家指示出来的富源，努力去开发；一方面还要自己去想法子，把利权挽回来"。这愿望所饱含的爱国情感令人感动，可惜一年多以后发生的九一八事变，很快就使满蒙沦为日本的殖民地了。

(一) 蓄谋已久：日本侵华的背景

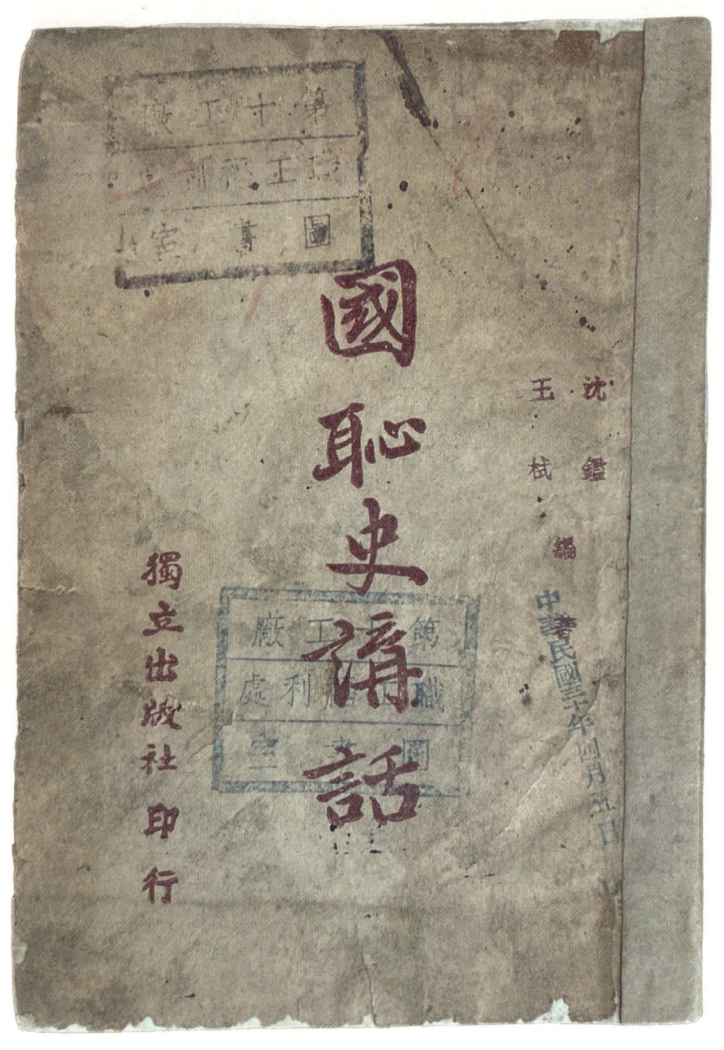

32 开本，12.5cm×18.5cm

沈鑑、王栻编著，独立出版社 1940 年 8 月初版。扉页 1 页，目次 1 页，序言 1 页，正文 124 页，版权页 1 页。

《国耻史讲话》

  此书共十讲，梳理清代中期以来，特别是鸦片战争以来，中国在外交上一系列丧权辱国的事件。第一讲为"导言"，概言旧愁新恨；第二讲为"中西通商"，诉说西方敲开大门的影响；第三讲为"鸦片战争"，记叙列强第一次敲门；第四讲为"中法战争"，讲述列强第二次敲门；第五讲为"同光中兴"，描述东方睡狮警醒；第六讲为"妥协外交"，叙述一连串的外交麻烦事；第七讲为"中日战争"，控诉日本魔王蚕食中国；第八讲为"瓜分运动"，勾勒八国联军铁蹄下中国的遭遇；第九讲为"再度自强"，记述中华民国成立以来中国的挣扎；第十讲为"中日再战"，中国雄师发出抗战的怒吼。

  作者是清华研究院近代史专业研究者，他们在序言中写道："我们这次抗战，是历来国耻的总汇，也是历来国耻的最后清算，有它历史上的一脉长流，'知所既往'，则定能加紧现在的努力。"他们把近百年来中国遭受列强蹂躏的"国耻"写出，正是要国人深刻反省，加倍努力，以积极抗战，洗雪前耻，扬我国威。

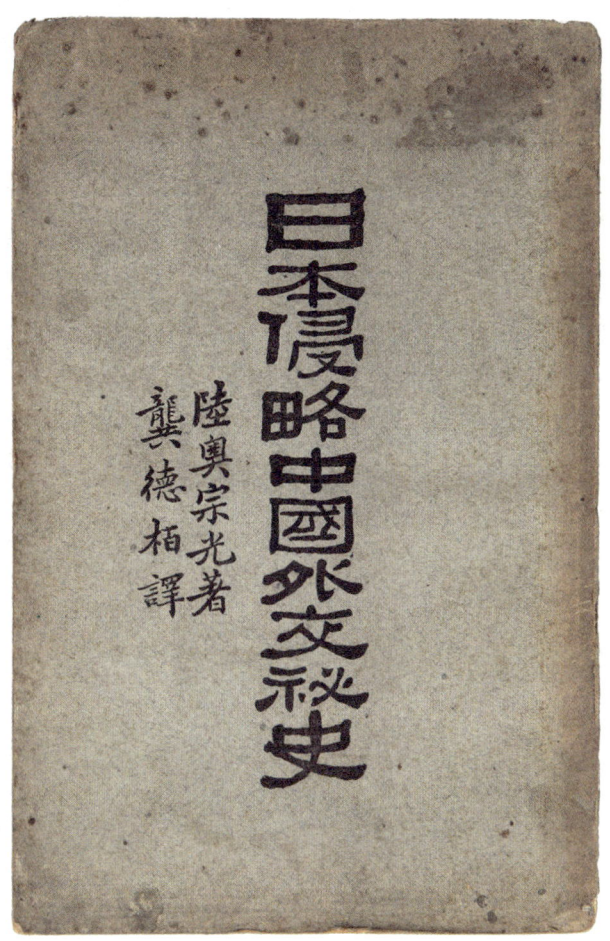

大 32 开本，15.1cm×22.6cm

[日]陆奥宗光著，龚德柏译，商务印书馆（上海）1929年4月初版。照片10页，小引2页，弁言10页，目录2页，正文174页，附录96页。

《日本侵略中国外交秘史》

  此书讲述1894年至1895年的中日不平等外交，叙述从中日甲午战争至签订丧权辱国的《马关条约》的外交史。作者是当时的日本政府外务大臣陆奥宗光。《马关条约》中有中国割让辽东半岛给日本的规定，但俄国为了自己在中国的利益，联合德国、法国进行干涉，此即"三国干涉还辽事件"。日本舆论谴责其外务当局未能事先预防，而致外交失利。陆奥宗光为平息舆论，将当时情况及许多细节写出，以证明外务当局处理此事并无过错。

  译者龚德柏（1891—1980），湘西泸溪县城武溪镇人，1913年考取官费留学日本，1922年回国后从事新闻工作，曾任《世界日报》总编，抗战时期先后创办《救国晚报》《救国日报》，1945年受邀赴湖南芷江和南京参加日本受降仪式，1980年6月病逝于台北。

  此书原系秘密发行，龚德柏留学东京时以重金购求得之，回国后抽空译出并公之于世。译者在小引中说："国人如熟读此书，不特日本挑起中日战争之种种阴谋诡计可以一目了然，即三十余年来日本对华侵略政策，以迄近日济南惨案干涉东省统一诸问题，皆可于本书中求其原因，诚中国国民不可不读之书也。"该书由日本外务大臣自述侵华之种种阴谋和手段，对于认识日本当时对中国的挑衅和侵略，别具价值。

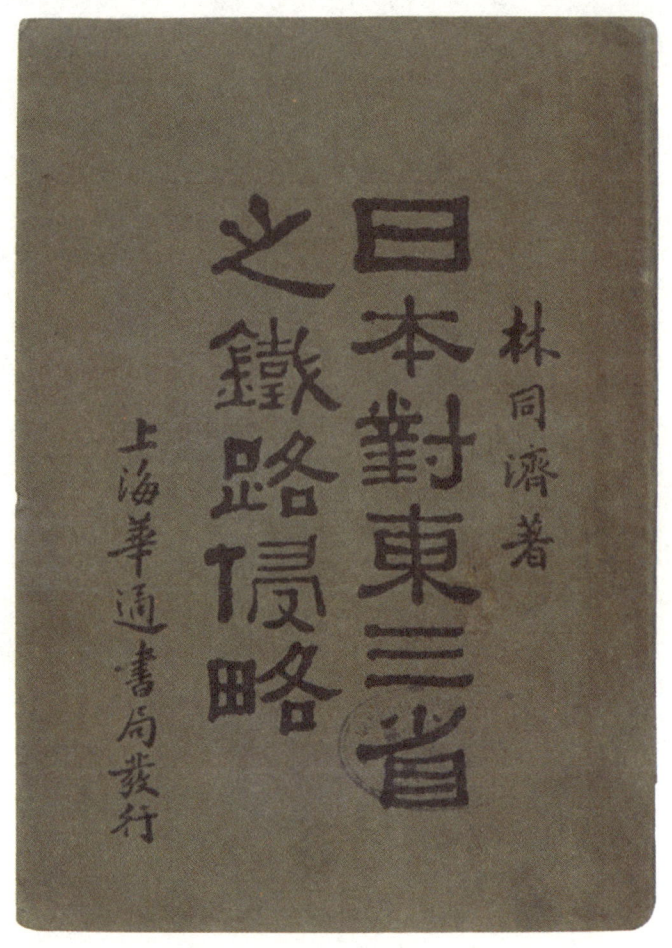

32 开本，13cm×18.4cm

林同济著，华通书局（上海）1930年10月初版。目录6页，序5页，正文195页，参考书目14页。

《日本对东三省之铁路侵略》

  此书共六章，历数日本自光绪末年至20世纪30年代，大肆掠夺中国资源和财富的卑劣行径。书中叙述日本如何一步步侵占和控制东三省铁路，进而借口帮助"开发"农业和工业，贪婪抢夺东三省财产和物资，使日本在满蒙获得特殊利益的过程，意在帮助国人认清日本侵略者的狰狞面目。书中附有数幅日本侵略东三省的铁路地图，乃根据日本出版的《日本满洲铁路计划图》复制。

  作者林同济（1906—1980），福建福州人，16岁从崇德中学毕业，考入清华学校，1926年赴美留学，先后在密歇根大学获学士学位、加利福尼亚大学获硕士和博士学位。他写作此书时正在美国加利福尼亚大学留学。1934年回国后，先后在南开大学、西南联合大学和复旦大学任教。1940年4月，林同济与陈铨、雷海宗等在昆明创办刊物《战国策》宣扬意志哲学和英雄史观，认为"国与国之间，没有是非，只有强权"，认为当时的中国是处于封建时代和大一统时代的"战国时代"，需要"一切为战，一切皆战"的"全能国家"，提倡强权政治，形成中国社会性质论战中的重要派别之一——战国策派。中华人民共和国成立后，他一直任复旦大学外语系教授，在1980年赴美讲学期间病逝。

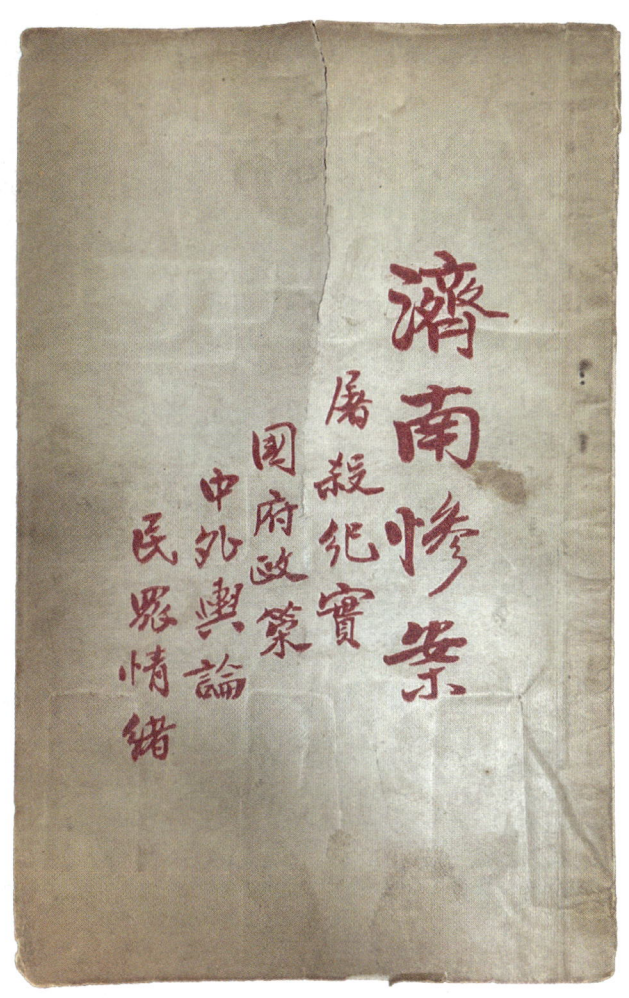

32开本，12cm×18.8cm

旭社编辑，旭社1928年5月25日发行。目录2页，照片3页，正文104页，版权页1页。

《济南惨案》

  济南惨案又称"五三惨案"。1928年春，蒋介石领导北伐军进行北伐战争。日本军国主义者担心中国一旦统一，就不便肆意侵略，于1928年5月以保护侨民为名，派兵进驻济南、青岛及胶济铁路沿线。当北伐军于5月1日克复济南后，日军遂于5月3日侵入国民党政府山东交涉公署，将交涉员蔡公时及16名职员全部杀害。此时蒋介石命令士兵不准还击。日本得寸进尺，进攻北伐军驻地，在济南城内肆意焚掠屠杀，遭焚杀致死者达17000余人，受伤者2000余人。

  此书以"屠杀前之准备""三四两日屠杀纪实""蒋总司令之委曲求全""日军追杀南军于二十里以外""占据济南城后之屠杀""国民政府之外交""民众对日之愤激"等篇章，详细记述济南惨案的由来、经过，以及社会各界义愤填膺的情绪。此书前插有国民党政府特派山东交涉员蔡公时戎装照、家人合照、敌军攻击济南照片3帧，附录有山东交涉署被难者调查等资料等，较为珍贵。

  此书于惨案发生当月即编辑印行，堪称新闻实录，非常难得。

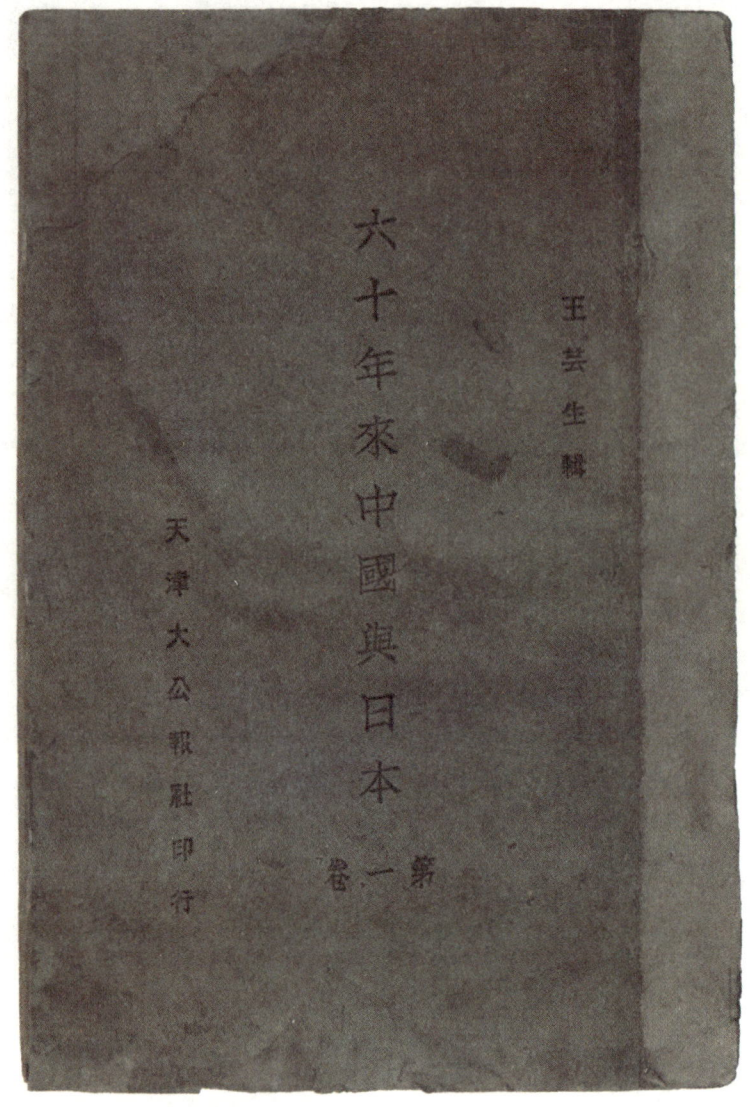

大 32 开本，15.2cm×22.8cm

王芸生纂辑，大公报社出版部（天津）1932年4月至1933年8月出版。第一卷陈振先序3页，张季鸾序3页，凡例2页，目录8页，照片6页，正文302页；第三卷凡例2页，照片3页，目录9页，正文312页；第四卷凡例2页，照片5页，目录10页，正文356页；第五卷凡例2页，照片6页，目录12页，正文394页；第六卷凡例1页，目录8页，正文402页。

《六十年来中国与日本》（一至六卷，缺第二卷）

1931年九一八事变发生后，国人为了知己知彼，了解日本的兴趣陡增；而对中日关系本身，国人也亟应有明确深刻之认识。《大公报》记者王芸生有鉴于此，乃本其平日学术积累，搜求中日两国交涉之史料，纂辑为《六十年来中国与日本》，陆续刊载于《大公报》。其意在警示国人，俾知国难之来，匪伊朝夕，自强之道，明耻为先。文章日出一篇，连载以后，颇受欢迎，经日积月累，读者则对数十年来中日关系的重要史实，大半了然于胸。此书即为连载之文的汇集，虽篇幅浩大，然体例清晰、史料可靠、内容完整、详略得宜，因而除一般读者感兴趣外，也为不少专家学者所看重。

书中内容原在《大公报》连载时，以清朝同治末年日本出兵侵扰我国台湾为开篇，末篇叙述九一八事变之真相；后汇集刊印时，除各篇文字复加订正、补充外，又在第一卷前增写《古

代关系之追溯》一章,以见中日关系源远流长,也使所述史实更见来龙去脉。此书虽名为《六十年来中国与日本》,然不论是甲午之败、庚子之危、"二十一条"之签订、济南惨案之伤痛,以及九一八事变之失陷东三省,均与欧美列强有着不可分割的联系。如甲午之后沙皇俄国攫夺我国东北领土、德国侵占我国山东,都是后来如何处理对日关系的重要背景因素。及至以后美国关注满蒙问题,以及华盛顿会议之条约,也与中日外交构成直接关系。因此,该书所述并不局限于中日两国之关系,而对与其相关的中国和欧美及国际组织各项外交之大事,几乎均有涉猎,且溯源追流,交代清楚。作者为编著此书,除借助大公报社图书室之书籍外,还遍访北平图书馆、故宫图书馆,以及南开大学、清华大学、燕京大学各图书馆,同时参考清季外交史编印处之秘稿,故在史料收集和整理上颇有贡献。

作者王芸生(1901—1980),河北静海(今属天津)人,1925年参加"五卅"运动,1926年1月在天津创办《民力报》,3月被迫停刊。1927年任天津《华北新闻》主笔,后出任《商报》总编辑。因文笔犀利,屡次评说《大公报》社评论点,受到《大公报》总编张季鸾的器重,于1929年入《大公报》,历任资料室主任、特派员、主笔、总编辑。1937年八一三淞沪抗战爆发时,他主持的上海版《大公报》因拒绝日军新闻检查而被迫停刊。1943年2月2日在重庆版《大公报》上发表《看重庆,念中原》社评,揭露河南灾情,触怒蒋介石,《大公报》被罚停刊三天。中华人民共和国成立后,任中华全国新闻工作者协会副主席、中日友好协会副会长、全国政协常委等职。1980年5月30日病逝于北京。

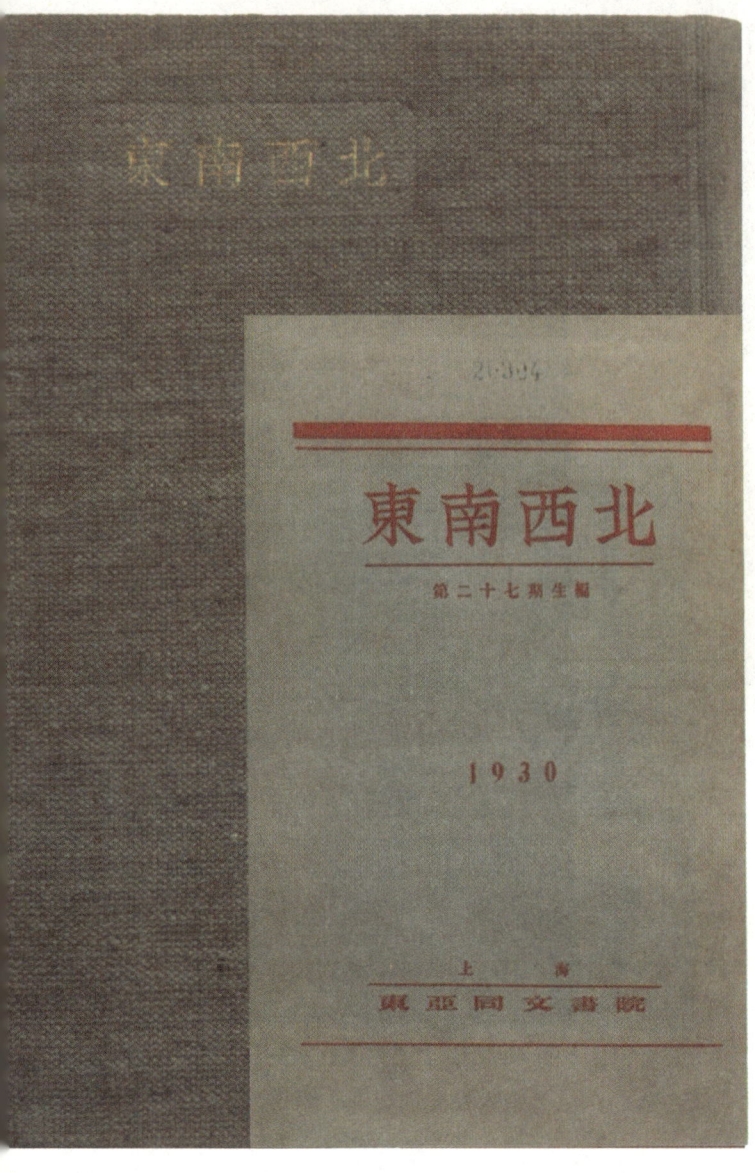

32 开硬面精装本，13.4cm×19.3cm

东亚同文书院第二十七期学生编写，上海东亚同文书院昭和六年（1931年）三月初版。题词2页，序3页，目次10页，正文480页。

《东南西北》

此书是上海东亚同文书院第二十七期学生到中国各地调查访问所写报告的汇编。上海东亚同文书院乃日本东亚同文会所办，该会办此书院具有明显的政治和经济上的目的，即培养日人所谓的"中国通"。而这些"中国通"毕业后则多到日本军事、外交、工商部门以及欧美国家工作。书院每年派遣学生赴中国各地旅行调查，其目的不仅使学生深入了解中国实际情况，锻炼和提高调查能力，而且学生们每次旅行后撰写的《调查报告书》专送日本参谋本部、外务省、农商务省各一册以作参考。

此书即该书院1930年派遣18个班共计94名学生到中国各地旅行考察的报告汇总。这18个班分别是：扬子江流域经济调查班、巴蜀岷涪经济调查班、四川陕西经济调查班、正太

四川陕西经济调查班

长谷川　中村　铃木　深本　岛津

河南山西棉业调查班

楠本　北村　泽登　中岛　森田

沿线山西北部调查班、河南山西棉业调查班、粤汉铁路沿线经济调查班、华南港势调查班、华南沿岸调查班、西桂湘流域调查班、平津驻在班、胶济驻在经济调查班、华北港势调查班、东蒙古经济调查班、京奉沿线调查班、哈市驻在班、四洮昂沿线经济调查班、满蒙经济调查班、吉会沿线调查班。这些调查班的调查时间，最少的是一个多月，大多数是两个多月到三个多月。他们出发前准备充分，获得的很多资料和情报是我们自己不知道或不全知道的，为日本掠夺中国资源和侵略中国提供了不少难得的第一手资料。

每个调查班配有两页照片，前页是调查班成员的合影，后页是他们在调查中拍摄的照片，这为我们了解其活动情况提供了形象资料。此书无定价，为非卖品，系上海东亚同文书院印行的内部交流读物。

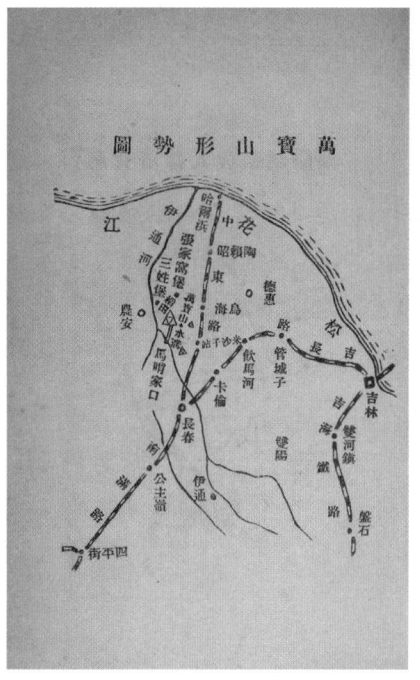
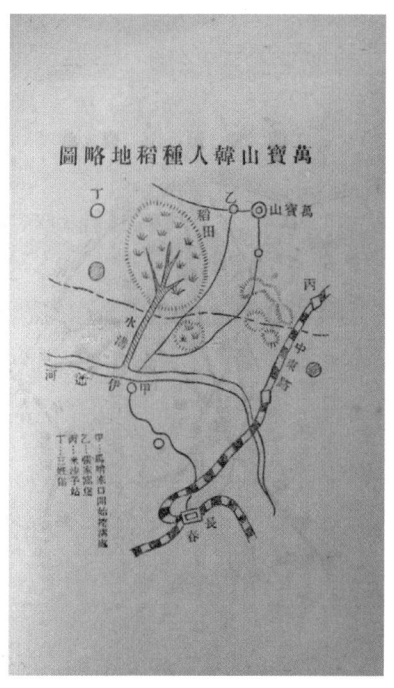

32 开本，13.1cm × 18.8cm

中国国民党中央执行委员会宣传部印，1931年7月印行。目次12页，弁言2页，示意图3页，照片7页，正文244页。

《万宝山事件及朝鲜排华惨案》

1931年4月，长春县长农稻田公司经理郝永德将该县万宝山区500垧（按当地惯例，1垧约合15亩）土地，私自转租给朝鲜移民李升薰等耕种。李升薰招来朝鲜农民数百人挖渠10千米引伊通河水灌溉土地，侵占中国农民田地400余亩；同时建水坝横阻伊通河以抬高水位，使附近数万亩农田有被河水淹没的危险。7月1日，中国农民愤而填渠毁坝，日本警察以护侨为名（从1910年8月22日起朝鲜半岛被日本吞并，成为日本的殖民地），开枪打死打伤中国农民数十人，一手制造流血事件。事后，日本歪曲事实真相，在朝鲜各地煽动反华风潮，致使旅朝华侨死伤数百人、财产损失无数。同时，日本借机增兵满洲，为武装侵略中国东北大造舆论。万宝山事件实为九一八事变的前奏。

此书相当翔实地记载了万宝山事件及朝鲜排华惨案发生的原因、过程、影响及相关资料。全书主要分为八个部分："（一）蔡委员元培在中央党部纪念周对万宝山事件及朝鲜排华惨案之重要报告"，"（二）中央宣传部对万宝山惨案及朝鲜排华惨案宣传大纲"，"（三）朝鲜被难侨胞之报告及文电"(12份)，"（四）各省市党部各特别党部暨海外党部对万宝山事件及朝鲜排华惨案之文电"(32份)，"（五）各地民众团体对万宝山事件及朝鲜排华惨案之文电"(26份)，"（六）韩人对万宝山事件及排华惨案之表示"(6份)，"（七）中外各报对万宝山事件及朝鲜排华惨案之重要言论"(12份)，"附录 万宝山事件历次交涉之重要文件"(34份)。综合各原始材料看，此次事件完全是日本假借朝鲜农民之手蓄意制造的流血冲突，其目的乃是为侵略我国东北寻找事端，在舆论上和军事上做准备。

此书无版权页、无定价，是国民党中央宣传部印发给各级党部了解事件内幕与真相的内部材料，于今已比较罕见。

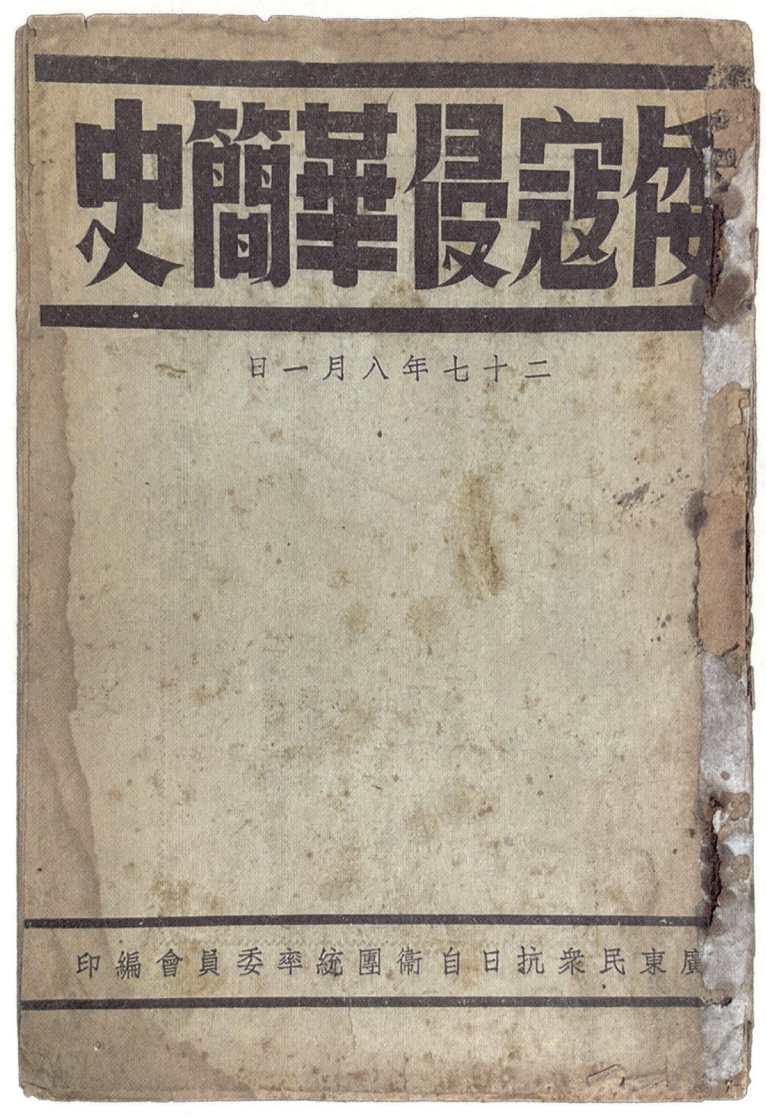

32 开本，13.1cm×18.4cm

广东民众抗日自卫团统率委员会编，1938年8月1日印行。目次1页，正文160页。

《倭寇侵华简史》

该书简述中日关系史，提到早在汉代光武帝时期，日本就开始遣使到中国来学习，在唐代遣使更多。中国的文字、制度、礼俗，乃至一切利民厚生之事，都对日本产生极大影响。但日本不知感恩，反而以怨报德，一直图谋不轨，欺凌中国。

全书以历史为线索，叙述日本从早期海贼式的骚扰到丰臣秀吉企图以朝鲜为跳板侵略中国，从中日签订《马关条约》到日俄战争对中国利益的损害，从第一次世界大战爆发后日本借对德宣战为名，出兵占领德国在山东的租借地青岛，控制胶济铁路全线，并迫使袁世凯签署丧权辱国的《中日民四条约》（即修改后的"二十一条"），一直到济南惨案、九一八事变等，历数日本数百年来的侵略罪行。由作者对历史的描述可知，日本对中国的侵略野心由来已久、作恶多端。

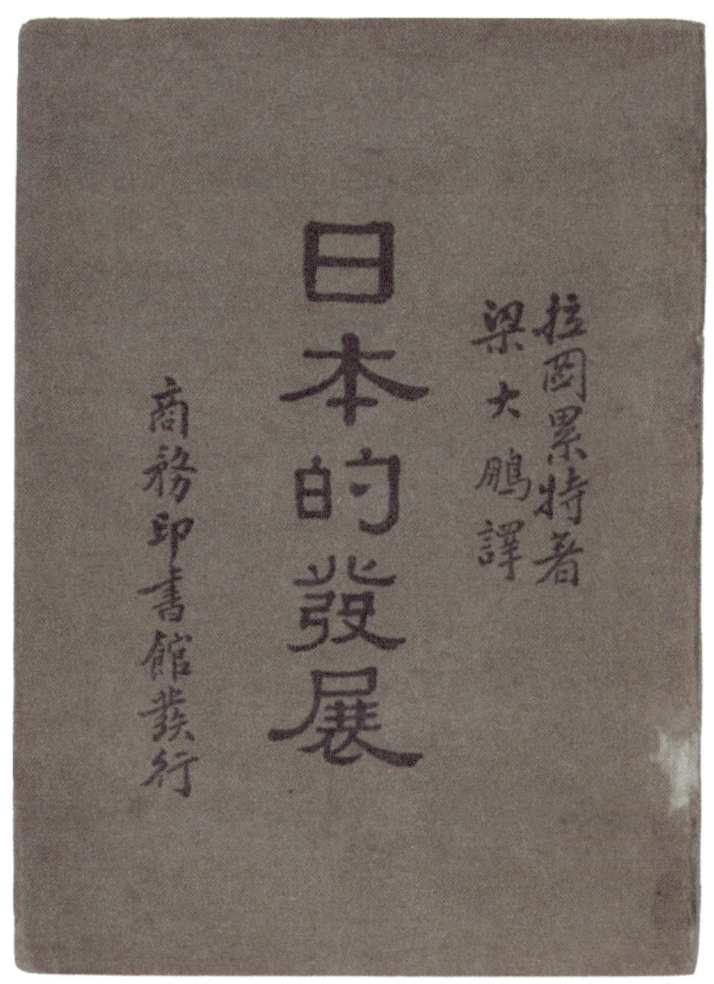

32开本，13cm×18.8cm

【美】拉图累特著，梁大鹏译，商务印书馆（上海）1933年7月初版。目录2页，译者序2页，正文275页，参考书目13页。

《日本的发展》

  此书作者拉图累特系美国耶鲁大学教授，是西方研究远东政治问题颇负盛名的学者。他是孙中山的老朋友，曾撰有《中国的发展》和《孙逸仙传》等书。他在此书中扼要叙说了日本从早期神话传说时代至1931年的发展历程，尤其对日本明治维新以来迅速崛起，1894年以来日本军国主义思想极度膨胀，大肆侵占中国、朝鲜、菲律宾等亚洲国家的事实，作了客观明确的记载及评述。这本《日本的发展》内容较为翔实、客观，对日本的观察和评析颇有独到之处，对读者认识日本帝国主义的侵略野心颇有价值。

  译者梁大鹏当时在美国纽约留学，有感于日寇侵略中国，发现国内缺少从史的方面来论述日本的专著，决定将此书译出。他在序中写道："当译者阅此书时，正是日寇的飞机战舰协击上海之候（指发生在1932年1月28日至3月3日的一·二八事变）。译者受了爱国热情的激励，除了参加一些反日工作之外，就每日抽些时间出来翻译此书，作为抗日期中个人工作之一。"这从一个侧面反映当时海外留学生和华侨的爱国热情，及其对国内抗战的关心和支持。

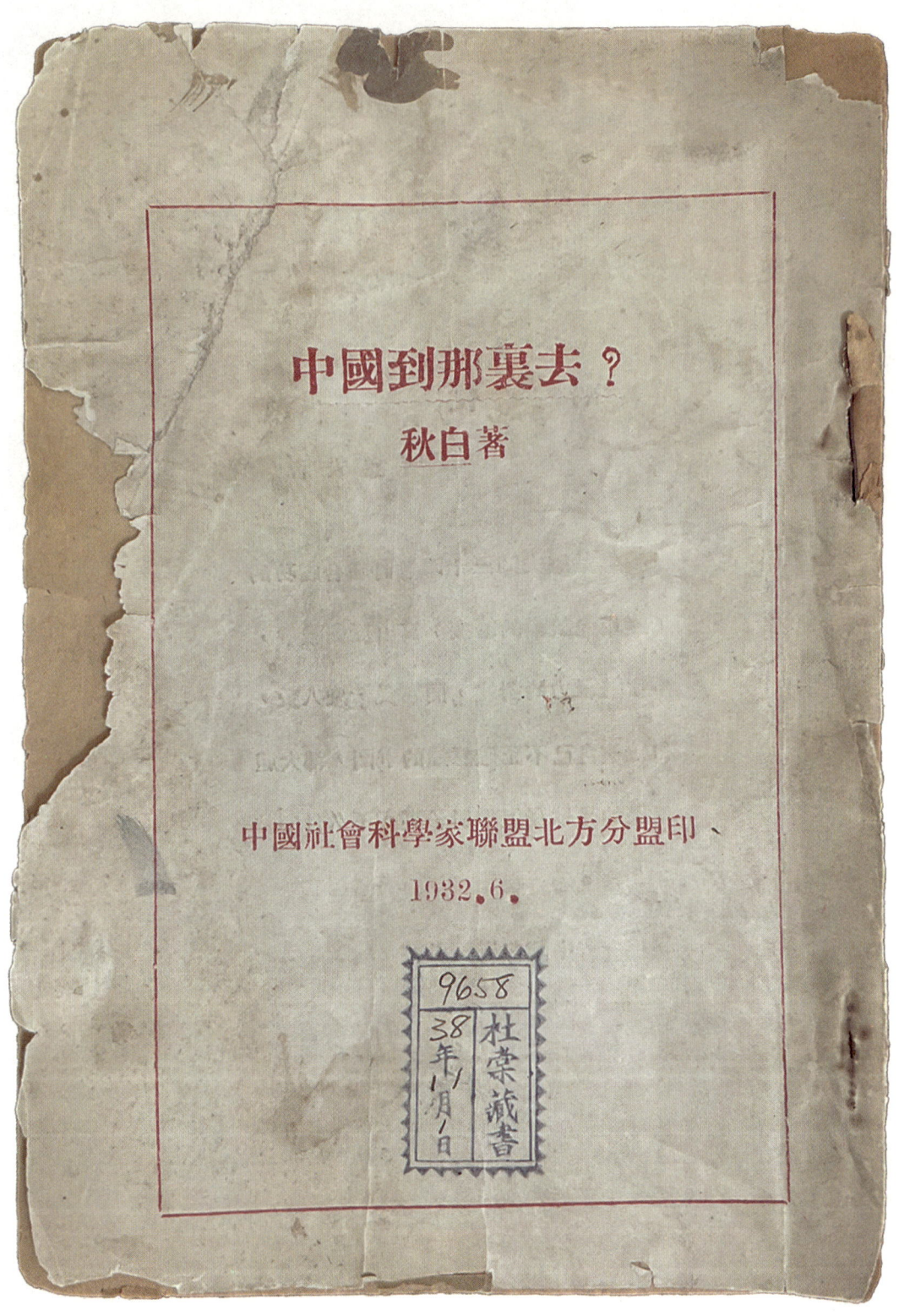

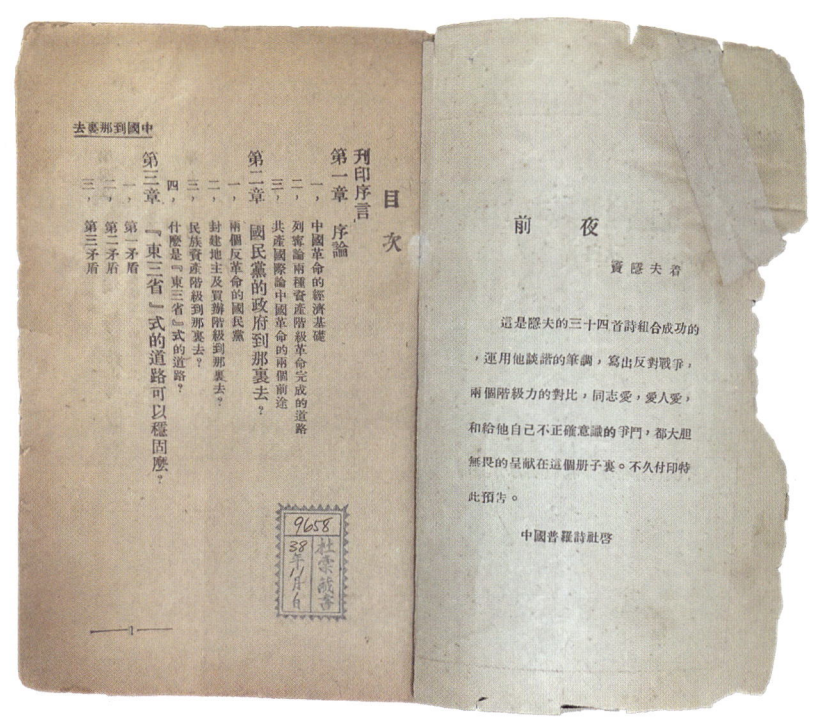

32 开本，12.8cm×18.5cm

秋白著，中国社会科学家联盟北方分盟 1932 年 6 月印行。目次 2 页，刊印序言 12 页，正文 68 页，勘误表 4 页，附言 1 页，版权页 1 页。

《中国到那里去？》

　　此书共五章。第一章为"序论"，包括中国革命的经济基础、列宁论两种资产阶级革命完成的道路，共产国际论中国革命的两个前途；第二章为"国民党的政府到哪里去"，论述两个反革命的国民党，分析封建地主、买办阶级、民族资产阶级的历史走向以及什么是"东三省"式的道路；第三章为"'东三省'式的道路可以稳固么"，谈三大矛盾以及这些矛盾如何解决；第四章为"'苏维埃'的道路走得通么"，解说什么是"苏维埃"的道路，到"苏维埃"道路上的三大困难以及战胜这些困难的可能；第五章为"结论"，讨论有没有另外一条小资产阶级的道路，说明只有走"苏维埃"的道路中国才有光明的未来。

　　该书是瞿秋白 1928 年所写，1932 年公开印行。他认为当时世界的矛盾主要是资本帝国主义与社会主义的矛盾，日本武装占领东三省是"作了帝国主义联合进攻苏联的积极先锋，同时尽了镇压中国北方急速开展着的革命势力的能事，于是有天津事变、上海事变"。处在这样一个紧急关头，人们都在问："中国到哪里去？"作者指出，我们必须"用民族的革命战争打倒帝国主义求得民族解放与中国的真正统一"。

　　瞿秋白（1899—1935），本名双，江苏常州人，中国共产党早期主要领导人之一。1922 年春加入中国共产党。1923 年主编中共中央机关刊物《前锋》，参加编辑《向导》。1927 年在中共五届一中全会上当选为中共中央政治局委员，6 月任中共中央政治局常委。1934 年任中华苏维埃共和国中央执委会委员、中华苏维埃共和国中央政府教育部部长等职。1935 年 2 月在福建省长汀县被反动武装逮捕，6 月 18 日从容就义，时年 36 岁。

32 开本，12.8cm×18.5cm

李天明编，青年人出版社 1938 年 3 月 20 日初版。目录 4 页，正文 288 页，版权页 1 页。

《抗日手册》

此书历数自 1840 年以来日本侵华的各项事件、政策文书、主要凶手、日本国势大概及其在华势力、日本侵占东北的血泪等，以便国人了解抗战，增进抗战的力量。

全书共七章。第一章为"一篇血账"，诉说从甲午战争至卢沟桥事变 43 年来日本侵略中国的重大事件，附有中日签订的不平等条约一览表、日本历年侵略中国痛史表；第二章为"日本侵华阴谋文书"，包括田中《大陆政策》奏折（即《田中奏折》）、日本并吞满蒙之秘密计划、天羽"四一七"声明、多田小册子（日本对华的基础观念）、郑州浪人案文证；第三章为"日本侵华的刽子手"，包括田中义一、荒木贞夫、广田弘毅、松井石根、板垣征四郎、真崎甚三郎、石原宛尔等十余位日寇侵华主谋；第四章为"日本国势一般"，叙说日本政治架构、党派人物、各军种人员数量及武器装备、日本经济与财阀势力、近三年煤油和钢材生产额表等；第五章为"日本势力在中国"，例举日本在华割地面积统计、日本在华租界一览表、中日贸易输出入表、日本对华投资统计表、日本在华银行一览表、日本在华走私税收损失统计表等；第六章为"血泪话东北"，揭秘日本侵占东北"五年计划"、日本统治东北伪组织机构系统、日本对"满"投资及满铁运行状况、九一八事变以来日本在东北完成新铁路线一览表、东北义勇军主要兵力、东北资源与全国资源比较表等；第七章为"抗战的号音"，主要介绍蒋介石各次有关抗日的讲话及告国民书，批评了蒋介石在东北的"不抵抗"政策，号召军队与人民团结起来英勇抗日。

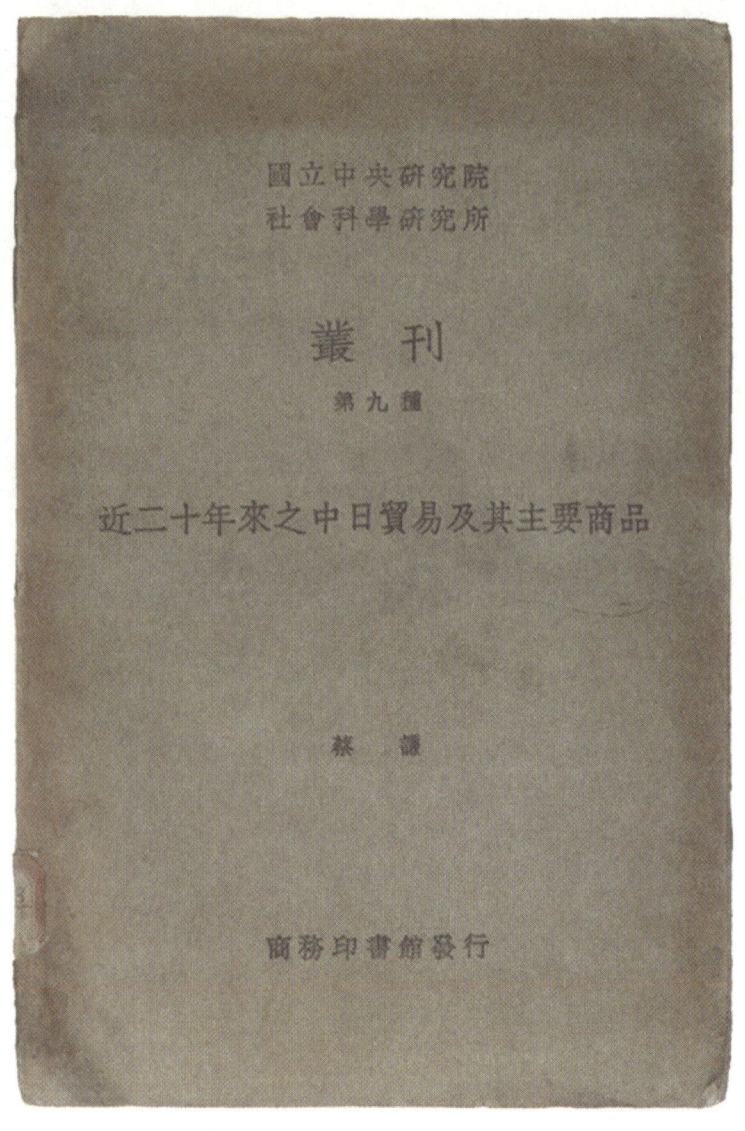

16开本，15.2cm×23cm

蔡谦著，商务印书馆（上海）1936年8月初版。序言3页，目次2页，正文及附表共225页，版权页1页。

《近二十年来之中日贸易及其主要商品》

　　此书着重陈述中日两国从1912年到1931年的20年间的贸易状况，分析主要输入输出商品在两国对外贸易中所占的比例及其地域分布，并对两国贸易的前景及主要商品的消长趋势作了预测展望。当时的中日贸易规模高居我国对外贸易的首位。对于日本来说，日中贸易规模仅次于日美贸易规模，占其对外贸易的第二位。就输入输出商品性质而言，日本吸收我国的商品均为工业原材料品，中国接受日本的商品则为工业消费品。然而，自1931年东三省被日本侵占后，由于我国对日贸易的输出商品（如生铁、煤炭、木材、大豆、杂粮等）大半在东三省，因而对日出口将损失大半。由此可见国家主权之重要，而日本侵占我东三省的目的之一即为掠夺其资源也。

　　此书为中央研究院社会科学研究所研究课题之成果。

二 宁死不屈

九一八事变引发局部抗战

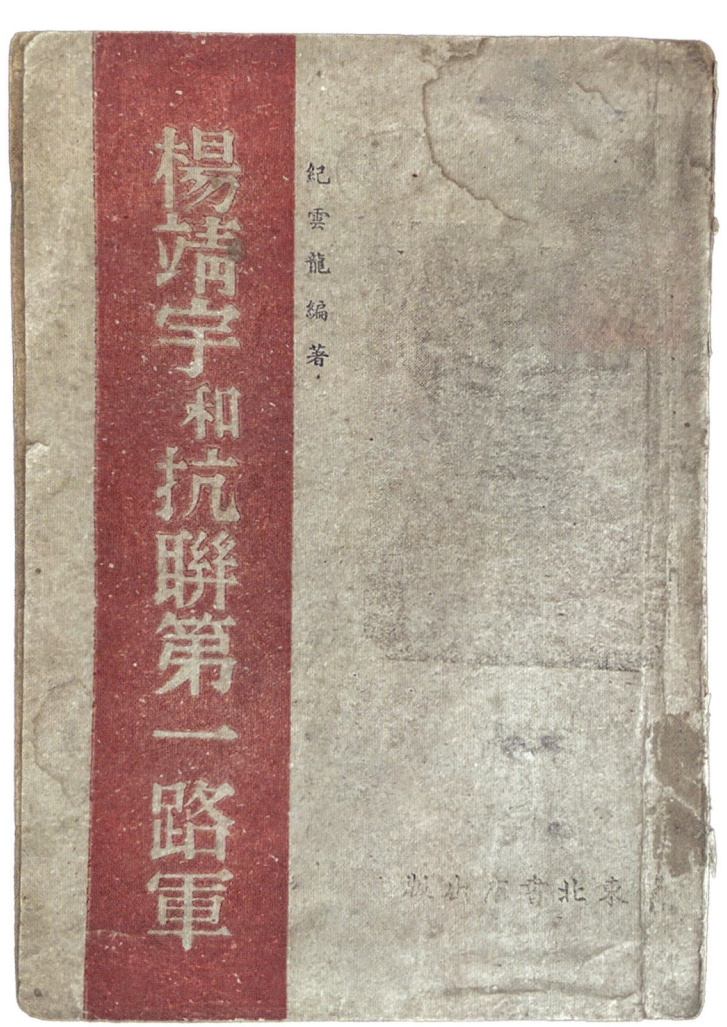

32开本，12.6cm×18.8cm

纪云龙编著，东北书店1946年11月出版。目次2页，正文108页，后记1页，版权页1页。

《杨靖宇和抗联第一路军》

  杨靖宇（1905—1940），原名马尚德，河南省确山县李湾村人，著名抗日英烈，东北抗日联军的主要创建者和领导人之一。1926年加入中国共产主义青年团，次年转入中国共产党。1932年秋被委派到东北开展抗日武装斗争，组建中国工农红军第三十二军南满游击队并担任政治委员。1936年7月，杨靖宇任东北抗日联军第一路军总司令兼政治委员，率领东北军民与日寇血战于白山黑水之间。1939年10月，日本关东军专门制定了针对东北抗日联军第一路军的作战计划，开展残酷的清剿行动。1940年2月23日，杨靖宇在冰天雪地、弹尽粮绝的情况下，孤身一人与大量日寇周旋，战斗几昼夜后，在濛江县（今吉林省靖宇县）壮烈牺牲。

  此书除后记外，正文分为七章，包括杨靖宇在人民受难中组织抗日游击队、在艰苦环境中成立抗联第一军、杨靖宇部队抗日的辉煌战绩、杨靖宇组建的南满特区革命政府、抗联第一路军进入艰难阶段、杨靖宇壮烈殉国，以及抗联部队的后续发展等内容。书中史实除从当时各类报道文章中搜集以外，还有一些是从敌人的秘密文件中获得的，较为难得。

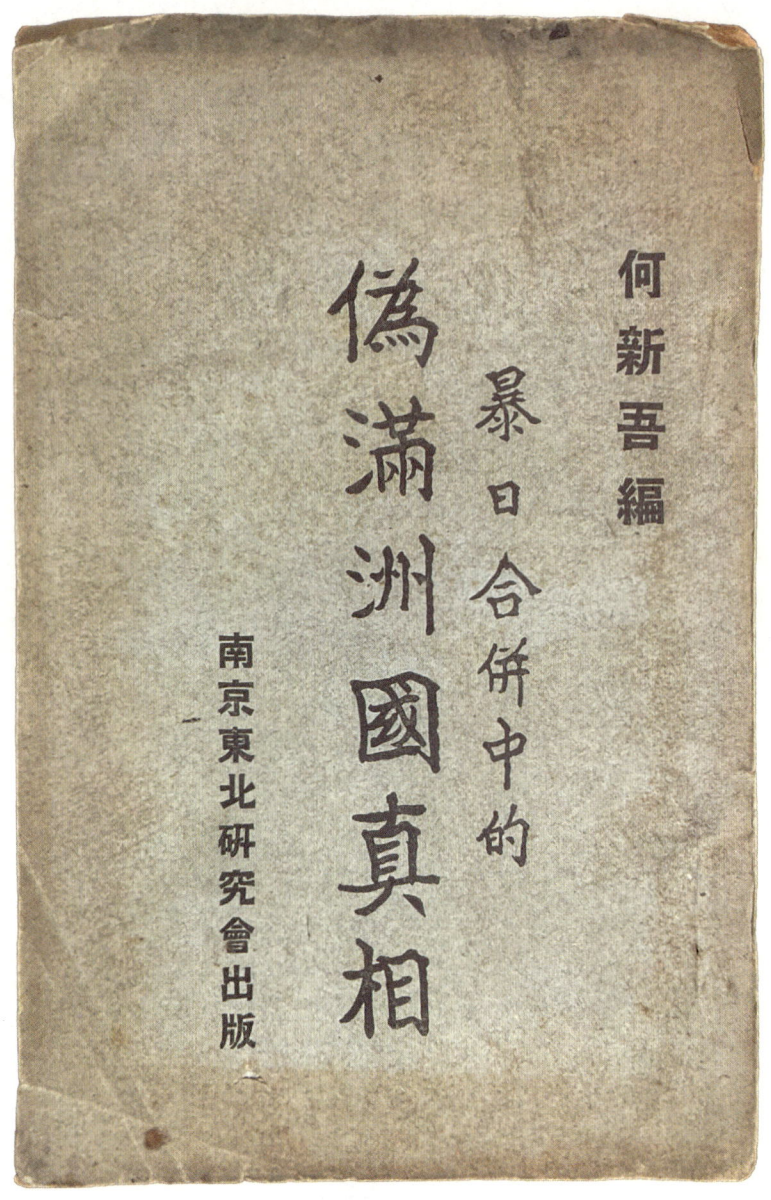

大 32 开本，14.6cm×21.6cm

何新吾编，南京东北研究会 1934 年 1 月 10 日初版。题词 6 页，编辑大意 2 页，目次 4 页，正文 266 页。

《暴日合并中的伪满洲国真相》

  1931 年 9 月 18 日晚 10 时 20 分，日本关东军自行炸毁南满铁路柳条湖段一段路轨，反诬中国军队破坏铁路。坐镇沈阳的关东军高级参谋板垣征四郎，以关东军代理司令官、先遣参谋的名义，发布突袭中国军队驻地北大营和沈阳的命令。日军向北大营发起猛烈进攻，震惊中外的九一八事变爆发。仅用 4 个多月时间，至 1932 年 2 月，日军占领辽宁、吉林、黑龙江三省，东北全境沦陷。此后，日本在东北建立伪满洲国傀儡政权，开始对东北人民进行长达 14 年之久的奴役和殖民统治，使 3000 多万东北同胞深受亡国奴的痛苦。

  此书叙述和分析日本蓄意制造九一八事变，就是为了鲸吞中国东三省，建立伪满洲国，

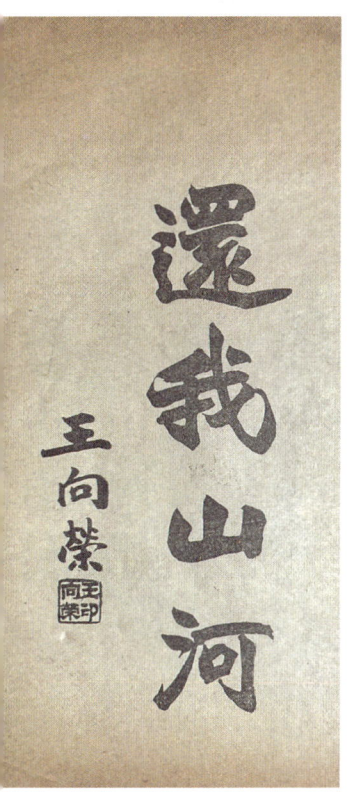 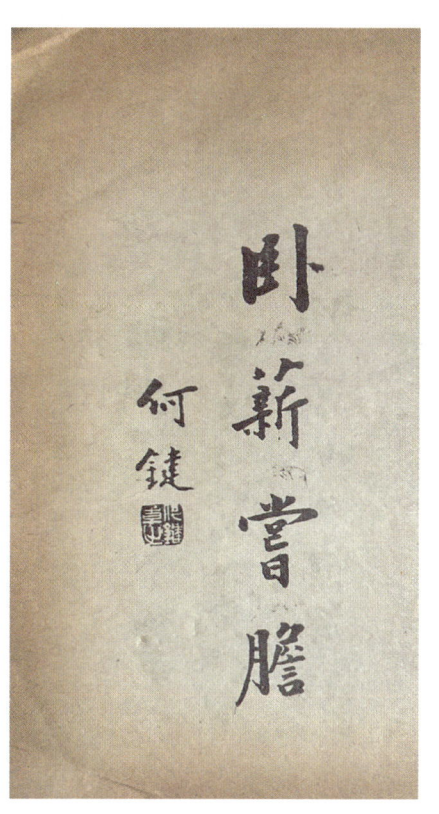 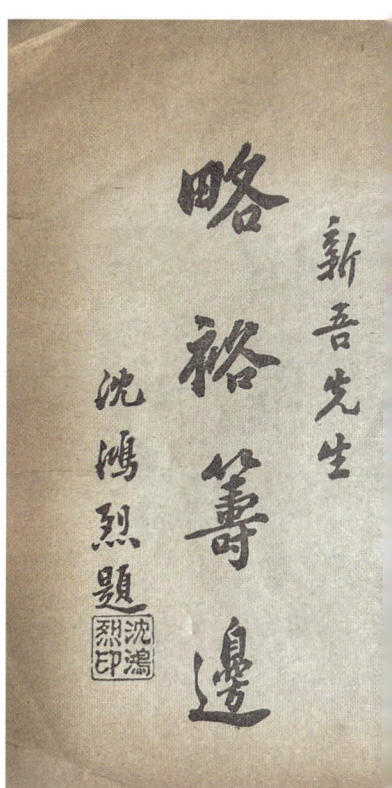

然后以其为跳板，侵占全中国。全书分政治、军事、经济、教育、日本的阴谋与政策以及附录六章，较为全面地述评日本在东三省建立伪满洲国的各方面情况，揭露日本不择手段抢夺资源、驯化民众的毒辣做法。

九一八事变爆发后，针对蒋介石命令东北军"力避冲突"的不抵抗政策，中国共产党坚决主张团结抗日，在其他爱国党派、团体和人士的共同呼吁下，全国抗日救亡运动蓬勃兴起，东北人民和未撤走的东北军将士，组织起抗日义勇军，中国人民的局部抗战自此开始。较为可贵的是，该书第二章军事部分，列"义勇军最近活动情形"专节，对吉林方面义勇军、黑龙江方面义勇军、热河方面义勇军、辽宁方面义勇军、东北民众游击抗日敢死军的活动状况，作了记录和描述。该书附录部分，则对日本开发满洲十五年计划书、日本如何对满洲进行奴化教育、国人应如何支持东北义勇军、如何粉碎日本的阴谋等内容，提出了颇有针对性的意见。

书前印有当时诸多名人政要的题词手迹。

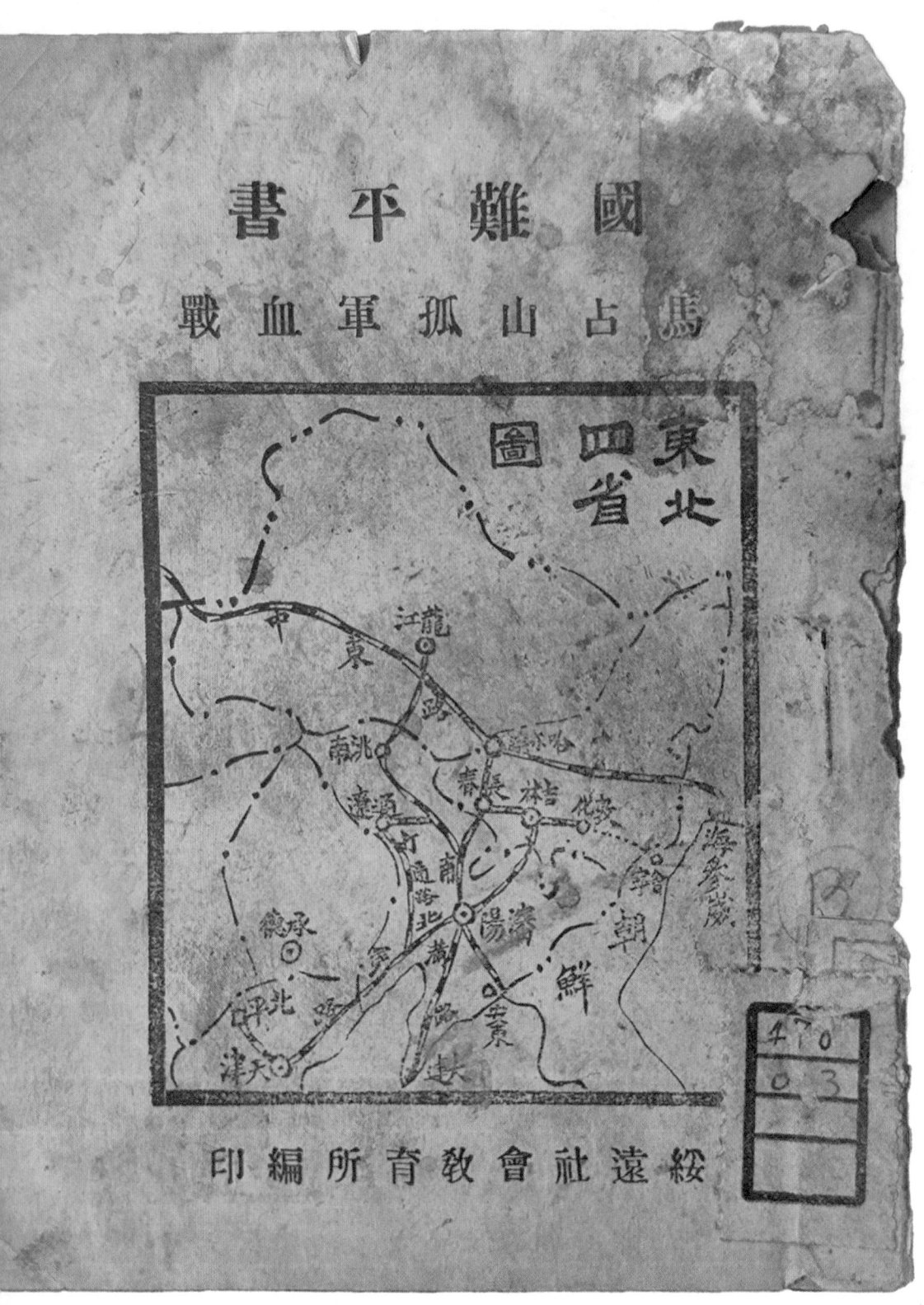

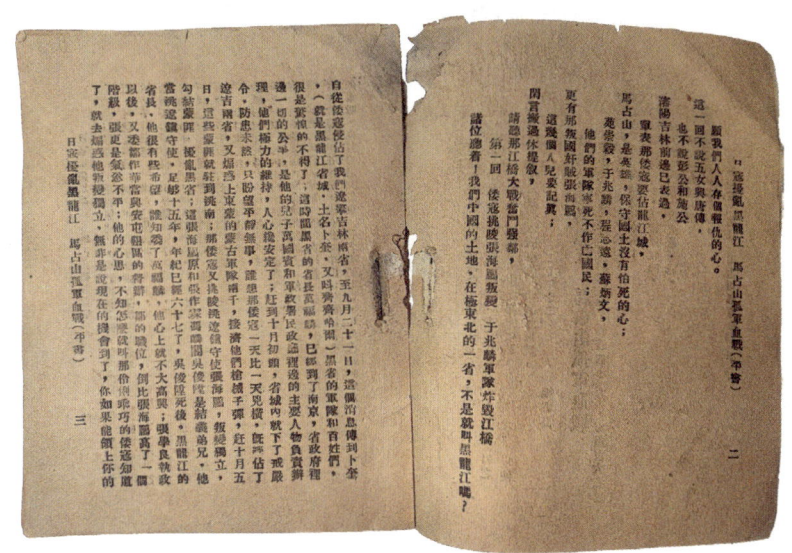

32 开本，11.5cm×15cm

杨增之编辑，绥远社会教育所1932年1月出版。编志1页，目录1页，正文49页，版权页1页。

《马占山孤军血战》

马占山（1885—1950），出生于吉林省怀德县（今公主岭市），精于骑射，1929年被张学良任命为黑龙江省骑兵总指挥。1931年九一八事变后，南京国民政府对日本侵略采取不抵抗政策，致使日军迅速攻陷辽宁、吉林两省。9月下旬，日军又企图通过嫩江大桥，进犯当时的黑龙江省省会齐齐哈尔市，占领全省。马占山率领爱国将士积极抵抗，让江桥守军烧毁桥面并损坏三个桥孔。日军阴谋破产后，向江桥调兵遣将，多次挑衅。11月4日，日军在飞机、大炮和装甲车的掩护下，出动4000多人向江桥发起猛攻。马占山亲临前线指挥部队奋起反击，在江桥及附近的大兴安岭地区与日军展开一场场殊死拼杀，击退敌人一次次进攻，围歼日军嫩江支队一部。日军此战损失兵力1000余人，是九一八事变以来受到的首次重挫。马占山英勇抵抗并重创入侵之敌的壮举，及其"为国家争国格，为民族争人格"的精神，极大地激发了全国人民爱国抗日热情。

此书逐日讲述马占山在1931年9月21日至11月19日期间，抵抗日军的曲折、顽强、英勇而悲壮的过程。为表述生动，作者采用章回评书的形式，其总标题为"日寇扰乱黑龙江 马占山孤军血战"，从第一回"倭寇挑唆张海鹏叛变 于兆麟军队炸毁江桥"开始，精彩讲述抗日英雄的事迹，环环相扣，步步深入，紧张感人。

此书于事发后一个多月即写出并印行，颇为难得。

32开本，13cm×18.3cm

冯玉祥照片4页，马相伯题词1页，李烈钧序2页，章炳麟序2页，冯玉祥序4页，编者弁言1页，目次4页，中国疆域丧失历史图1页，正文312页。

《察哈尔抗日实录》

察哈尔省(1928年建省，1952年撤销)，辖今河北省西北部及北京市少部、内蒙古自治区锡林郭勒盟南部和乌兰察布盟东南部，以及山西省大同市与朔州市的部分地区。当时的察哈尔省北邻蒙古，南与晋、冀两省交界，扼塞北之要冲，为东西之通衢。特别是张家口，南瞰幽燕，北达漠北，为兵家必争之地。

九一八事变后，爱国将领冯玉祥举旗抗日，数次致电南京国民政府，反对蒋介石对日本采取不抵抗政策。1933年初，日军向察哈尔省军事重镇多伦等地进犯，全省危在旦夕。冯玉祥立即组织抗日武装，于1933年3月电调驻山西汾阳军校学员3000余人抵张家口，随即扩编成师，所属三个团的团长均系共产党员。他与共产党合作，收编和整顿察省的零散部队、义勇军，又与抗日反蒋的原西北军将领方振武联络，使其麾下抗日救国军汇聚察省。1933年5月，冯玉祥在张家口正式组建察哈尔民众抗日同盟军，并任总司令。他的登高一呼，打破抗战消极沉闷局面，受到八方积极响应，同盟军迅速发展至十余万人，抗日高潮在察省骤然形成。同盟军组建后，驰骋察省，收复失地，在察东、康保、宝昌沽源、黄旗大营子等地先

后大败敌伪军,后经过连续五昼夜浴血奋战,伴随军事重镇多伦失守72天后收复回归,察省失地全部光复。察东被日寇侵占的四县全部回归同盟军之手,成为九一八事变以来中国军队首次从日伪军手中收复失地之壮举。

此书共30章,从蒋介石的"开门揖盗之不抵抗主义",到"民众抗日同盟军之崛起";从抗日同盟军的组建编制、宣传教育、军事训练、筹集补养、改善装备,到同盟军如何"在夹攻中奋斗",团结各方力量,冲锋陷阵,打击日伪军,攻克失地等,作了较为客观的描述。其附录收有"民众抗日同盟军收复察东失地战斗详报",对各场战斗均有详细记载。

书中附录还有"全国舆论之一斑"专辑,记叙抗日同盟军北征的胜利,让全国民众群情激奋:各地抗日组织、爱国团体和爱国人士(将领),或函电交驰,纷纷祝捷;或捐钱捐物,支援前线;或强烈要求蒋介石授冯玉祥以重任,供给粮弹,以收复东北四省(包括当时的热河省)。7月14日,上海各团体救国联合会致电冯玉祥和吉鸿昌,称赞说:"政府之所不敢为者,而公等为之。政府之所不能克者,而公等克之。尽筹硕划,岂惟大快人心,直使今后之欲为石敬塘、秦桧者,将有所畏惧,而不敢逞行其私。"

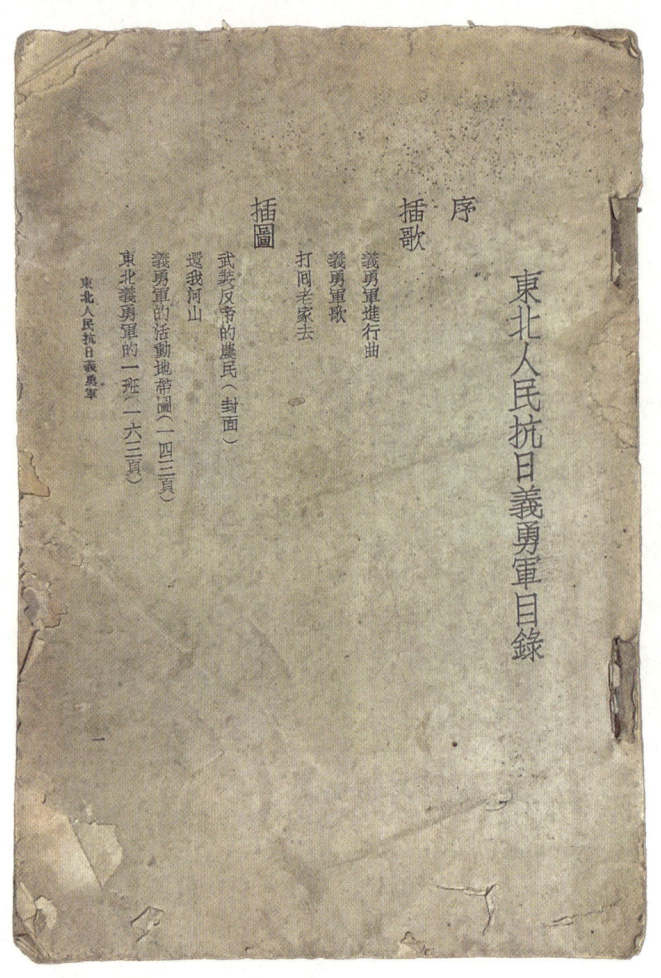

32 开本，13.2cm×19cm

作者、出版单位及印行日期不详。目录4页，歌曲3页，题词1页，正文302页。

《东北人民抗日义勇军》

1931年九一八事变后，虽然蒋介石命令东北军"力避冲突"，但东北各界爱国群众和部分部队抗日激情高涨，纷纷组建东北人民（民众）抗日义勇军、救国军、革命军、游击队等多种抗日武装力量，其中人员有时互有交叉，名称亦易混淆。1936年1月，在中国共产党的联络下，各路抗日武装如游击队、义勇军、救国军、革命军等，改编成东北抗日联军（简称抗联），中共满洲省军委书记赵尚志任总司令，辖11个军，约4.5万人，后整编为第一路军、第二路军、第三路军，由杨靖宇、周保中、李兆麟分别率领。

此书所谈"东北人民抗日义勇军"，并非指某一支抗日武装，而是包括杨靖宇、赵尚志、李红光，以及赵侗所率领的中国少年铁血军等多支武装力量。全书正文分为三大部分，其一控诉日本强盗在中国烧杀淫掠的罪行，铁蹄下东北人民的悲惨状况；其二叙述东北四省（含当时热河省）的抗日义勇军的游击战争，不同阶段的战绩及发展；其三历数民族英雄、抗日战士及他们的光荣战史，讴歌抗日英烈事迹。

书前附有《义勇军进行曲》《义勇军歌》《打回老家去》歌曲，中间插有"义勇军的活动地带图"等。

32开本，9.4cm×12.8cm

张恪惟博士著，上海良友图书印刷公司1931年10月23日出版。篇前语1页，目录1页，地图1页，正文57页。

《东北抗日的铁路政策》

  此书作者在引言中写道："铁路，是勾通文化的血管，是开发富源的先锋，是培植政治力量的利器，是树立国防策略的首要工具。谋国者，或为自卫着想，或为侵略他人，均须从铁路上着手。"作者认为东北抗日急需注重铁路的作用，对如何建设和控制铁路大动脉、如何阻止和破坏日本利用铁路抢夺我国资源、如何调配兵员与军需等均提出一些方案和对策。该书除引言、结论外，正文分为东北铁路之现势、南满铁路与其培养线、日人之图谋吉会铁路与其国防政策、中国在东三省之铁路设施与英美之态度、中国自办铁路之复活、葫芦岛之筑港与东北铁道网计划、日人破坏之阴谋七个部分。

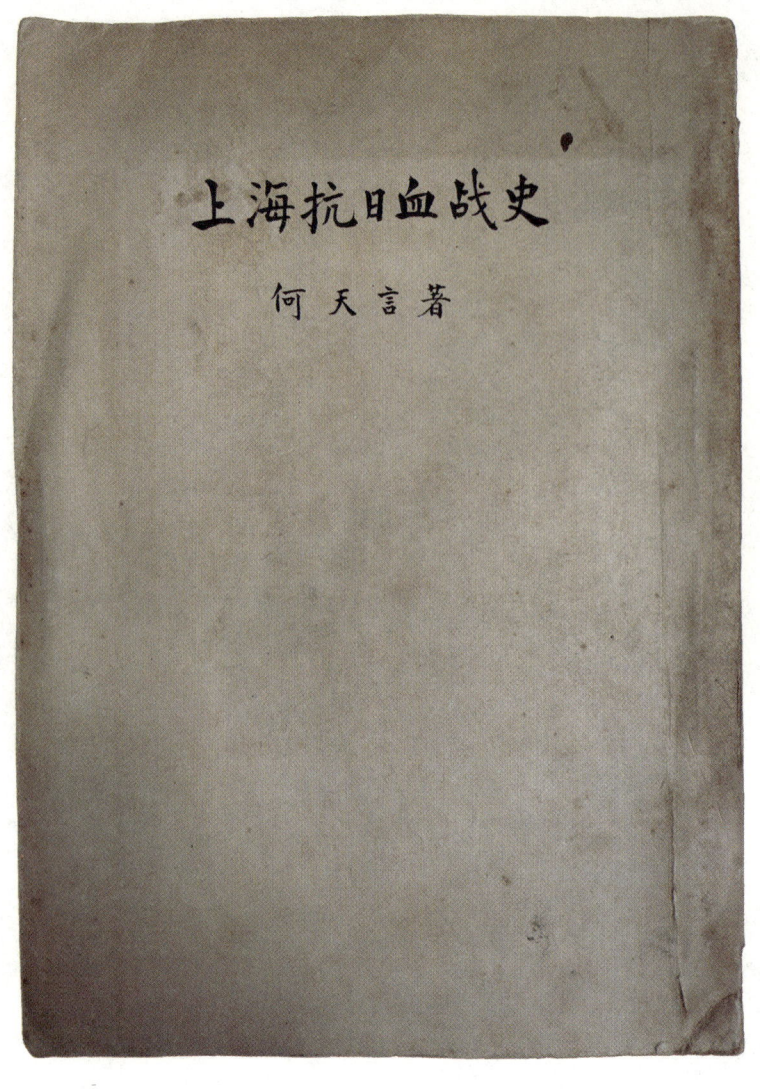

16 开本，15cm×25cm

何天言著，现代书局1932年5月10日再版。目录21页，照片20页，自序17页，正文322页，版权页1页。

《上海抗日血战史》

此书所谈上海抗日血战，即一·二八事变，又称一·二八淞沪抗战。

日本为转移九一八事变的国际视线并图谋侵占中国东部沿海富庶区域，1932年1月28日午夜，日本海军第一遣外舰队司令盐泽幸一指挥海军陆战队分三路突袭上海闸北。驻守上海的第十九路军在总指挥蒋光鼐、军长蔡廷锴指挥下奋起抵抗，给日军以迎头痛击。2月3日，张治中将军请缨获准，率首都警卫军第八十七师、第八十八师和教导总队组成的第五军，驰援第十九路军。至2月底，日军增兵至十万人，对我军阵地及民宅、商店等狂轰滥炸，发动四次总攻，第十九路军以不足四万人的兵员及劣势装备，屡挫强敌，坚持抗战一个多月。蒋光鼐、蔡廷锴指挥军队在闸北、江湾、吴淞、曹家桥、浏河、八字桥一带展开多次战役。日军四次更换主帅，死伤近万人。3月初，由于日军偷袭并从浏河登陆，中国军队被迫退守第二道防线。3月3日，在英、美、法、意等国调停下，日军司令官根据其参谋总长的电示，

发表停战声明。24日,中日双方在英领署举行正式停战会议。5月5日,中日签订《淞沪停战协定》。

此书以五编二十章的篇幅,较为详细地叙述一·二八淞沪抗战艰苦卓绝的过程。第一编为"神勇御暴鏖战记",包含暴日用武前压迫之危机、暴日用武后我大振国威、闸北虹口第一次大战和第二次大战、敌人扩大战区猛攻吴淞、停战四小时后敌再猛攻、敌人变更战略转攻江湾、凶寇顽强再下哀的美敦、我痛驳荒谬日牒、敌军再令总攻击、江湾一战却敌十里、第十九路军之威名、敌一再增援易将等内容;第二编为"国内团结御外侮",包括政府决心正当防卫、要人表示自卫救亡、青年厉行军事训练、下关日舰开炮挑衅、一·二八溯到九一八、一个月间大事略等内容;第三编为"列强的密切注意",包括各国纷售军火于日、法日英日合以谋我、日美邦交裂痕日深、中俄日三角形势、日凭借租界不顾一切等内容;第四编为"举国同仇敌其忾",包括各军将领擐甲陈词、民众群起援助抗日军、齐心戮力各尽救亡责、全市愤慨罢市御侮、炮火声中商业金融等内容;第五编为"名都空前大劫难",包括敌舰机炮之大肆破坏、炮火区域之遍地灰烬、战区扩大与难民日增、旷世罕闻之奸杀焚掠等内容。

书前印有多幅第十九路军抗日照片,比较珍贵。

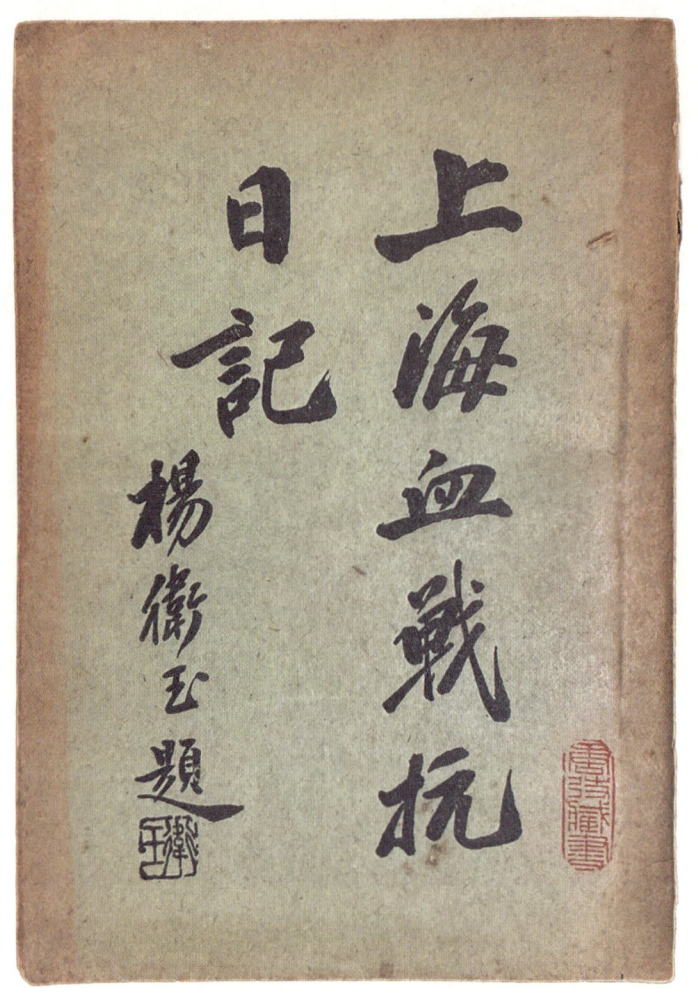

32 开本，13cm×18.7cm

楼产文编，互助出版社1932年3月1日出版。序3页，自序2页，事前2页，正文112页，版权页1页。

《上海血战抗日记》

  此书作者以亲历者日记的形式，自1932年1月28日起，至3月3日止，逐日记述日军如何挑衅和入侵上海，守备上海的第十九路军及广大爱国民众如何众志成城、坚决抵抗的过程。例如，作者1月28日记道："今日下午四点半时，日清公司轮船码头有六百余便衣日人上岸，有步行，有乘车，至北四川路始各散去。此时即有一消息，谓此项日人将于当夜用手枪手榴弹等攻击华兵。至夜十一时，我军一营，自青云路世界大戏院起至横浜桥布防，在天通庵遇见日哨兵二名，小起冲突，经一西捕一华捕劝开。至十一点三十五分，忽起枪声，据闻双方铁甲车因相近而冲突，双方均用机关枪、步枪、盒子炮，华兵以月台为掩护，旋华兵铁甲车于十二点半折闸北车站停靠，仍相持不下。"由此可见，该日记记述得相当细致，对于了解一·二八淞沪抗战的具体经过，颇有帮助。

  作者在自序中呼吁："同胞乎！时机至矣！准备起来，效命疆场，为国牺牲，以求国家之生存，以增民族之光荣，切莫隔岸观火，坐视国土沦于异族，同胞受铁蹄下之蹂躏！"其爱国激情，溢于言表。

32开本，13.2cm×18.4cm

上海民强书局编纪和印行，时间不详。照片4页，目次11页，正文111页。

《十九路军抗日大战史》

此书记叙一•二八事变祸起萧墙，第十九路军淞沪抗战的壮烈过程。其主要内容有：第一部分为"日兵突攻我军纪"，包括上海大战的来源和起因、日本人的无理要求、答复满意仍遭攻击、闸北巷战、江湾接触、轰击吴淞、夺回天通庵站等内容；第二部分为"两军接触后各方情形纪"，包括日军利用租界、英美领事商劝停战、日军频射机枪、东方图书馆起火、警察大队之战绩等内容；第三部分为"日兵第一次总攻纪"，包括日军海陆空总攻失败、闸北战况等内容；第四部分为"日兵第二次总攻纪"，包括我军设计歼敌、闸北我军乘胜追击、左翼激战、日机投弹等内容；第五部分为"空中大战纪"，包括日机图炸真茹电台、我空军作战胜利、日机师焚毙、我方损失等内容；第六部分为"暴日陆军参加作战纪"，包括我军分三路击退敌兵、日机轰炸民房等内容；第七部分为"日兵第三次总攻纪"；第八部分为"日军三次总攻时闸北战况"；第九部分为"停站救济难民纪"；第十部分为"暴日援军抵沪纪"；第十一部分为"日兵偷渡覆没纪"；第十二部分为"大战中之琐闻"；第十三部分为"抗日函电择要"。全书条目举说，按时间顺序，一事一纪，较为清晰地反映了淞沪抗战的实情。

宁死不屈：九一八事变引发局部抗战

16 开本，19cm×25.8cm

中国国际宣传社 1934 年初版。题词 5 页，照片 29 页，目录 8 页，序言 4 页，正文及附录共 476 页，图表多幅。

《榆关抗日战史》

榆关即山海关，榆关抗战又称山海关抗战。日军占领东三省以后，就虎视眈眈地觊觎广袤的华北地区。要占领华北，就必须攻破万里长城。明代长城东起辽宁虎山、西至甘肃嘉峪关，是中国北部区域自古以来的重要防御线，也是兵家必争之地。要突破长城防线，必先攻克山海关。山海关素有"天下第一关"之称，是连接东北和华北的咽喉要地，同时也是关内援助东北抗日义勇军的主要通道。日本人攻占这一通道，既有助于消灭东北抗日义勇军，又便于直入华北地区。

为尽快达到这一箭双雕的目的，日军于1933年1月1日驱使宪兵制造爆炸事件，而后栽赃中国驻军，向榆关城内开枪开炮，并无理要求中国军队撤出。2日，日本陆军和空军猛攻榆关，国民革命军独立第九旅旅长何柱国的部下奋力抵抗，与敌人展开殊死搏斗。3日，日军发动更加猛烈的攻击，中国守军安德馨营力战不支，几乎全部殉国。第九旅阻击日本侵略军的榆关抗战，揭开了华北抗战的序幕。

此书把榆关阻击战的整个过程分为十个部分：一、榆关血战爆发的必然性；二、九一八后之榆关与日本急性侵略之发动；三、榆关血战的前夜；四、榆关血战之展开；五、石河前线；六、忠勇抗战之第九旅将士；七、榆关抗日战役经过详报；八、榆关陷落以后；九、榆关血战所唤起之新的情势；十、榆关血战之反应。在第十一部分"举起民族革命的烽火"中，附录有榆关抗日战争中阵亡官兵姓名录、何柱国司令复各方慰劳电文、各刊物对榆战之批判等。

此书前后附有大量题词、照片、图表等，较为珍贵。

32 开本，12.5cm×18cm

关寄晨编，东北书店 1946 年 4 月印行。周保中照片 1 页，正文 35 页。

《东北抗日联军斗争史略》

此书由两篇文章组成：一篇为关寄晨的《中国共产党与东北抗日联军十四年斗争史略》，另一篇为魏东明的《周保中将军传略》。前者开篇写道："中国共产党及其领导下的东北抗日联军，十四年来在东北的抗日斗争，就其残酷与艰苦的程度，英勇与成功的结果，可以说是中国历史上所空前未有的。这是一部用血泪写成的历史，也是中华民族在暴敌侵凌下，所显现出的光荣和骄傲。但由于过去战争环境的限制，及日寇的严密封锁，使国人对联军的英勇斗争多不知晓，即令偶知一二，其中亦难免有捕风捉影及讹传之处。为此，记者特远道往访东北抗日联军领袖周保中将军，及其部下老游击队员数十人，经半月以上的访问、详谈，就所得材料虽不能全面而深刻的反映其全部斗争史，但简要的将其十四年来的斗争事略及其

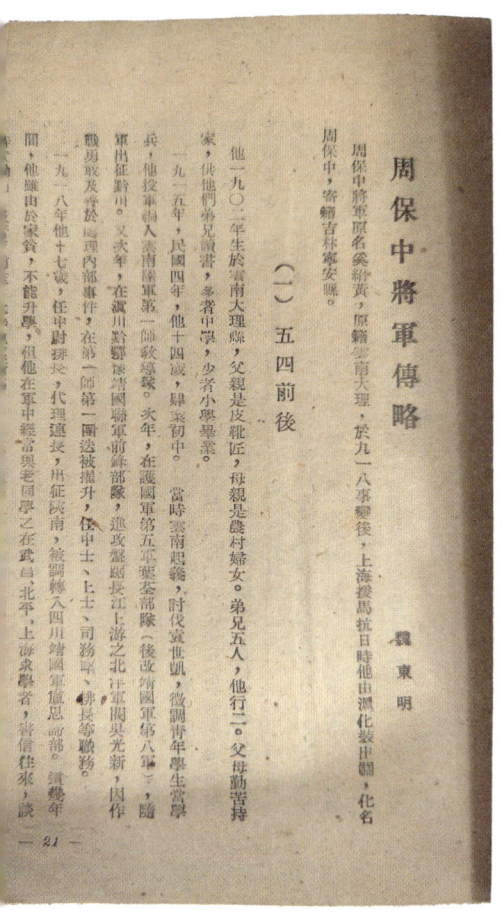

艰苦支持抗日战争的情形加以介绍，也是非常必要的。"书中对抗日救国运动的萌芽、散兵游勇抗日武装的兴起与瓦解、抗日联军的组建及艰苦卓绝的奋斗历程作了较为清晰的描述。

周保中（1902—1964），云南省大理人，1927年参加中国共产党，1928年赴苏联学习，1931年九一八事变后回国，1932年7月到哈尔滨任中共满洲省委军委书记，1938年1月任东北抗日联军第二路军总指挥。他是东北抗日联军的主要创始人和东北地区抗日游击战争的主要领导人之一。中华人民共和国成立后，周保中曾任云南省人民政府副主席。1955年，他被授予一级八一勋章、一级独立自由勋章和一级解放勋章。1964年2月22日，周保中在北京病逝。此书第二篇文章主要记述周保中将军在东北积极抗日的事迹。

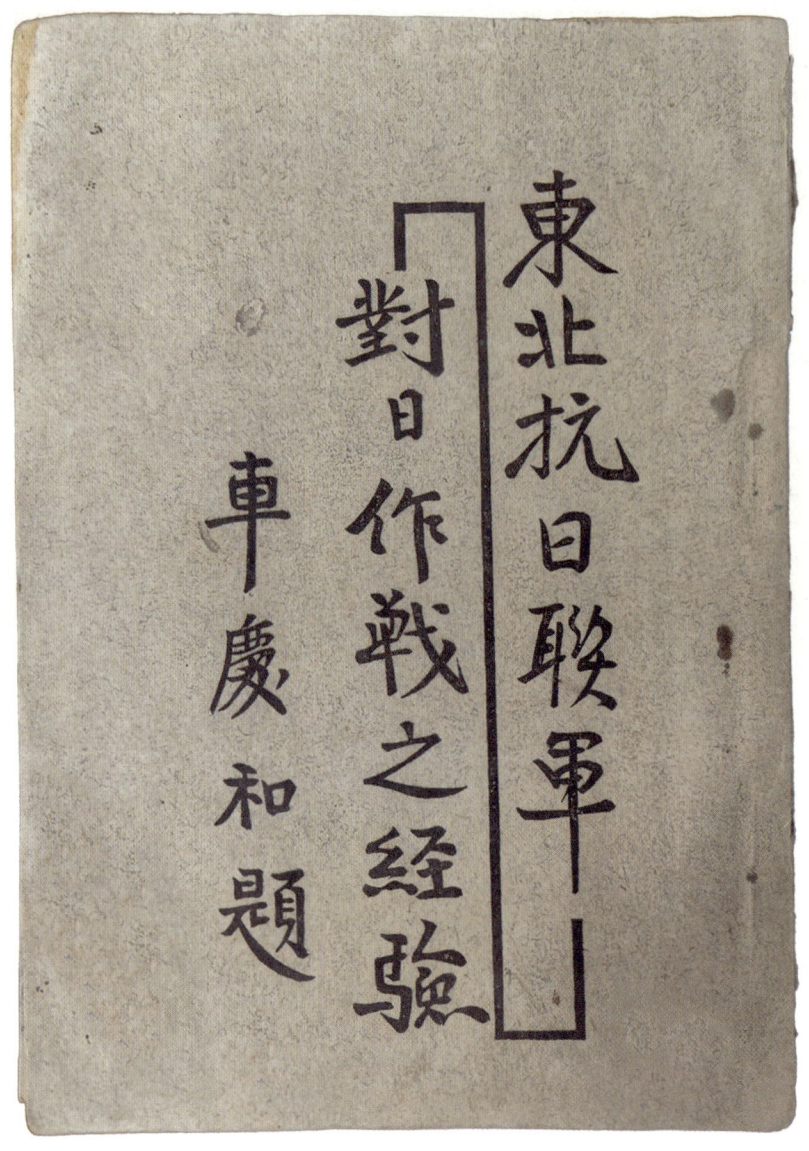

32开本，13cm×18cm

车向忱著，萃斌阁军学书局1932年7月再版。序言2页，正文94页，版权页1页。

《东北抗日联军对日作战之经验》

此书紧贴东北抗日武装与日军作战的实际，介绍日本关东军步兵、骑兵、炮兵、装甲兵等兵种和各级单位人员数量、武器配备、作战常用队列等情况。书中描述和总结了各路抗日武装在一次次艰苦卓绝的作战中所取得的经验：从化整为零进行分散作战到化零为整进行联合歼敌，从利用环境进行潜伏活动到构筑战壕进行排兵布阵，等等。书后附"新式正确的阵地设备（平面筑城）"图一幅。

作者车向忱（1898—1971），原名车庆和，辽宁省法库县人，早年入北京大学高等补习班读书，曾参加火烧赵家楼。九一八事变后，车向忱联合几位好友在北平奉天会馆内成立东北民众抗日救国会（简称救国会），担任该会执委、常委。1931年11月，车向忱等人赴南京

面见蒋介石,提出"出兵抵抗日寇侵略,收复东北失地""供给东北军军火""援助东北抗日义勇军"等七项要求。蒋介石虚与委蛇,让他们去找陈立夫。这使他们对国民政府不抱幻想,决定用自己的行动来支持抗日。

  1932年初,车向忱自告奋勇,受救国会委派,扮作卖药先生潜回东北,联络马占山将军等各路敌后抗日义勇军,了解抗敌情况,谋划救国大计。此书就是他深入抗联内部,掌握第一手材料后所著。该书序中说他"热心救亡,席不暇暖……苦心搜集东北义军对日作战的经验与材料付印成册献给武装抗日同志们,以作参考"。

  中华人民共和国成立后,车向忱曾任辽宁省人民政府副省长、辽宁省政协副主席。

32 开本，12.8cm×18.5cm

王亚编，巴黎救国出版社1935年12月印行。启示1页，目录6页，序言8页，正文198页，版权页1页。

《东北抗日烈士传》

此书序言写道："当'九一八'事变爆发时，南京高喊'镇静'和不抵抗，于是东北最高当局拥雄兵三十余万，飞机二百多架，有规模宏大为全国之冠的沈阳兵工厂，竟不发一弹，退兵关内，把整个东北奉送日人。"

"马占山、李杜、王德林、苏炳文等将军，英勇抗日于吉、黑，邓铁梅等烈士起义于辽宁，继之东北各地同胞到处高举义旗，组织义军，奋勇杀敌。"

"自'九一八'以迄今日，东北之救国军、自卫军、抗日军、人民革命军、义勇军、游击队、红枪会、无极会及其他各种各色抗日救国部队，与日贼作冲锋陷阵之血战，大小何只千次万次！在这四年多血战中，不知道经历了多少困苦艰难，不知道牺牲了多少抗日英雄、救国志士！他们都是为中国民族国家而英勇、壮烈、惨酷的牺牲了。他们都是中国现代的岳飞、文天祥！都是中国民族的正气和精华！"

正是如此，编者搜集东北抗日救国如邓铁梅、吉鸿昌等烈士传记70余篇，包括一些无名烈士的事迹等，汇集成册，题名《东北抗日烈士传》，不仅是表彰诸烈士之丰功伟绩和潜德幽光，也是给冥顽怯弱者振聋发聩也。

32 开本，12.8cm×18cm

中国现代史研究会编，东北大学图书资料室 1948 年 4 月初版印行。目录 4 页，正文 184 页。

《九一八前后的中国》

　　此书分为上、下两编，上编为"两个革命高潮之间——一九二八年至一九三〇年"，下编为"九一八以来的中国——一九三〇年至一九三七年"。上编对南京国民政府的性质及其对外投降帝国主义、中国共产党的崛起及其作用等作了论述；下编对九一八事变之后国民党的内外政策、全国民众解放运动的兴起、卢沟桥事变以前抗敌的一般形势作了分析。该书最后指出："在卢沟桥事变发生后，南京政府的态度还是犹移不决的。从七月七日卢沟桥到'八一三'，足足经过一个多月时间，坐使敌人不断增援，平津失守，全国人民和军队自动起来抗战以后，才不能不发动全面抗战。"由此叙述，可见当时全国的抗战态势。

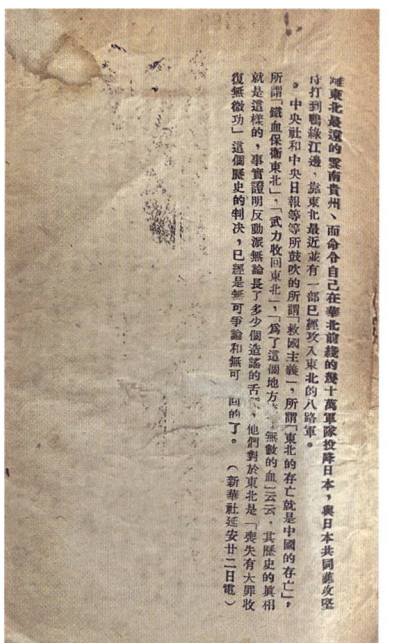
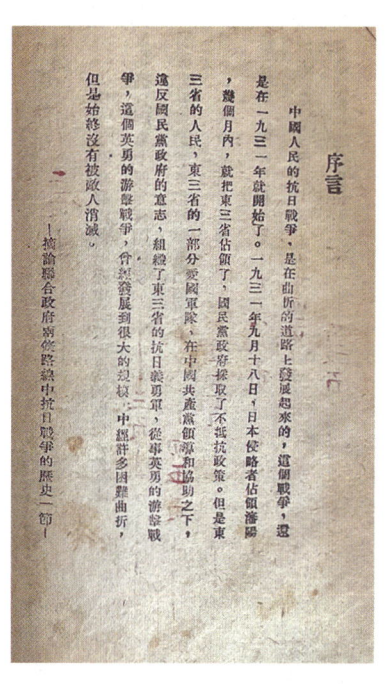

32 开本，12.8cm×18.6cm

作者不详，辽东建国书社1946 年 5 月 15 日出版。李兆麟将军木刻像1页，目录1页，序言1页，正文83页，版权页1页。

《东北抗日联军十四年奋斗简史》

此书由六个单篇文章组成，依次为《东北抗日联军十四年奋斗简史》《周保中将军阐述东北抗联奋斗简史》《日寇口中的东北抗日联军》《李兆麟将军斗争简史》《周保中将军略传》《东北问题的历史真相》，书名取自第一篇文章名。

该书序言取毛泽东《论联合政府》里谈东三省抗日的一段话："一九三一年九月十八日，日本侵略者占领沈阳，几个月内，就把东三省占领了，国民党政府采取了不抵抗政策。但是东三省的人民，东三省的一部分爱国军队，在中国共产党领导和协助之下，违反国民党政府的意志，组织了东三省的抗日义勇军，从事英勇的游击战争，这个英勇的游击战争，曾经发展到很大的规模，中经许多困难曲折，但是始终没有被敌人消灭。"

该书最后指出："中央社和中央日报等等所鼓吹的所谓'救国主义'，所谓'东北的存亡就是中国的存亡'，所谓'铁血保卫东北''武力收回东北''为了这个地方流了无数的血'云云，其历史的真相就是这样的，事实证明反动派无论长了多少个造谣的舌头，他们对于东北是'丧失有大罪　收复无微功'。这个历史的判决，已经是无可争论和无可挽回的了。（新华社延安廿二日电）"

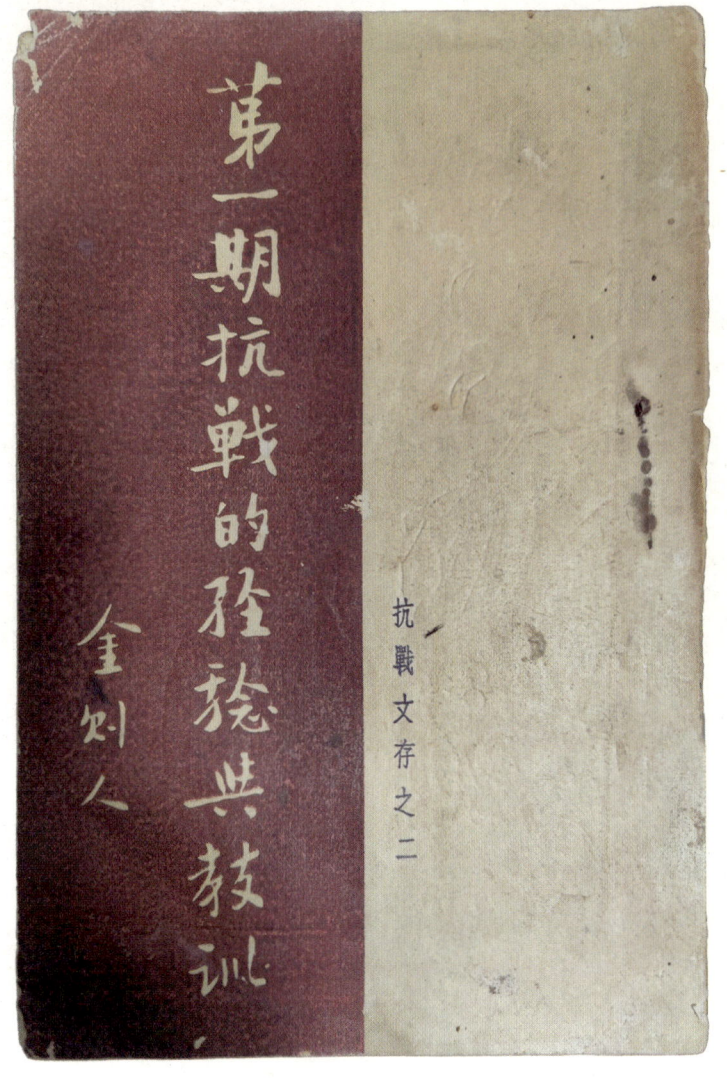

32 开本，12.5cm×18.2cm

金则人著，上海杂志公司1938年5月10日初版。扉页1页，版权页1页，目次2页，正文130页，校后记1页。

《第一期抗战的经验与教训》

  此书是作者在九一八事变至七七事变期间所写抗战文章的汇集，因内容多为局部抗战阶段（也称第一期抗战）的观察与思考，故名为《第一期抗战的经验与教训》。

  正文由《全民抗战的展开》《用抗战来教育民众》《如何使前后方精神一致》《那里能分前方和后方》《一切在抗战中加强充实》《抗战中的民主问题》《文化战线的组织问题》《东战场战局突变的检讨》八篇文章组成，附录有《向民族统一战线迈进》《我们又踏进了同盟时代》等四篇文章。作者开篇就指出："远自九一八的时候起，随着东北的掠取，早就存下了攫夺华北的阴谋，继以何梅协定的订结、冀东的'特殊化'、一九三六年五月的增兵、丰台的独占、察北的侵入以及绥东的攻掠等等，无一不是存心攫夺华北的有计划的步骤。"敌人的贪婪和恶毒总是超出我们的想象。我们已经没有时间，也不能再犹疑和争论是战还是降的问题，而是必须联合起来，拿起武器，与日寇血战到底。

三

同仇敌忾

七七事变与全民族抗战

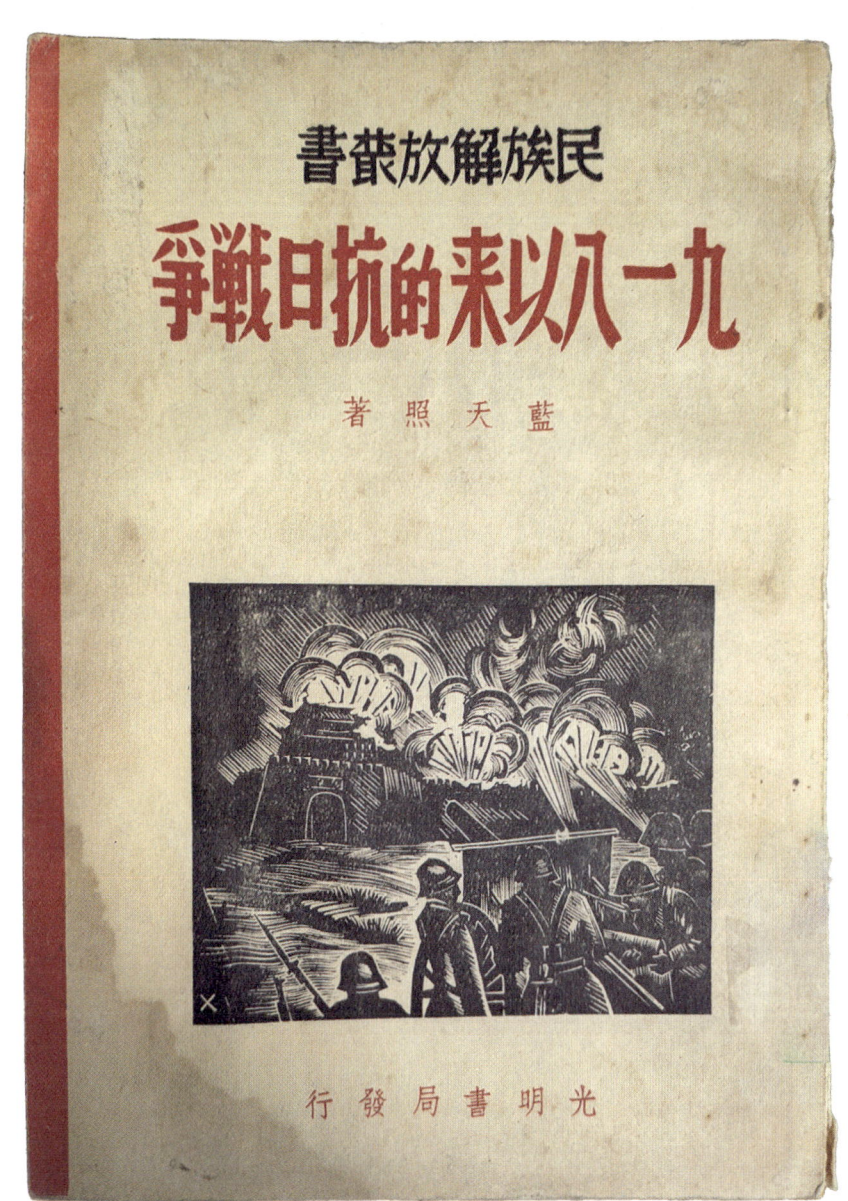

32开本，12.3cm×17.5cm

蓝天照著，光明书局1937年12月20日初版，1938年1月5日再版。序言2页，目次2页，正文68页，版权页1页。

《九一八以来的抗日战争》

  此书除序言以外，正文分为"马占山抗战与东北义勇军的活跃""一·二八淞沪抗战""热河失守与长城抗战""察哈尔民众抗日同盟军的崛起""绥远抗战的伟大胜利""全面抗战的展开与教训"六章。

  此书在七七事变发生之后印行，通过讲述九一八事变以来中国军民抵抗日本帝国主义的历程，指出自局部抗战六年以来，步步退却失败的原因，关键在于："一时的局部的抗战必须代以持久的全面的抗战，而后始能完成民族解放的任务。这是历史的教训，必须珍贵这一教训，以为目前抗战的原则，中国才不致被'屈膝'，并且将使我们的敌人屈膝。"

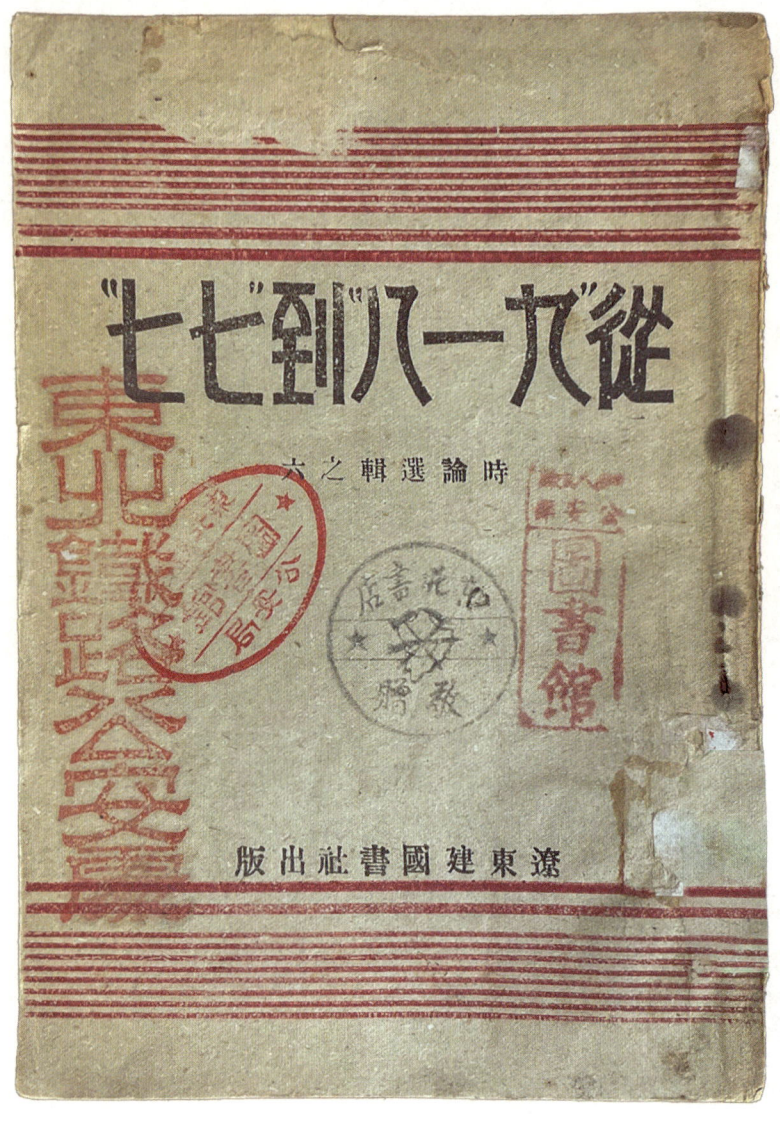

32 开本，13cm×18.4cm

解放日报社编，辽东建国书社发行，时间不详。前言1页，代序4页，正文37页，版权页1页。

《从"九一八"到"七七"》

七七事变，又称卢沟桥事变。九一八事变引发中国的局部抗战，七七事变则引发中国的全国抗战，或曰全民族抗战。

1937年7月7日夜，驻丰台日军在卢沟桥以北地区举行军事演习，夜11时日军诡称一士兵离队失踪，要求进城搜查。遭到中国驻军拒绝后，日军迅即包围宛平县城。8日晨4时50分，日军打响攻城第一枪，随后向宛平县城连续发起三次攻击，均遭中国守军顽强抵抗。9日至10日，正当中日双方会商停战撤兵之时，日军大批调兵向中国军队进攻。11日起，日军以大炮轰击宛平城及其附近一带，战事扩大到八宝山、长辛店、廊坊、杨村等处，日军出动飞机在各处侦察扫射，战事时断时续。28日，日军向驻守在北平四郊的南苑、北苑、西苑的国民革命军第二十九军发起猛烈攻击。经过5个多小时的战斗，中国守军伤亡2000余人。

 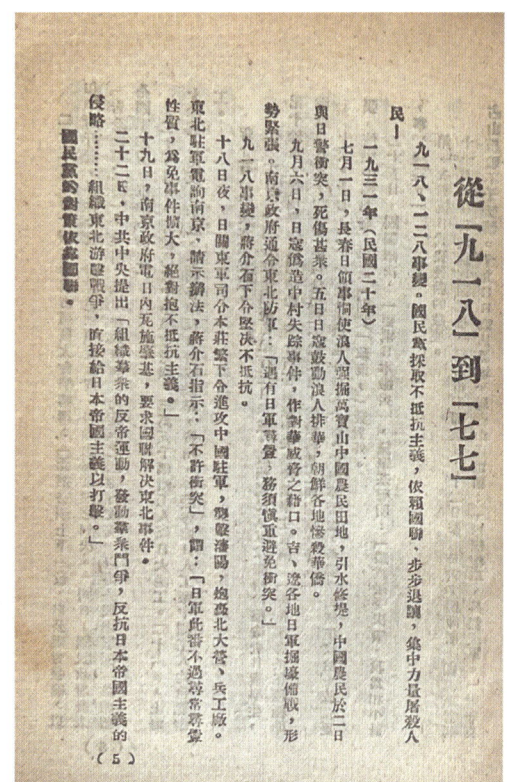

32开本，13cm×18.4cm

胶东新华书店翻印，民众书店1946年7月25日四版。目录1页，正文86页。

29日，北平沦陷。七七事变的发生，标志日本帝国主义发动全面侵华战争，也标志着中国全民族抗战的开端，由此开辟了世界反法西斯战争的东方主战场，中国社会各阶层开展不同形式的抗日救亡运动。

此书摘录1943年9月18日延安《解放日报》上刊载的社论《国民党与民族主义——为纪念"九一八"十二周年而作》，以大事记的形式，详细记述日本帝国主义从1931年7月1日至1937年7月29日的侵华罪行，南京国民政府软弱退让、时谈时打的政策，中国共产党及各界爱国团体和民众武装力量英勇抗日的行动及战绩。

由胶东新华书店翻印的同名图书，还增选同样由《解放日报》发表的《抗战以来日寇诱降与国民党反动派妥协投降活动的一笔总账》长文，揭露国民党反动派一系列苟且偷安、妥协投降的行径。

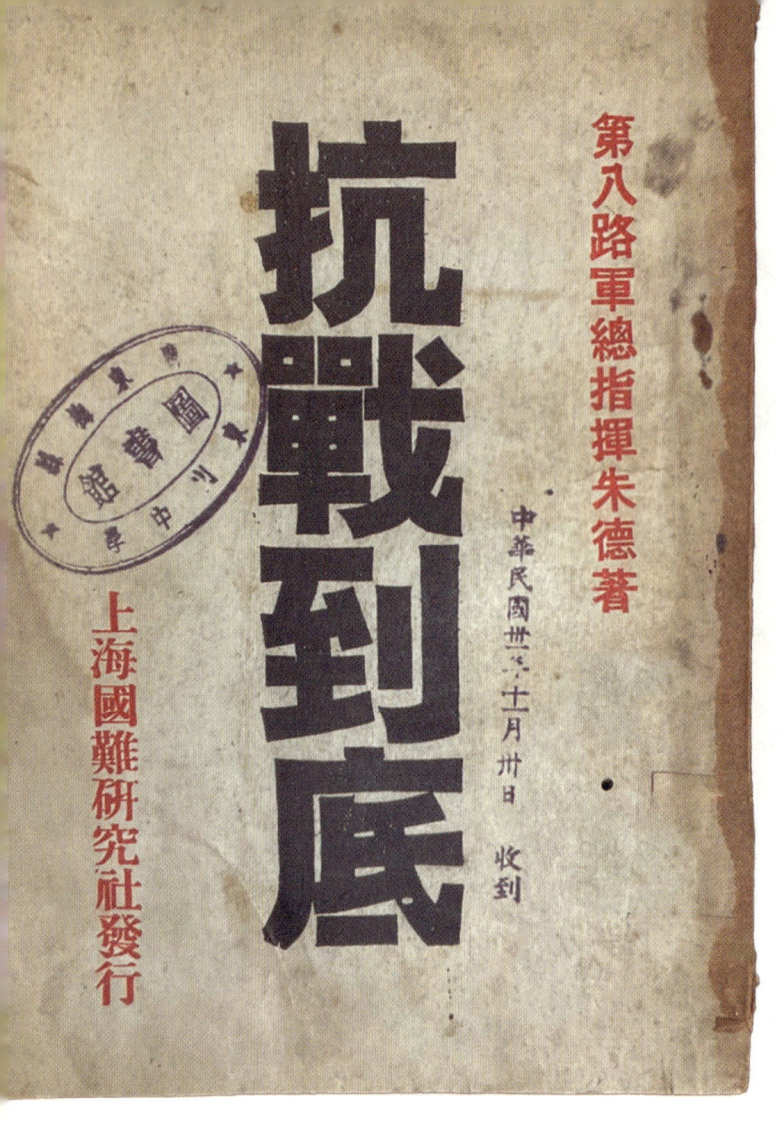

32 开本，12.3cm×17cm

朱德著，国难研究社 1937 年 10 月初版，1937 年 11 月再版。目次 2 页，正文及附录共 47 页，版权页 1 页。

《抗战到底》

此书为第八路军总指挥朱德所著，代表着中国共产党所领导的八路军、新四军等抗日武装，在七七事变发生后对抗战的坚决态度。

1937 年 7 月 7 日卢沟桥事变爆发，面对日本发动的全面侵华战争，中国共产党高举抗日的大旗，7 月 8 日通电全国，呼吁全中国的同胞："只有全民族实行抗战，才是我们的出路！"同日，毛泽东、朱德、彭德怀等红军领导人致电蒋介石，要求全国总动员进行抗日斗争，并代表红军将士请缨杀敌。朱德为红军奔赴抗日前线写下誓言："我们誓率全体红军，联合友军，即日开赴前线与日寇决一死战。复我河山，保我民族，保卫国家，是我天职。"

此书开篇写道："七月八号在卢沟桥又燃起了第二个'九一八'的号炮。和平已到了绝望的时期，国难已到了最后的关头！现在，摆在我们每个中华儿女黄帝子孙面前的问题，只有是对日本强盗实行抗战，从华北的局部抗战走向全国的抗战，从廿九军的抗战走向全国人民上下一致的抗战，抗战到底！"朱德在书中明确指出了日寇将战火烧遍整个华北的企图，把

 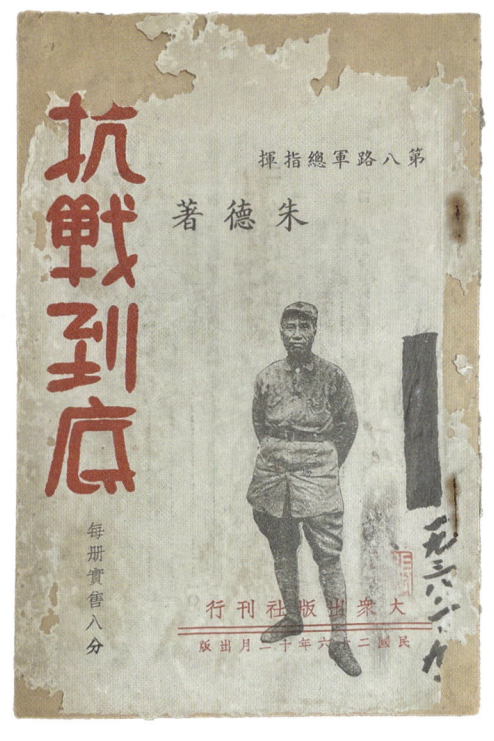

32 开本，12.6cm×18.2cm

朱德著，救亡出版社（上海）1937 年 10 月出版。目录 1 页，正文及附录共 30 页，版权页 1 页。

32 开本，12.3cm×17cm

朱德著，大众出版社 1937 年 12 月出版。目录 1 页，正文及附录共 32 页，版权页 1 页。

正文分为"第二个'九一八'的号炮又响了""日本并不是那么可怕的魔鬼""抗战是唯一的出路""最后的胜利是我们中国的"四章，有力地论述了敌我双方的力量和战争形势，指出对日作战将是一场持久的、艰苦的战争，并坚信中国人民将取得最后的胜利。

朱德在书中还强调："战争是这样的迫急，时间是这样的紧促，联合各党各派各军一致抗日的口号立即变为行动。团结一切力量，动员一切力量，武装一切力量，奔向全国一致抗日的总目标。"1937 年 8 月，中共中央革命军事委员会发布命令，宣布红军改名为国民革命军第八路军，朱德任总指挥、彭德怀任副总指挥。9 月 22 日，国民党中央通讯社发表《中共中央为公布国共合作宣言》。中共中央的宣言和蒋介石谈话的发表，宣告国共两党重新合作和抗日民族统一战线形成。10 月，国民党中央通讯社记者王少桐前往八路军总部采访朱德、彭德怀，从平型关之战、抗战的前途以及八路军的实质等三个方面进行了报道，形成长篇通讯《今日的朱彭》。该通讯稿作为附录中的一篇文章收入本书。

"抗战到底"是中国共产党号召全国人民奋起抗日的动员令，得到社会各界的积极响应。此书有多种版本，这里另选有救亡出版社 1937 年 10 月出版、大众出版社 1937 年 12 月出版的书影。

32 开本，12.3cm×17cm

潘汉年著，生活书店 1937 年 12 月初版。扉页 1 页，目录 4 页，正文及附录共 141 页，版权页 1 页。

《全面抗战论》

  此书分为上、下两编，上编包括"全面抗战释""全面抗战中政治动员的基点""如何确保抗战的全部胜利？""群众动员的基本问题""恢复北伐时代民众运动的前提""发动广大群众起来反汉奸""动员民众保障抗战的胜利""为什么动员不起来？""广泛的游击战争""改善与提高军队的政治教育""召集国防代表大会的建议""提高民族的警觉性""坚定民族胜利的信心""'加强我们的团结'"十四章，下编包括"上海中立区问题""承认上海中立区的外交意义""中苏不侵犯条约的展望""迅速确定胜利的外交路线""从敌人封锁海岸说起""从暴日轰炸首都说到争取外交优势的对日绝交""我们不要辜负了国际的同情""我们在九国公约会议中要争取些什么？"八章。此书上编谈国内如何开展全民族抗战，下编谈全民族抗战形势下如何对外交往。

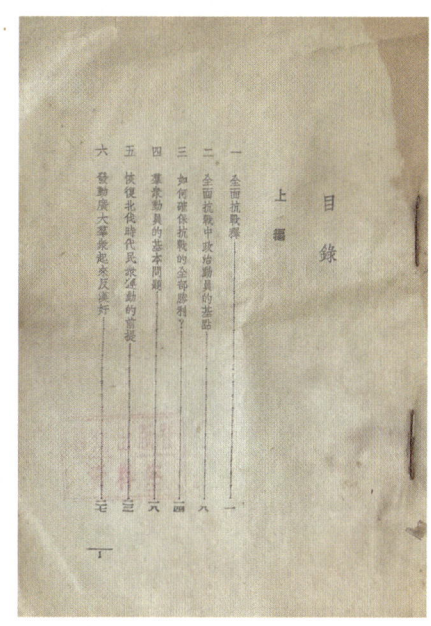
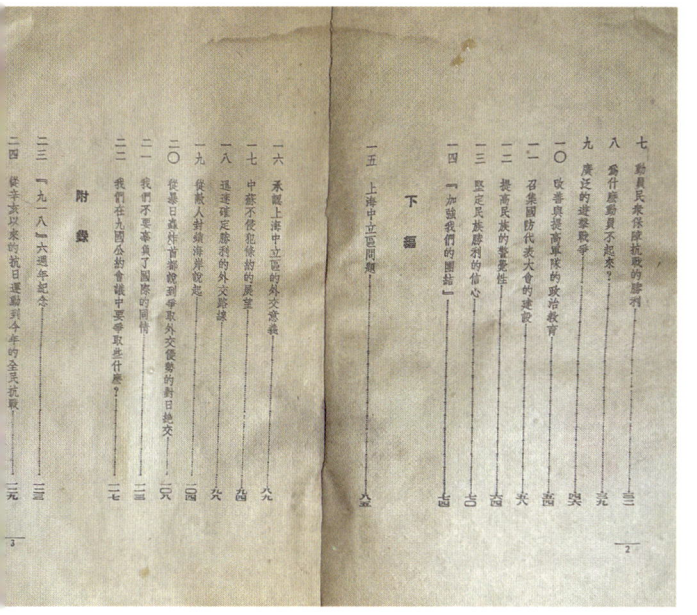

作者说："目前战争的性质是不同于'九一八'东北军的抗战，也不同于'一·二八'上海十九路军的抗战。因为这些战争，都是局部的抵抗，就了结当时的战局，不仅在政治上没有完成抗战的任务，即在军事上也没有结束战略上的任务。"而全民族抗战不仅是指地域上从北到南、从东到西的全面展开，更是指全国上下各项工作、广大民众都进入战时状态，把全国全民族的人力和物力都动员到抗战中来，最终彻底打败日本帝国主义。

作者潘汉年（1906—1977），江苏宜兴人。1925年加入中国共产党，1929年任中央文化工作委员会第一任书记，1930年任中国左翼作家联盟党团书记，1931年任中央局宣传部长，1934年10月随中央红军参加长征，1937年任八路军驻上海办事处主任、1942年任中共中央华中局情报部部长，负责上海、南京一带敌占城市的对敌隐蔽斗争工作，作出重要贡献。中华人民共和国成立后，历任中共中央华东局委员和中共上海市委社会部部长、统战部部长，上海市常务副市长。1977年4月14日，潘汉年在湖南长沙逝世。

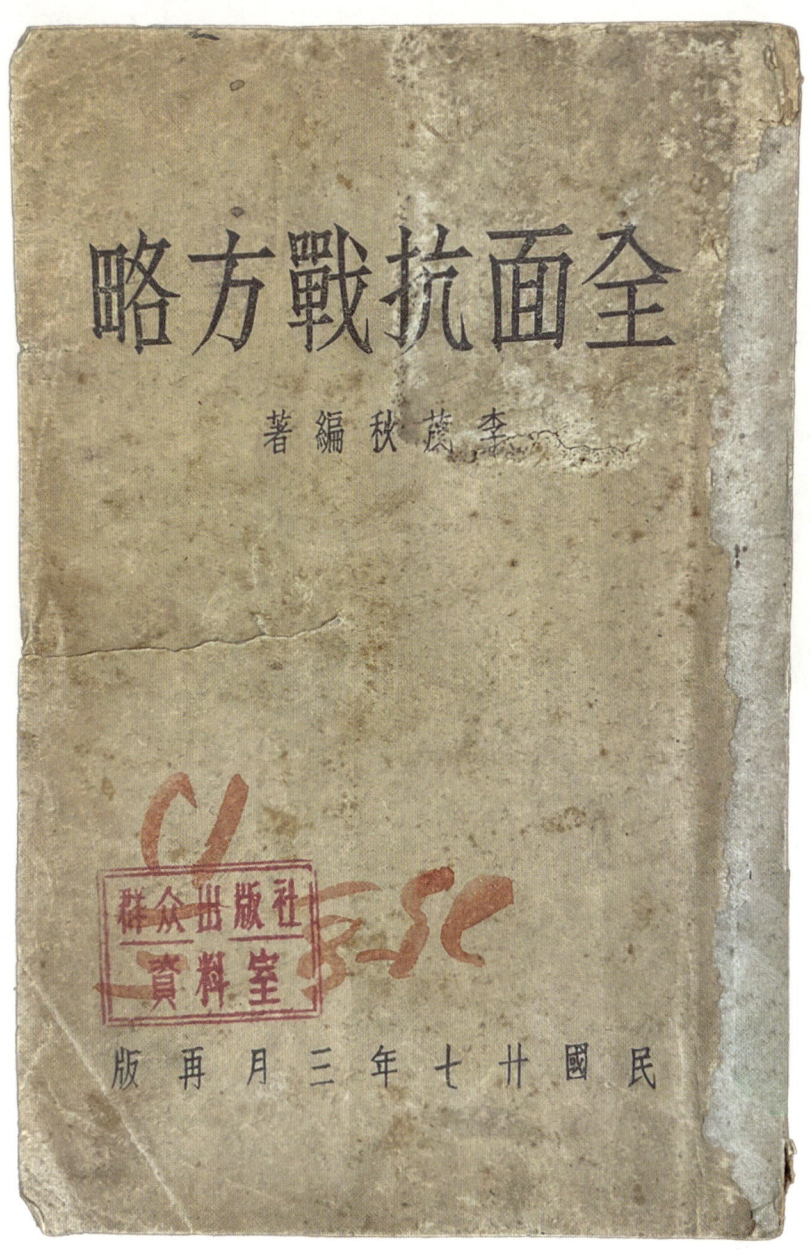

32 开本，12cm×18.4cm

李茂秋编著，南昌生记印刷局 1938 年 3 月代印。目次 7 页，正文 234 页。

《全面抗战方略》

此书开篇阐述全民族抗战的意义："全面抗战，是应战而不是求战，是自卫而不是排外，是全面战争而不是局部战争，是全民总动员而不是单纯军事行动。其意义之重大，在时间上说，为中华民族有史以来最有价值的一段；在空间上说，为全世界现阶段最富革命性的一幕，无论古今中外，未有此次全面抗战对于时代所负使命之重大，未有此次全面抗战对于世界所负责任之切要。"

第一章为"总论"，主要论述全民族抗战的意义、经济基础、组织基础及动员态势等；

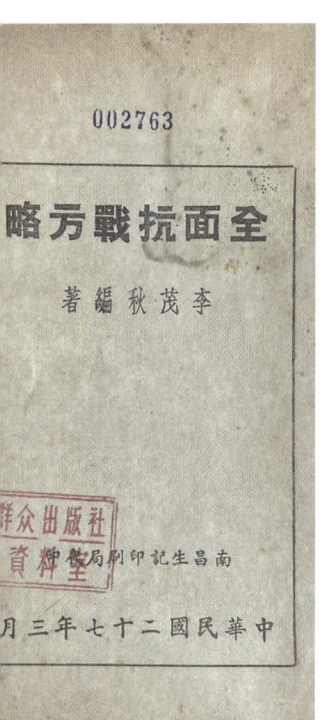
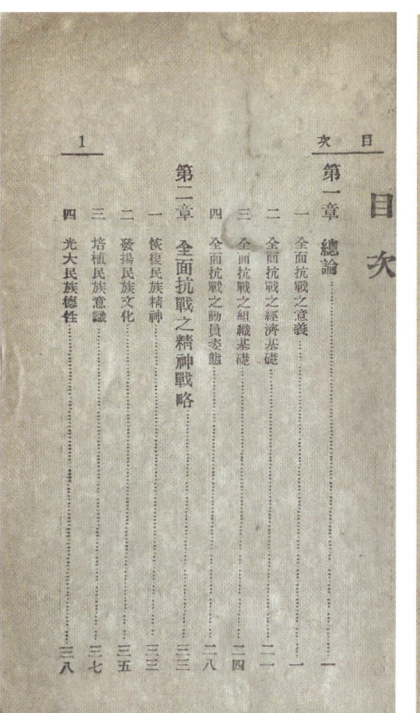
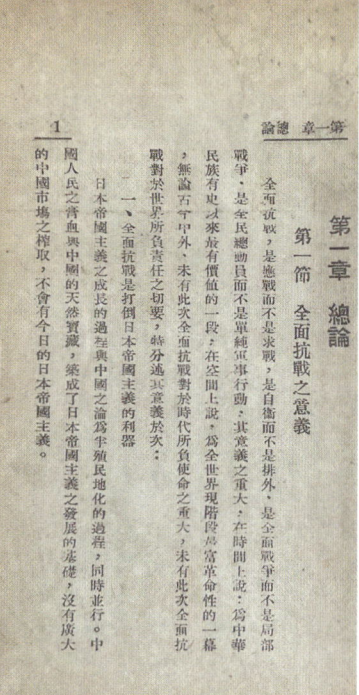

第二章为"全面抗战之精神战略",主要谈论恢复民族精神、发扬民族文化、培植民族意识、光大民族德性、树立民族共同信仰等;第三章为"全面抗战之经济战略",主要讲述复兴农村经济、实施统制经济、破坏敌人经济、安定国民生活、注重军用工业等;第四章为"全面抗战之政治战略",主要提出改善政治机构、实行民主集权、制定抗敌纲、破格选拔人才、彻底肃清汉奸等问题;第五章为"全面抗战之教育战略",主要提出造就军事人才、生产人才、民众组织人才及各级学校战时动员计划等;第六章为"全面抗战之军事战略",主要说明持久战、全面战、游击战、消耗战的价值和作用等;第七章为"全面抗战之民众战略",主要探讨民众武装、民众组织、民众训练等问题;第八章为"全面抗战之外交战略",主要讲述对日绝交、联合苏俄、亲睦英美法、周旋德意、联合弱小民族等问题;第九章为"全面抗战之宣传战略",主要谈论对国际的宣传、对敌国的宣传、对民众的宣传要有的放矢的问题;第十章为"全面抗战之救护问题",主要讲述怎样解决伤兵、难民、俘虏、失业人员及军属问题等;第十一章为"结论——最后胜利的必然性",从中日双方军事、经济、政治等方面进行分析,得出抗战必定胜利的结论。

後方民衆的總動員

胡繩 著

生活書房 總經售

32 开本，12.1cm×17cm

胡绳著，生活书店 1937 年 10 月初版，1938 年 2 月三版。扉页 1 页，版权页 1 页，目次 1 页，正文 50 页。

《后方民众的总动员》

这是一本动员全国民众人人参加抗战、人人为抗战贡献力量的书。全书共分九部分，在第一部分"对于这一次抗战的认识"中，作者指出："速战速胜是日本作战的总的策略，因为只要战争一持久，它的经济资料会感到缺乏，人民厌战的心理也会加强了。它就靠了这样的策略占领了东北四省，胜利地结束了'一·二八'战争，并且化了很少的气力占领了平津；靠了这样的策略，它在中国民众中间造成了许多'恐日病者'，使得许多人以为我们简直没有能力抵抗日本的侵略。但是事实上我们有能力抵抗它的。我们不能让日本实现一鼓荡平中国的野心，我们可以用全国的武力和它的军队周旋，不求马上得胜，但求用持久的消耗战逐渐消耗它的实力，而争取最后的决定的胜利。""对于我们，不抗战则死，抗战则生，只有靠抗战，我们才能争取得民族的生存、国家的生存以及每一个国民的生存。"作者就是这样，生动而有力地阐述抗战的道理，使民众得到精神的武装，从而在行动上与敌人奋战到底。

作者胡绳（1918—2000），江苏苏州人，早年就读于北京大学哲学系，青年时代就积极参加爱国救亡运动，1938 年加入中国共产党，曾任《读书月报》主编、《新华日报》编辑。中华人民共和国成立后，历任政务院出版总署党组书记、中共中央宣传部秘书长、《红旗》杂志社副总编辑、中共中央党史研究室主任、中国社会科学院院长、全国政协副主席及中国历史学会会长、中国中共党史学会会长、孙中山研究会会长等职。胡绳著作颇丰，有《新哲学的人生观》《辩证法唯物论入门》《思想方法》《理性与自由》《帝国主义与中国政治》《枣下论丛》《从鸦片战争到五四运动》《历史和现实》等。

笔者所见的数种介绍胡绳生平和著述的书籍，都没有提到这本《后方民众的总动员》。胡绳本人和相关研究者可能忽略了这本小册子，但从其出版仅四个月就印至第三版的情况看，该书在当时是颇受欢迎并产生不小影响的。

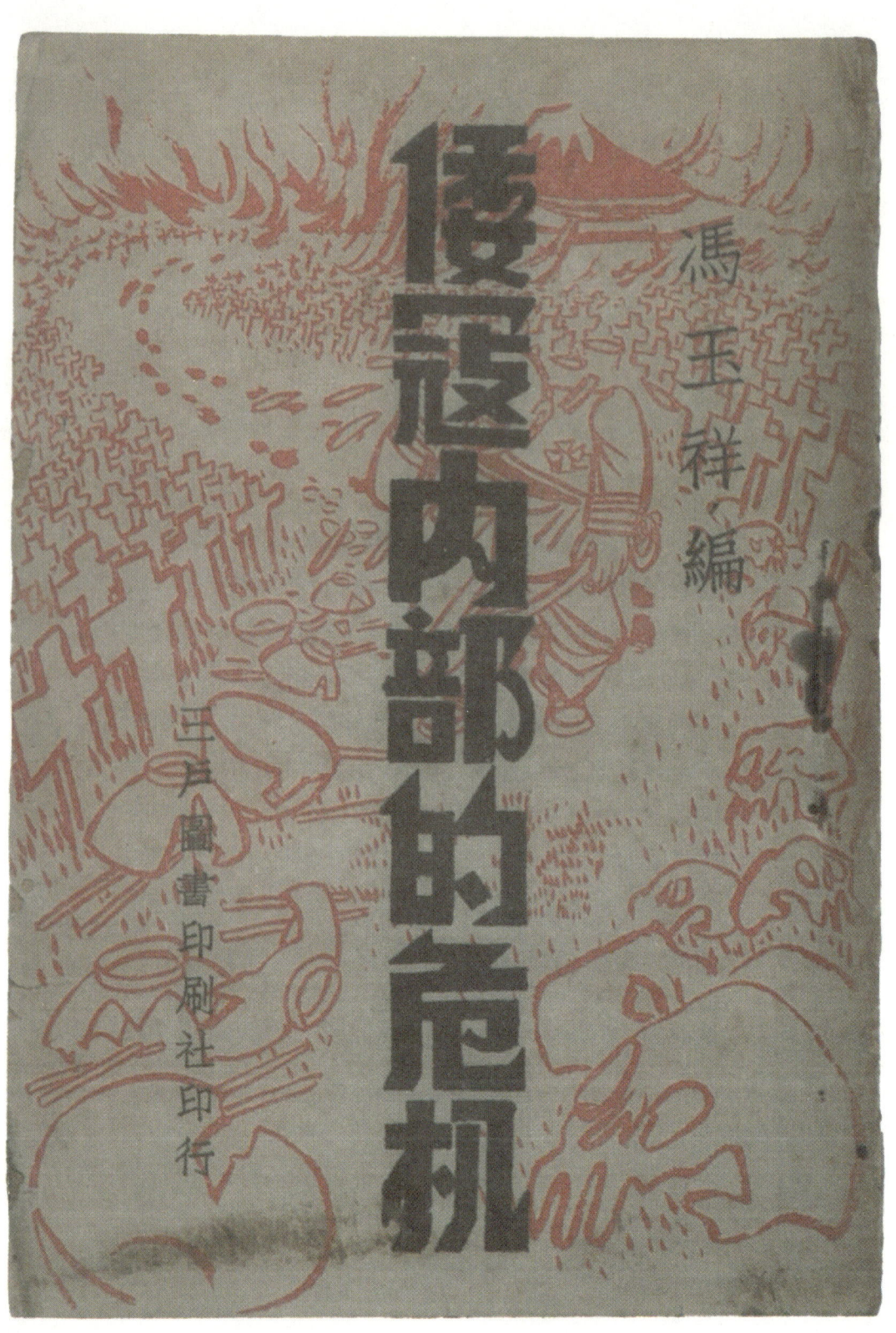

32 开本，16.3cm × 17.8cm

冯玉祥编，三户图书印刷社（汉口）1938年5月初版。
序2页，正文54页。

《倭寇内部的危机》

此书是冯玉祥将军搜集相关资料，采用问答形式写成，揭露了日本侵略中国后内部所隐藏的危机。从军费激增到赋税加重、从普遍征兵到反战示威、从民众生活水准急降到日军厌战惧战情绪等，作者均以一个个生动的实例加以解说，让人见到日寇凶残背后的虚弱，增强抗战的信心和力量。

冯玉祥(1882—1948)，字焕章，祖籍安徽巢湖，生于直隶青县（今河北沧州沧县）。北洋军阀时期曾任团长、旅长、师长和督军等职。1924年10月发动北京政变，将所部改称国民军，自称总司令。1926年9月率部在五原誓师，宣布集体加入中国国民党，参加北伐。1927年5月在西安就任国民革命军第二集团军总司令。1929年起，因与蒋介石集团矛盾激化，举兵反蒋，导致先后发生蒋冯大战和中原大战。九一八事变后，主张积极抗日，并于1933年5月与共产党人吉鸿昌合作，在张家口组织察哈尔民众抗日同盟军，任总司令，后在日军和蒋介石的联合进攻下失败。抗战全面爆发后，先后任第三战区、第六战区司令长官，不久就被蒋介石排挤解职。抗战胜利后，继续主张与共产党合作，反对蒋介石内战政策，被迫于1946年9月以"考察水利专使"的名义出访美国。1948年初，与李济深等从国民党中分裂出来，发起组织中国国民党革命委员会，被推选为中央政治委员会主席。1948年7月响应共产党号召，回国参加政治协商会议筹备工作，所乘苏联"胜利"号客轮途经黑海时失火，不幸遇难。

出版此书的"三户图书印刷社"，是冯玉祥专为宣传抗日和革命主张而创办的，后与生活书店联合经营，印刷发行过《列宁全集》、毛泽东的《论持久战》、田汉的《秋声赋》等大量进步书籍。

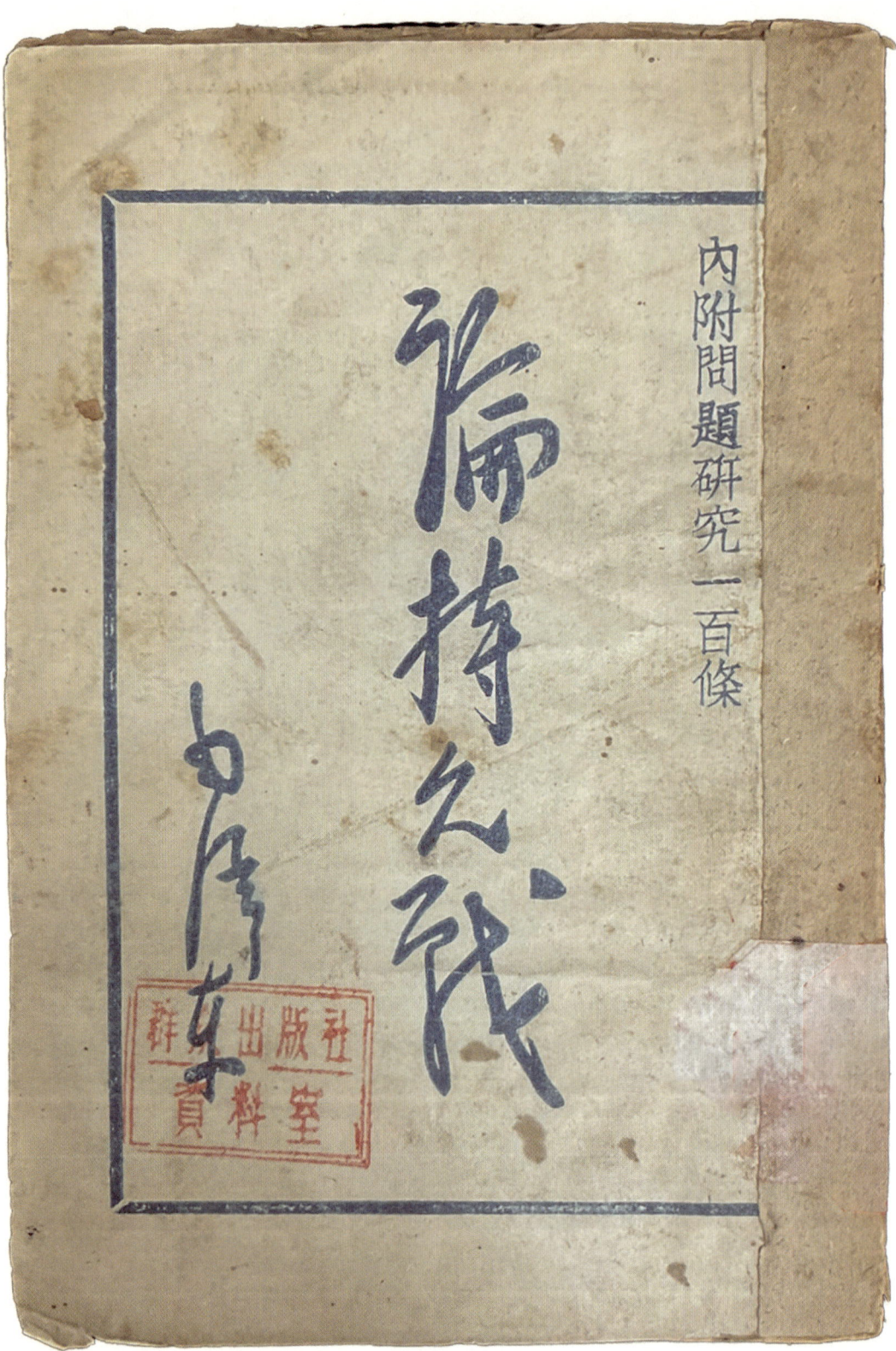

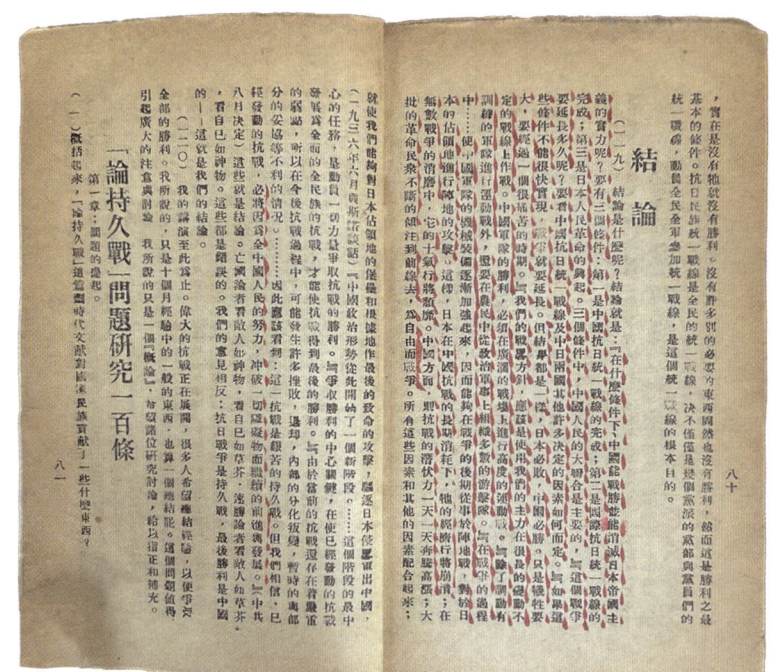

32 开本，12.4cm×18.5cm

毛泽东著，大众出版社1939年1月再版。版权页1页，正文90页。

《论持久战》

1938年5月26日至6月3日，毛泽东针对当时社会流行的若干错误论调，如敌强我弱论、亡国论、速胜论等，在延安抗日战争研究会上做了《论持久战》的讲演。该讲演对妥协还是抗战，腐败还是进步，亡国论的错误、速胜论不切实际，为什么必须坚持持久战、持久战的三个阶段、防御中的进攻、持久中的速决，持久战的主动性、灵活性、计划性，运动战、游击战、阵地战、消耗战、歼灭战的特点，以及兵民是胜利之本等问题，均作了透彻的论述。讲演稿全面分析中日战争所处的时代和中日双方的基本特点，并从全国的战略全局出发，深刻分析抗日战争必须经过战略防御、战略相持、战略反攻三个阶段，从而揭示了抗日战争发展的过程和规律。

此书便是毛泽东演讲的单行本，深刻阐述了人民战争的思想，提出抗日战争三个阶段的主要作战形式是运动战，其次是游击战。对于八路军的战略方针，本书给出"基本的是游击战，但不放松有利条件下的运动战"和其他一系列作战原则，批评了单纯防御的错误方针和轻视游击战争的错误观点。《论持久战》指出战争伟力之最深厚的根源，存在于民众之中，要坚持抗日民族统一战线的总方针，最后胜利必定属于中国。它是中国共产党领导抗日战争取得胜利的纲领性文献，抗日战争的实践充分证明书中的预见完全符合实际情况。

书末列有"《论持久战》问题研究一百条"，颇有现实针对性。

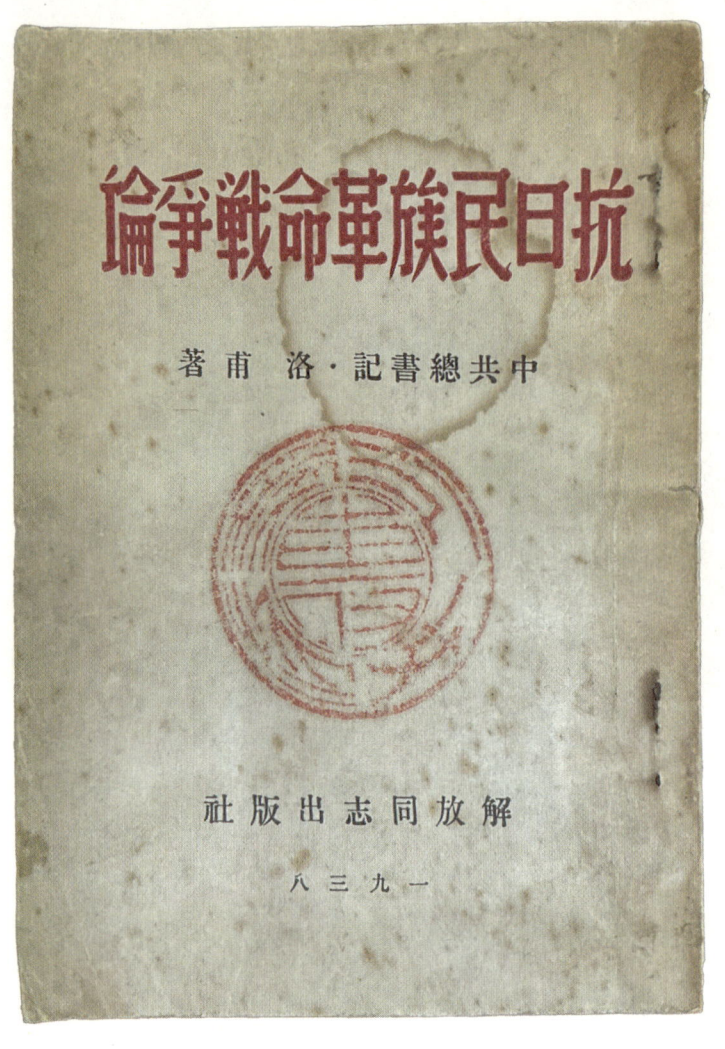

32开本，12.2cm×16.8cm

洛甫著，解放同志出版社1938年出版。目次1页，正文80页，版权页1页。

《抗日民族革命战争论》

  此书作者洛甫，是中国共产党领导人张闻天的化名。他在1935年遵义会议后，曾任中共中央总书记，故书的封面署名为"中共总书记 洛甫"。

  张闻天（1900—1976），上海南汇人，1925年加入中国共产党，同年赴莫斯科中山大学学习和工作。1931年回国任中共中央宣传部部长，1934年10月参加长征，1935年1月出席遵义会议。中华人民共和国成立后，任中共中央政治局委员、驻苏联大使、外交部副部长等职。"文化大革命"中受到迫害，于1976年7月1日含冤病逝。1979年8月，中共中央对其冤案予以平反昭雪。

  作为在理论宣传和干部教育中成绩卓著的中共领导人，张闻天在此书中主要围绕"全民族抗战的前夜""我们对于民族统一纲领的意见""论抗日民族革命战争的持久性""转变中的时局""北方游击战争的战略支点"五个方面，阐发共产党人对全民族抗战的意见和认识，与毛泽东的《论持久战》观点相呼应。

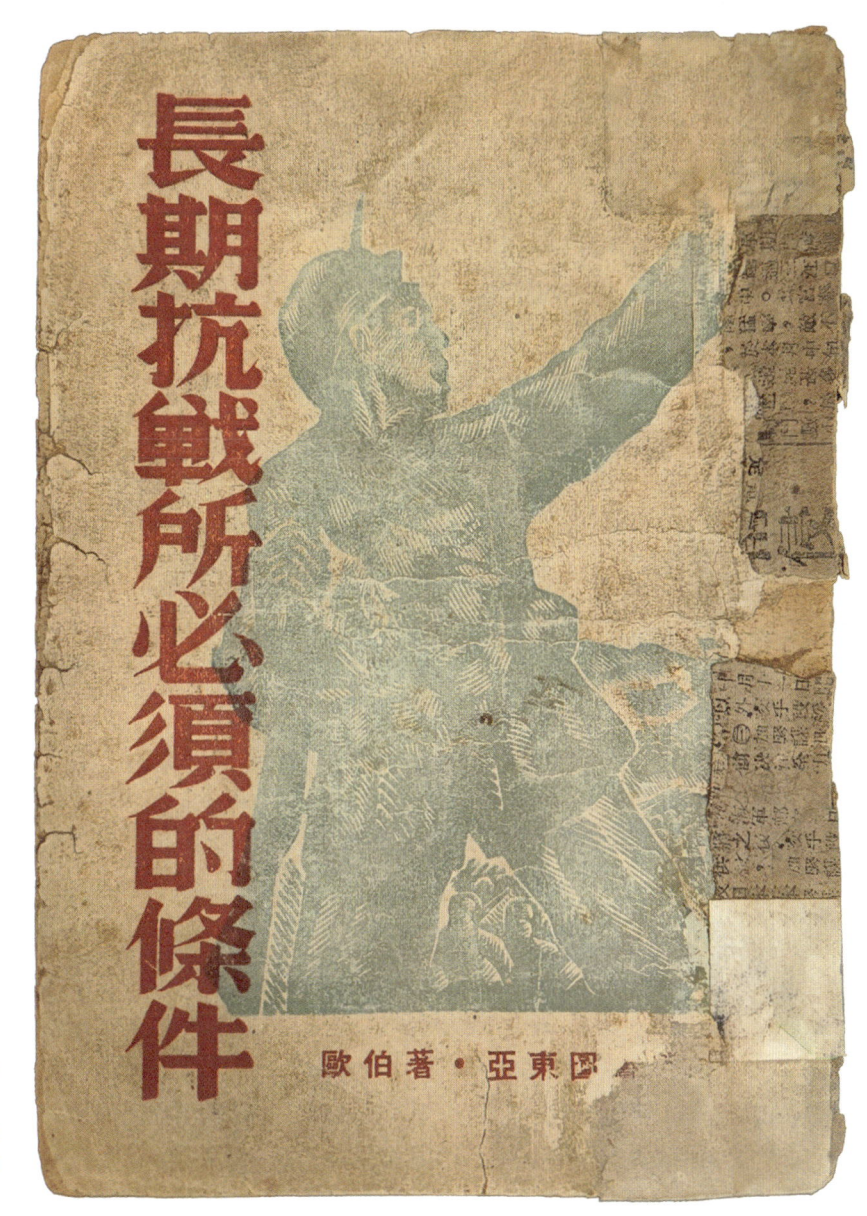

32 开本，12.5cm×17.2cm

欧伯著，亚东图书馆1938年3月出版。序2页，目次1页，正文73页。

《长期抗战所必须的条件》

  此书作者认为："我们这次反抗日帝主义的抗战……必须具备有适当的条件，否则，即令把抗战延长若干时间，仍然不免于流产，仍然不免于为中途妥协所代替。所以现在摆在我们全体民众面前的唯一迫切的问题，不是应否长期抗战，而是怎样去支持长期抗战，怎样迅速地去造成长期抗战所必须之条件的问题。"为此，作者从"长期抗战是民族解放的唯一出路""日帝国主义最不利于长期战争""中国能否支持长期抗战""长期抗战所必须的条件"四个方面，摆事实，讲道理，论述中国不仅具备长期抗战的条件，而且日寇最怕深陷长期战争的泥沼。只要我们能够迅速完成长期抗战的准备，抗战就一定能够坚持到底，直至彻底胜利。

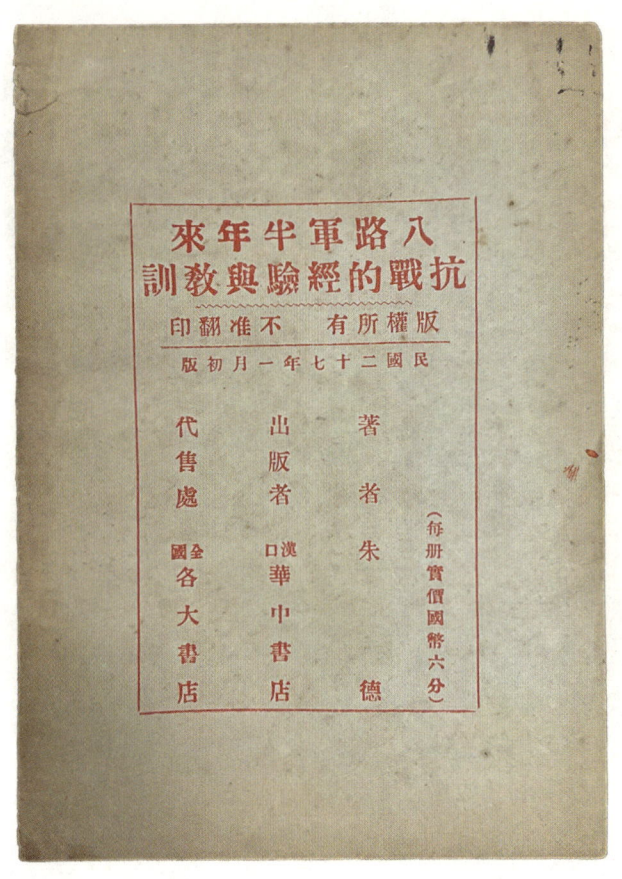

32 开本，12.3cm×17.4cm

朱德著，华中书店 1938 年 1 月初版。照片 1 页，正文 18 页，版权页 1 页。

《八路军半年来抗战的经验与教训》

作者朱德（1886 — 1976），时任八路军总指挥（第十八集团军总司令）。此书是他在七七事变引发全民族抗战后，总结八路军半年来与日本侵略者作战的经验及教训之作。书中分析的大量具体战例说明："我们今后的战斗，主要的应采用运动战、游击战，并适当的配合扼守要点的阵地战，必能逐步的削弱敌人与消灭敌人，使我们的要点能持久的扼守。在持久的削弱敌人和部分的消灭敌人，造成的有利条件下，在适当时机和适当地点上，亦可采取集中优势兵力与火力，消灭某一地区敌人的一部或全部。"

该书指出："弱国战胜强国，必需要发动广大的民众战争，分散强国的兵力，消耗其资财，破坏其交通，其在占领的地区，则使其不能取得我们的一点资财与人员作为他的补充……但是，游击战是不能解决最后胜利问题的，它只能使敌人受着某一部分的损失、某些时间的延滞，增加某些困难。""如能进行大的运动战，每月进行几次较好的战斗，那末，敌人的后方及侧翼，与敌人的行动，各处感觉威胁，处处警戒，使敌处处陷于被动地位，我则处处处于主动地位。""抗战不是专靠某一种战术就可以取得胜利，而应随时随地，依人员武器政治经济交通条件，来决定采取适当的战术，辩证地活用它。"

该书最后强调："晋东北统一战线成功，击破了敌人以华制华的毒计，政治上取得极大的收获。"这表明，全民族抗战必须重视做好统一战线工作。

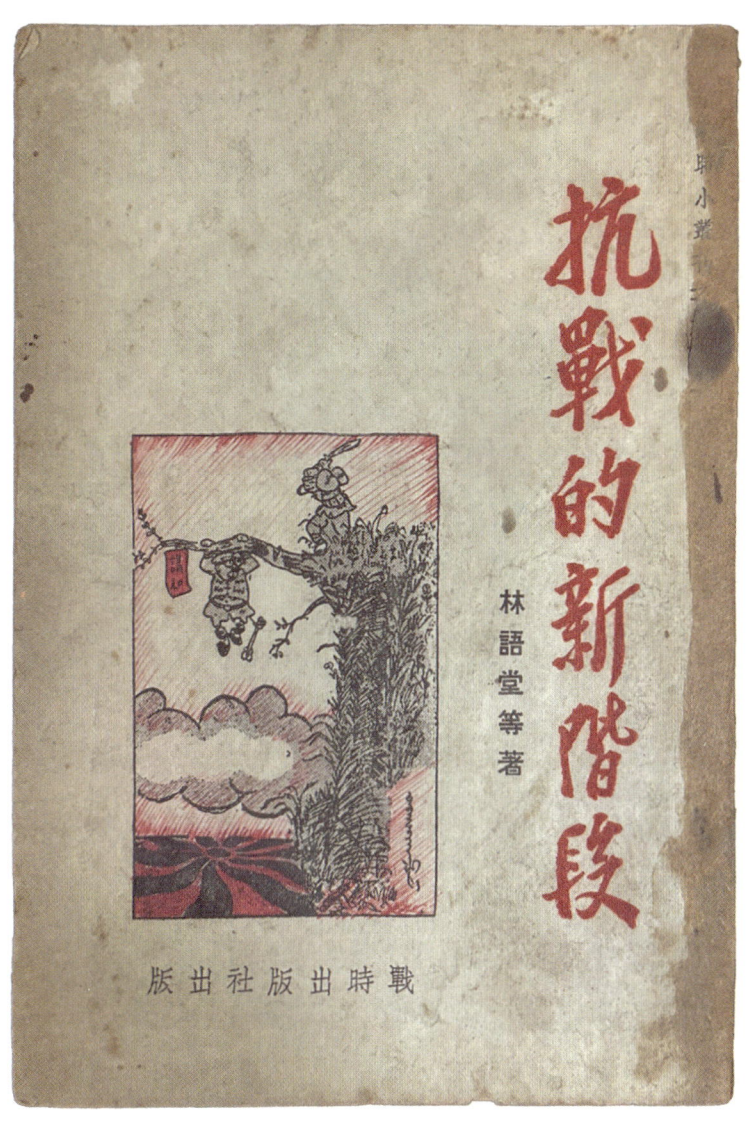

32 开本，12.8cm×18.4cm

林语堂等著，战时出版社1938年出版。目录1页，正文96页。

《抗战的新阶段》

七七事变引发全民族抗战后，全国舆情汹涌澎湃，各大媒体竞相发表抗战檄文，声讨日寇，分析形势，寻找对策。此书就是从《大公报》《申报》《抵抗》《半月》等报刊发表的抗战文章中选其精粹，汇集出版的专题性文集。

此书收录的主要文章有：钱俊瑞《抗战的新阶段》、黄嘉德《中国人的抗战精神》、林语堂《最后胜利一定是中国的》、宋庆龄《中国走向民主的途中》、邵力子《我们的信心》、邹韬奋《中国当尽量运用自己的优点》、王芸生《铁的信念与血的教训》、潘汉年《艰苦的任务》、倪文宙《新苦行主义与战时统制生活》、陈毅《十月革命给我们的教训》、胡愈之《从瓦砾堆中产生新中国》等。从这些带着战火硝烟味的文章中，读者可以深切感受到各界人士同仇敌忾、为抗战贡献力量的热情。

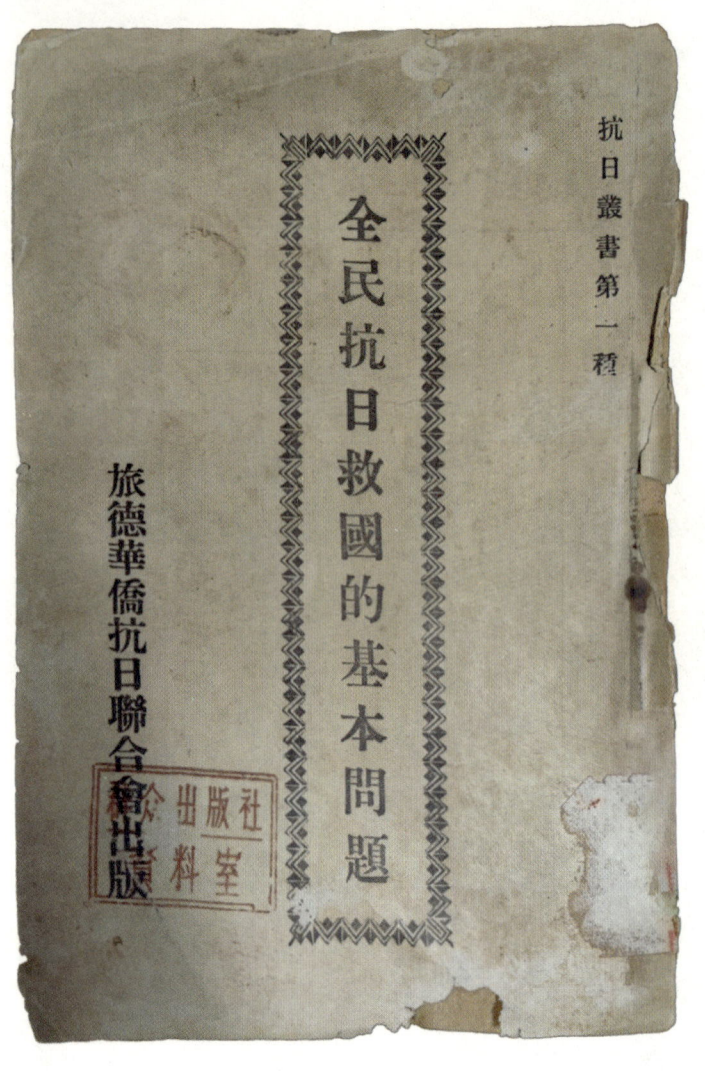

32 开本，12.8cm×18.5cm

旅德华侨抗日联合会 1937 年 5 月 1 日出版。目录 2 页，序 5 页，正文 162 页，版权页 1 页。

《全民抗日救国的基本问题》

  祖国的抗日战争，牵动着千千万万海外华侨的心。他们不仅密切关注祖国抗战局势的演进，还通过各种渠道为抗战捐款捐物、声援助力。此书就是旅德华侨自发组织，观察讨论国内抗战形势，为抗战出谋划策的一本合集。

  此书正文分上、下两个部分。上部标题为"击亡国的'准备论'"，从经济、政治、文化、军事等方面，驳斥对积极抗战持悲观态度的一些人，痛斥汪精卫、周佛海之流大肆宣扬的全国抗战"准备不足"的投降论调，举事说理，痛快淋漓，很有现实针对性。下部标题为"全民抗日联合战线的讨论"，从什么是全民抗日联合战线、国内各民族各宗教与全民抗日联合战线、国内各阶层联合与全民抗日、各党派联合抗日的可能性及其步骤、国共合作是全民抗日大联合的关键、华侨与全民抗日联合战线、以往全民抗日联合战线工作的检讨等方面，对全民抗日联合战线的建立、意义、作用及存在问题、解决办法等，均作出颇有价值的探讨，提出积极的建议。旅德华侨热爱祖国的拳拳之心，溢于言表。

32 开本，12.8cm×18.5cm

黄河清、杨通贤编著，战情汇编社 1938 年出版。扉页 1 页，版权页 1 页，目次 2 页，正文 222 页。

《中国全面抗战记》（第一集）

  此书分五个部分，较为系统地记述了从 1931 年九一八事变到 1938 年初南京大屠杀发生后的抗战主要事件。第一编为"北线的血战"，讲述卢沟桥事变与北平失陷、天津血战痛史、平汉路前线的战斗、漳河沿线的防御战、津浦线的抵抗等；第二编为"西线的血战"，讲述西线战场的居庸关血战、张家口失守、察哈尔陷落、平型关胜利、娘子关陷落、退出太原的过程等；第三编为"东线的血战"，讲述吴淞十日鏖战、蕴藻浜歼敌、大战东林寺、罗店大捷、坚守闸北的八百壮士、无锡被毁前后、武进城中四天肉搏、苏锡常沦陷、南京陷落等；第四编为"空中大战"，讲述空军的处女战（八一四空战）、炸出云舰的经过、奇伟的夜袭、杭州湾的空战、训练中的新空军等；第五编为"战地的火花"，讲述抗战中的一些故事，如一个木匠的抗战、姚子青将军殉国宝山的经过、蔡炳炎血战罗店殉国记、五十余人歼敌五六百、他是我们的勇士等。

  全书就作者所掌握的情况，选取激烈抗战中大小不一的事件，大体按时间分类排列，一事一记，颇为具体，有现场感。

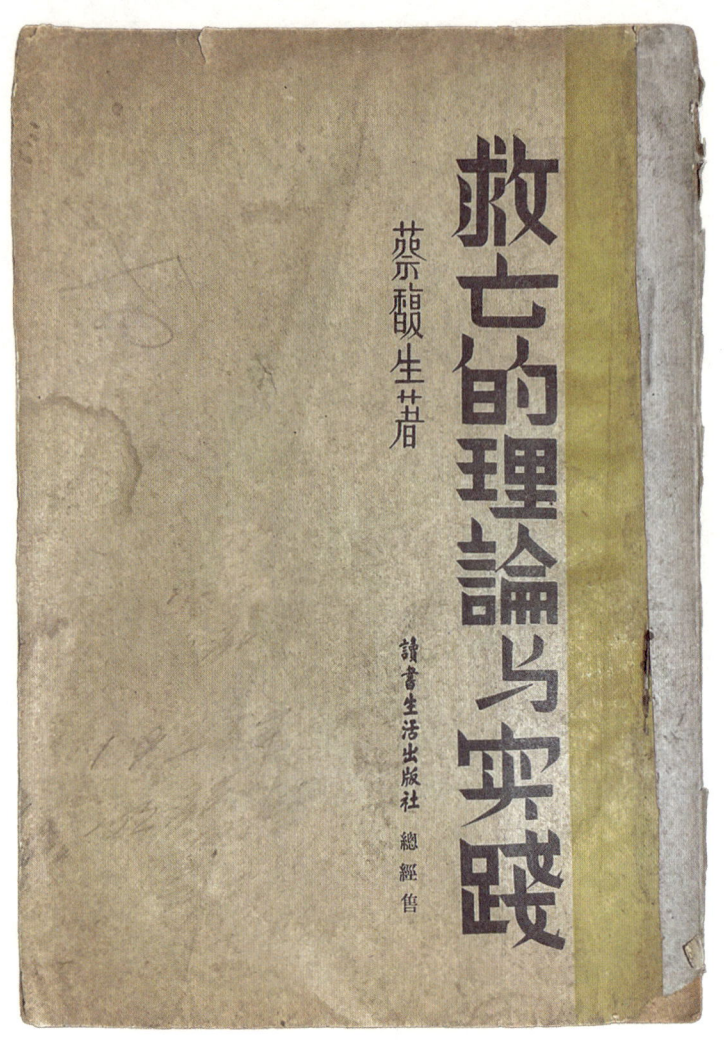

32 开本，13cm×18.2cm

蔡馥生著，抗战知识社 1938 年 4 月初版。版权页 1 页，目次 1 页，正文 80 页。

《救亡的理论与实践》

  此书从为民族生存、世界和平而奋斗的对日抗战谈起，讨论民族统一战线的重大意义、全面抗战与游击战术的关系、抗战必胜论的理论根据、抗战对民主政治和民众生活的影响和要求、国际形势与抗战的外交政策、抗战中的财政政策和教育政策等一系列问题。作者在结论中说："寇深祸迫，时间是不容我们游移徘徊了！许多事实告诉我们，要求中华民族之生存，只有让我们四万万五千万同胞更加亲密团结起来，坚定自己必胜的信心，坚决地、持久地与日本帝国主义作最后的决斗。我们誓用我们的骨肉建起捍卫民族的长城，用我们的热血洗涤敌人所给我们的耻辱。"

  作者蔡馥生（1903—1994），广东揭阳人。曾任《新华日报》、新加坡南侨通讯社编辑，中共中央华南分局财经委员会主任兼南方银行总经理。中华人民共和国成立后，历任中国人民银行华南分行和广东分行副行长兼广东省人民保险公司总经理。1978 年暨南大学复校后，他筹办经济学院并出任第一任经济学院院长，是经济学、教育学专家。

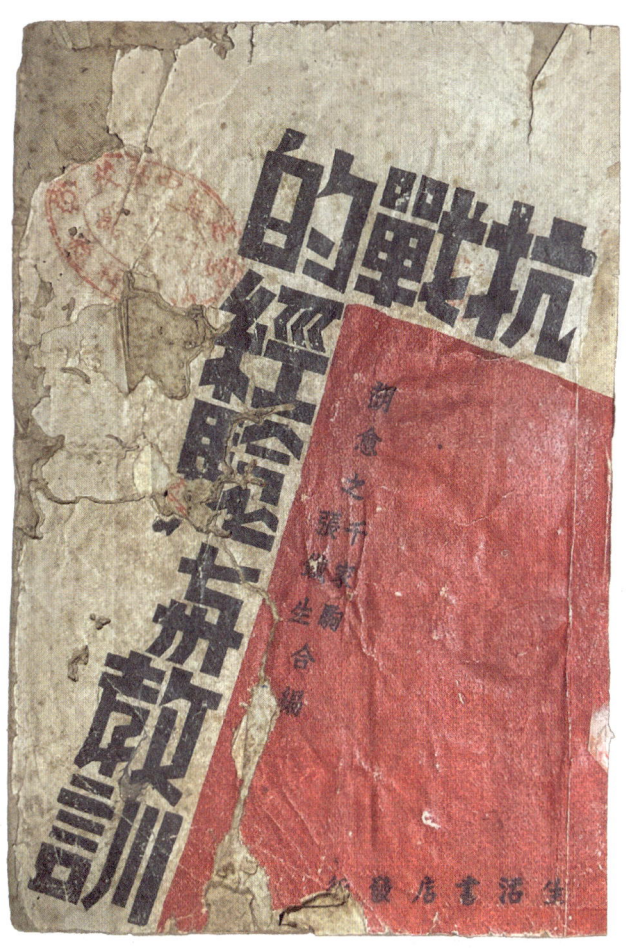

32 开本,12.3cm×16.5cm

胡愈之、千家驹、张铁生合编,生活书店 1939 年 12 月初版。扉页 1 页、版权页 1 页、目录 9 页、正文 272 页。

《抗战的经验与教训》

  这是编者胡愈之等从当时报刊所载各类谈论抗战的文章中,选择 98 篇而汇编成一个讨论如何进行抗战的文集。缪培基的《只要亲爱精诚就够了》指出:"在国家第一、民族第一、胜利第一的大前提下,我们要痛自省察、深深觉悟,铲除自私自利心,切切实实精诚合作,赶快肃清各级政府的贪污腐败,增加行政效能,解除人民痛苦,加紧政府与人民间的联系。领导抗战的国民党,尤须整顿自身,充实自身的力量,诚恳地和各党派通力合作,努力推策民众,发动民众的潜势力,信仰青年,爱护青年。"赖少其的《漫画与木刻》,则尊奉鲁迅的思想,谈漫画和木刻在唤起民众、宣传抗战、讽刺日寇方面的作用。长江(范长江)的《一个新闻记者的认识》、方振武的《两年间》、邵荃麟的《办刊物及"大众化"问题》等文章,论述新闻、军事、文艺等方面如何更有效进行抗战的经验与教训。

  主要编辑者胡愈之(1896—1986),浙江上虞人,集记者、编辑、作家、翻译家、出版家于一身。1922 年初参加中国民权保障同盟,同年加入中国共产党。七七事变后,与蔡元培等组织成立上海文化界救亡协会,积极发动民众投入抗日救亡运动。中华人民共和国成立后,历任《光明日报》总编辑、国家出版总署署长、全国人大常委会副委员长等。

32 开本，12.5cm×18.3cm

海燕出版社编，海燕出版社 1938 年 11 月 1 日出版。扉页 1 页，版权页 1 页，序 3 页，目录 2 页，正文 109 页。

《毕业上前线》

  此书以亲历者的经历和见闻，介绍陕北公学、中国人民抗日军政大学、鲁迅艺术学院、鲁迅师范学校的学习及生活情况。其主要篇章包括：《怎样进陕北公学》《陕北公学与党校》《半年来的陕北公学》《陕北公学的一日》《抗大的开学典礼（演词一束）》《抗大的过去与现在》《抗大突击运动》《抗大战斗演习》《毕业上前线》《战斗的延安》《陕北的鲁迅艺术学院》《鲁迅师范概观》等。编者在序言中说："我希望一般青年到内地去受训练，到战地上去做工作。因为中国要持久抗战下去，广大游击战区，需要多量的干部人材和营卫国土的将士。所以希望我青年们踊跃前去，担负着国家的兴亡，执行着神圣的抗战职务。"

  编辑该书，一方面宣传陕北公学、中国人民抗日军政大学及鲁迅艺术学院、鲁迅师范学校；另一方面动员广大热血青年到延安去、到前线去，为抗战贡献力量。

四

血战到底

十四年抗战历程

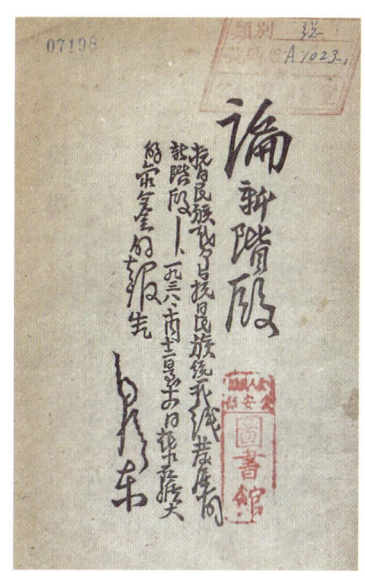
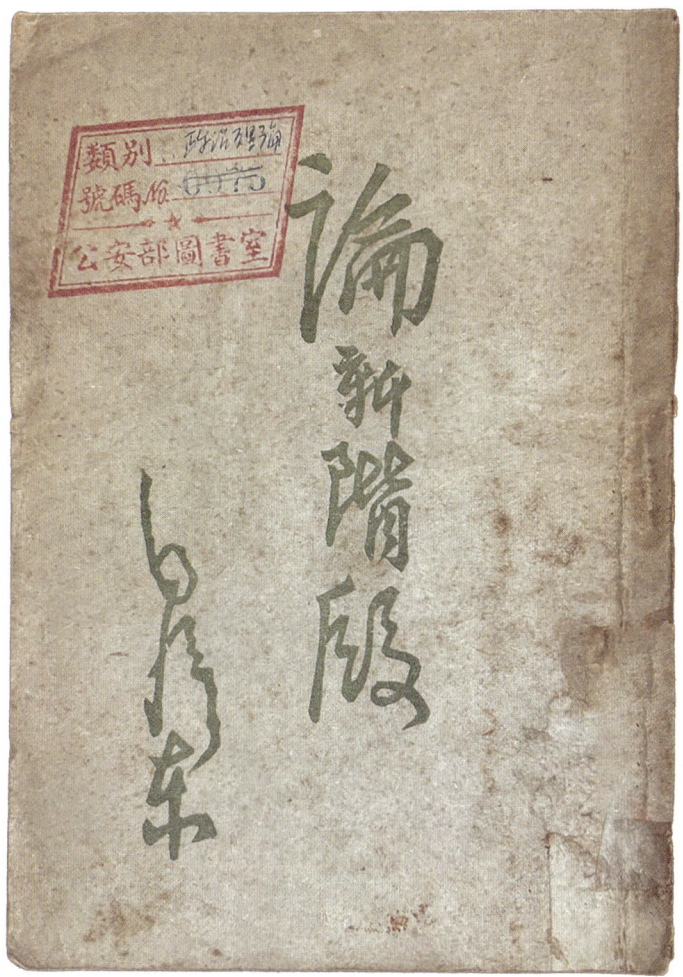

32 开本，13cm×18cm

毛泽东著，1945 年 11 月印行。题词 1 页，说明 1 页，目录 5 页，正文 93 页。

《论新阶段》

　　1938 年 10 月 12 日至 14 日，毛泽东代表中共中央政治局在扩大的六届六中全会上作《论新阶段抗日民族战争与抗日民族统一战线发展的新阶段》的政治报告，简称《论新阶段》。该文 1938 年 11 月 25 日发表于《解放》第 57 期，是抗战全面爆发后中国共产党对当时局势的透辟分析和重要判断。其目录如下："一　五中全会到六中全会""二　抗战十五个月的总结""三　抗日民族战争与抗日民族统一战线发展的新阶段""四　全民族的当前紧急任务""五　长期战争与长期合作""六　中国的反侵略战争与世界的反法西斯运动""七　中国共产党在民族战争中的地位""八　召集党的七次代表大会"。

　　此书的编印说明指出，该文发表于抗战初期，内容"均系针对当时形势提出的坚持抗战、争取胜利的方针。但今天抗战胜利以后，这些内容仍有很重大意义，我们重印的目的即在：（一）使大家了解中国共产党在抗战期间的各种政策，因此就可以知道为什么没有中国共产党就没有中国抗战胜利的道理。（二）这个文件中更直接揭破了日本法西斯与汉奸反动派对共产党的造谣污蔑。（三）使大家了解到中国共产党建设方针，也可以打破许多谣言与误解"。

32开本，13cm×18cm

徐嵩龄著，明正出版社（广州）1947年2月初版。自序1页，目录8页，正文128页。

《中国抗日大战纪》

此书共21章，从九一八事变拉开抗日序幕，至日本投降取得最后胜利，叙述整个抗战的历史过程。书中对历次大战，如对平津血战、淞沪会战、南京保卫战、太原会战、徐淮大战、武汉会战、豫西鄂北会战、长沙会战、印缅征战等描述和交代尤详。作者在自序中称其素有历史癖，而尤嗜战史，自抗战军兴，凡报章杂志之报道，公私著述之记述，莫不尽量搜集，以为撰述之资。书中记述，仿照纪事本末体例，以地域为经、时间为纬、重要事件为中心，斟酌轻重，纪其因果，述其本末，求其详尽完备，而于文字则求其精简生动，力避琐碎繁杂。

该书第16章写全面游击战，特别将"八路军战绩"和"新四军战绩"分列两节标题，记叙中国共产党在抗战中的功绩，这在当时难能可贵。

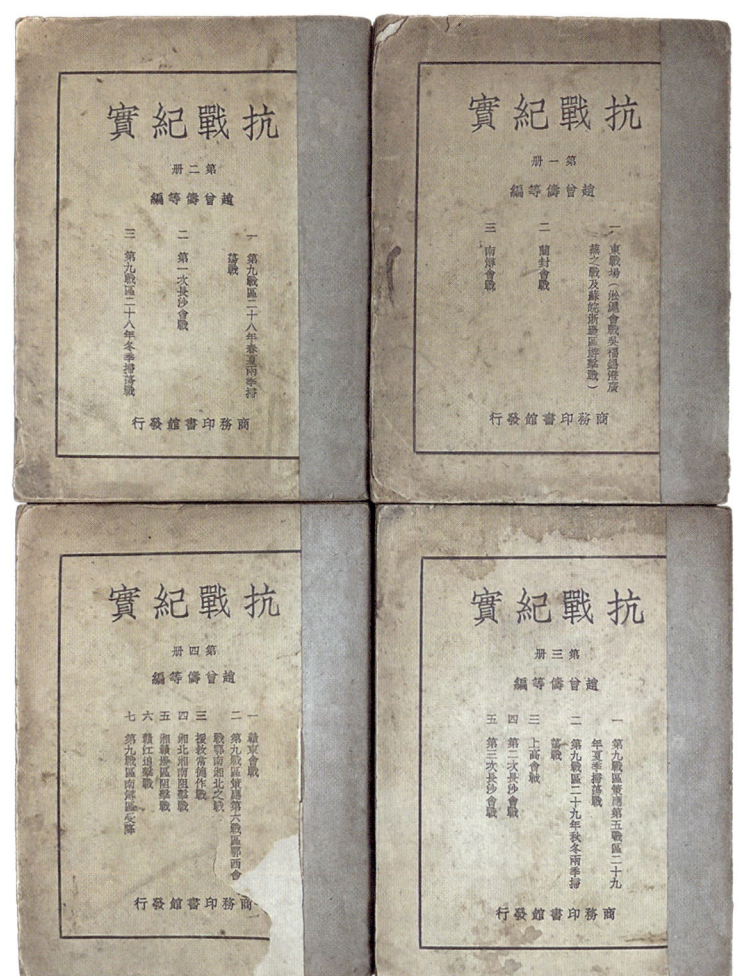

32 开本，15cm×20.2cm

赵曾俦等编，商务印书馆1947年11月初版。第一册扉页1页，照片1页，序1页，总目2页，全四册近900页，版权页1页。

《抗战纪实》（四册）

此书从1937年日军发动全面侵华战争开始记述，主要反映抗战进入相持阶段后，第九战区军民全面抗击日寇艰苦卓绝的斗争历程。第九战区辖区范围以湖南全省、湖北鄂南地区、江西全省及其周边地区为核心，辐射粤北，控制粤汉铁路与湘江航道，是抗日战争中中国军队的重要防御区域和战略支点。此书以翔实的史料，描述淞沪会战及长江下游各地抵抗日寇的过程，尤其对第九战区的三次长沙会战给日军以重创的辉煌战绩，对其历年打击日军的反扫荡经历和成果，作了比较细致客观的叙述。书中不仅有作战前的敌我情势分析、各部队的部署及顽强作战的情况，亦有战后经验教训之总结，并配有珍贵的作战要图，是研究第九战区抗战难得的史料。

此书名为《抗战纪实》，实并非对全国抗战的完整记录，而是以长江中下游第九战区的抗战区域为重点，兼及其他战区的战况。

作者赵曾俦，早年专攻数学，负笈东瀛，留学英国剑桥大学，交好熊庆来和学者罗素，回国后曾任民国中央大学和东北大学历史系教授。

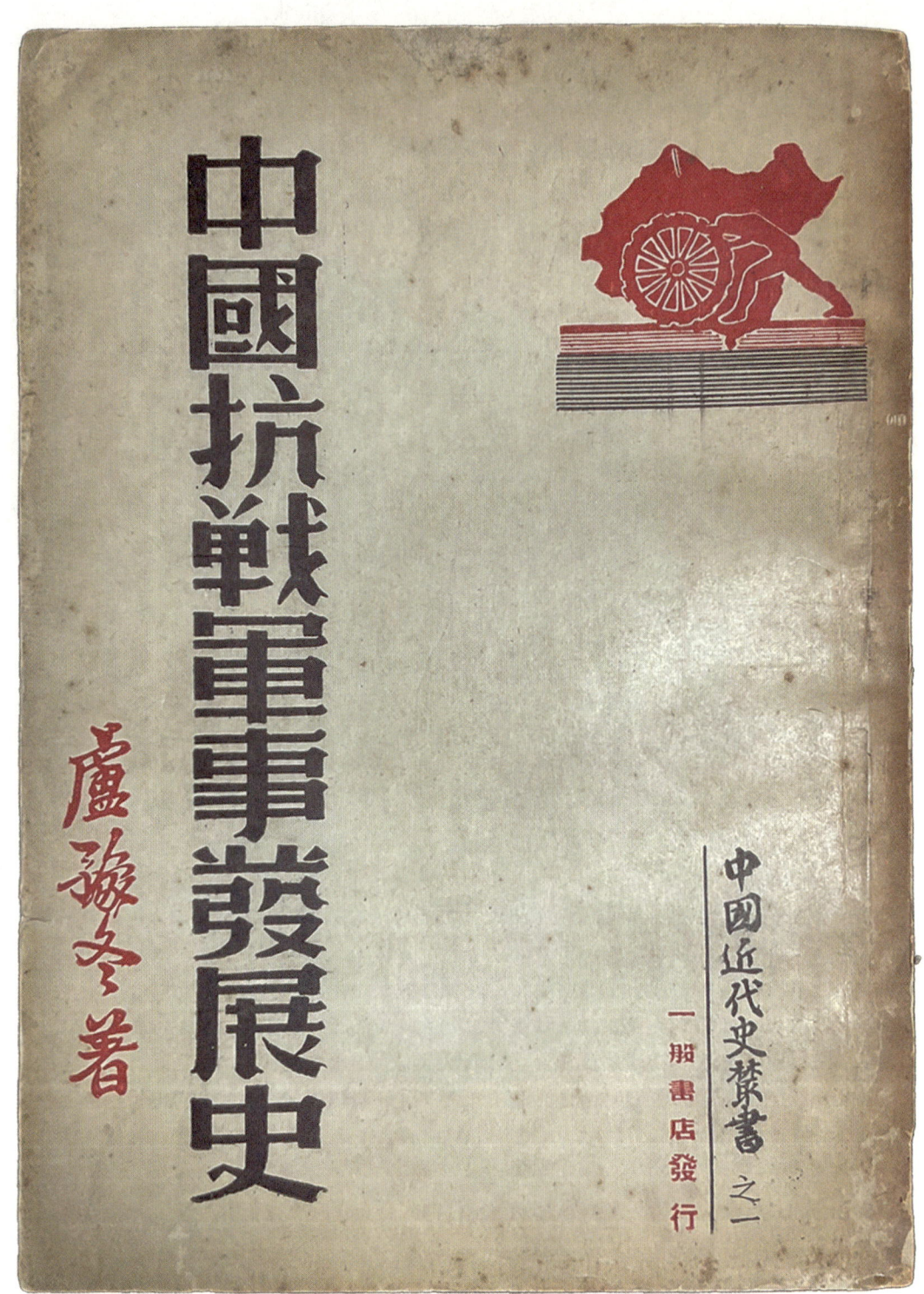

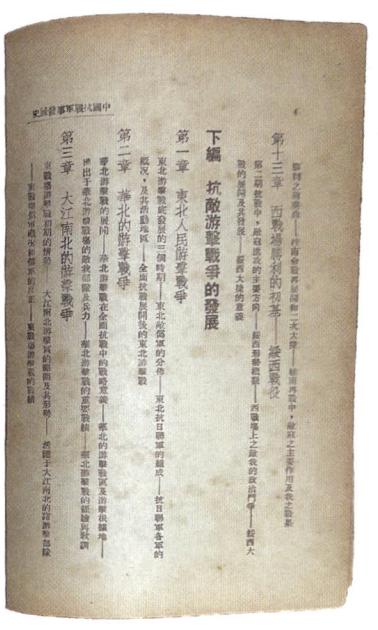
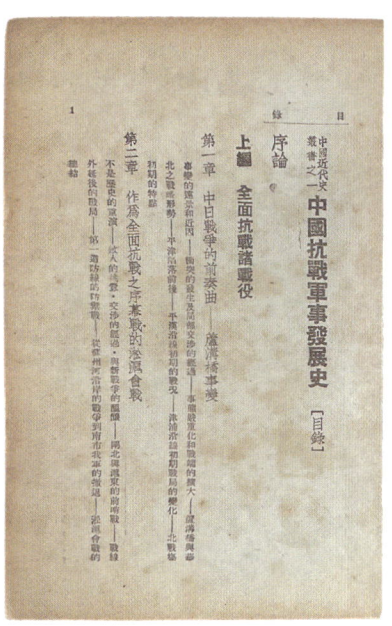

32 开本，14.5cm×20.5cm

卢豫冬著，一般书店 1941 年 3 月出版。地图 1 页，版权页 1 页，目录 5 页，正文及附编共 432 页。

《中国抗战军事发展史》

  此书分上、下两编，写七七事变至 1940 年底的抗战军事斗争演进过程及重大事件。上编记述这段时间发生的重要战役：从卢沟桥事变，到淞沪会战；从以首都南京防御战为中心的江南诸战役，到西线战场上的察绥晋诸战役；从初度转变战局的徐州会战，到华南前哨闽粤沿海诸战役；从抗战第一期终结的武汉保卫战，到华中战场右翼的赣北诸战役；从在秦岭汉水展开的鄂北会战，到相持阶段的湘北会战；从战局重心南移的粤北会战，到华南战局的枢纽桂南会战，直至西战场初步胜利的绥西大捷等。作者对这些重要战役均作了较为详细的勾勒和叙述。下编记述抗敌游击战争的发展：从东北军民艰苦卓绝的游击战争，到华北游击战的重要战例及经验教训；从大江南北神出鬼没的游击战争，到华中庐山、岷山、大别山及湘北地区游击战的特点与前途，直至华南珠三角地区游击队及南海诸岛屿的游击战的态势。书中对此均有较为清晰的梳理和描述。

  书末另有附编，主要包括全民族抗战新时期的军事方针、敌我空战的考察、抗战军事年表等，均用具体文献和翔实数字，反映敌我双方斗争策略及重要事件等，颇具史料价值。

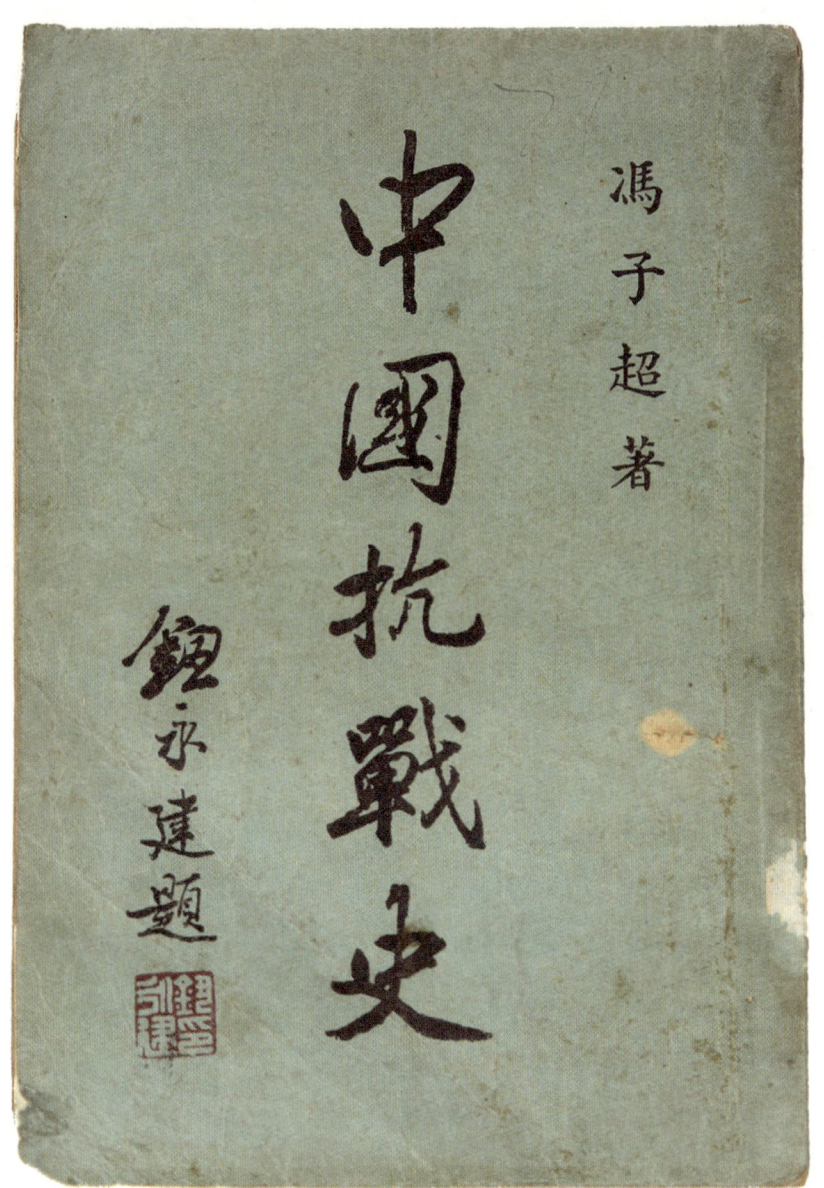

32 开本，13cm×18.3cm

冯子超著，正气书局（上海）1946年8月再版。冯玉祥、徐永昌、于学忠等题签4页，钮永建题词2页，序6页，例言2页，目次8页，正文及附录共340页。

《中国抗战史》

  此书是一部不拘写作格式、视野较为宽阔的抗战史著作。所谓不拘写作格式，是指它虽以史的叙述为主体，但也兼有论文和杂记的探讨及议论，还有些地方把整段乃至整篇的报告或材料接入相应章节，又多少呈露出资料结集的色彩。所谓视野较为宽阔，是指它不像当时所出的一般抗战史，只是写敌我双方的军事冲突和战事进展，而是将抗战放在中国社会变动及第二次世界大战的整体格局中加以考察。

  全书第一章属总论性质，分别从军事上、经济上、政治上及对外关系上概述抗战各方面情况；第二、三、五诸章从卢沟桥事变起，依次叙说抗战的主要战役及形势演进；第四章专

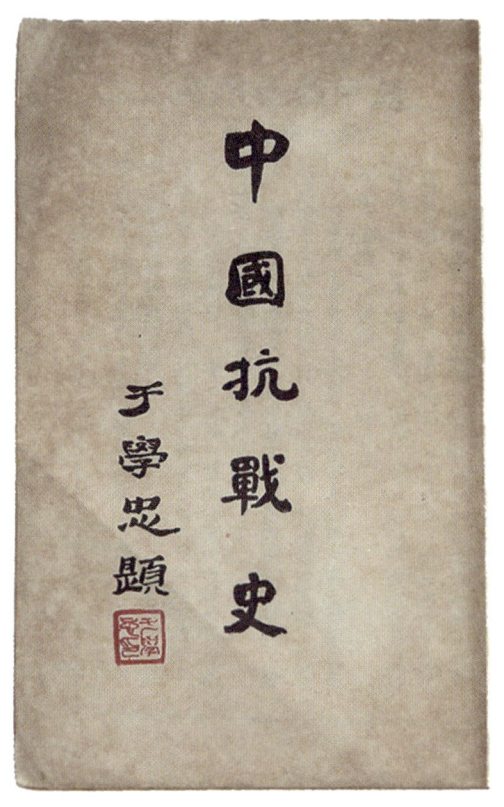
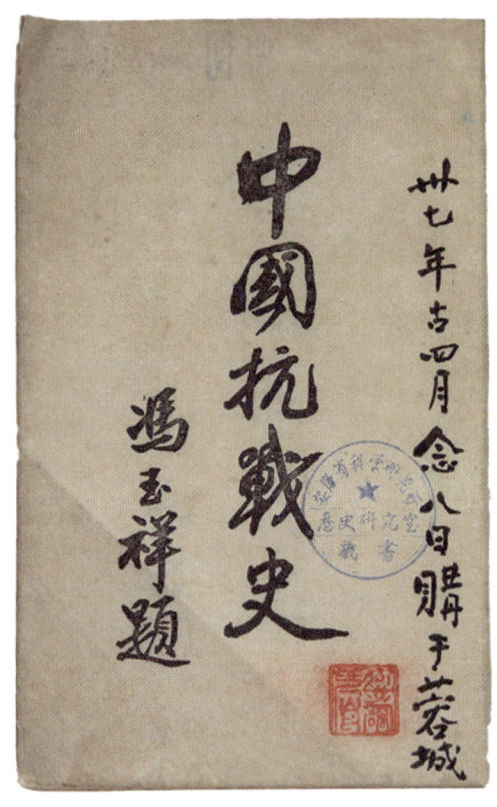

写汪精卫求和投降的过程及日本利用汉奸"以战养战""以华制华"的影响；第六章写国共合作和统一战线的形成对抗战的重大意义；第七、八章写日本在太平洋与美军开战的后果及其对华政策的转变；第九、十章写抗战进入战略反攻阶段后战事的进展及日伪的没落；第十一章写抗战的胜利和日本在各地无条件投降；附录写战后台湾重回祖国怀抱、中国对第二次世界大战的贡献、国共的摩擦和协调及政治协商会议的召开等。作者是新闻记者，搜罗资料颇丰，兼以亲历前线采访之感受，因而一些地方记录得翔实且生动，但也有材料剪裁不够、叙述拖沓繁复，或交代过于简略之弊。

　　此书封面上的书名由曾任国民党政府秘书长、时任公务员惩戒委员会主席的钮永建题写，内页有冯玉祥、于学忠等当时的军政要员的题签，似可一观。

32 开本，13.1cm×18.6cm

顾凤城编著，鲁少飞、糜文焕绘图，光明书局1938年8月初版。扉页1页，目次3页，正文89页，版权页1页。

《中国抗战形势图解》

此书采用图画对照，另加文字说明的方式，系统梳理和解读抗战敌我双方力量对比、日本对华侵略路径、中国抗战现势及长期抗战的后劲情况。

全书分三辑。第一辑为"中日实力对比图"，包括中日陆军、海军、空军兵力对比，以及中日武器、士气、民气、经济、国际关系对比等内容，可谓中日全方位对比，分析维度具有一定的全面性。

　　第二辑为"日本侵略中国图解",包括中日整体形势,日本大陆政策侵略路线,日本在华间谍网络,日本在华租界范围,日本在华商埠及势力范围,日本对华铁路、航运的侵略,日本对华金融、贸易、工业、邮电、矿藏及农林牧渔的侵略,日本在华的文化侵略,中日不平等条约,等等,揭露了日本侵略手段的多样性与深入性。

　　第三辑为"中国抗战现势图解",包括全面抗战形势、中国对外交通、保卫大武汉、西战场形势、华北游击区域、江南游击战区、东战场形势、华南战场形势、东北义勇军游击区域等内容,呈现全面抗战形势及抗战的地理空间。

　　此书以地图、绘图及数据对比的方式表现抗战态势,直观解析复杂的抗战情况,思路独特,难能可贵。

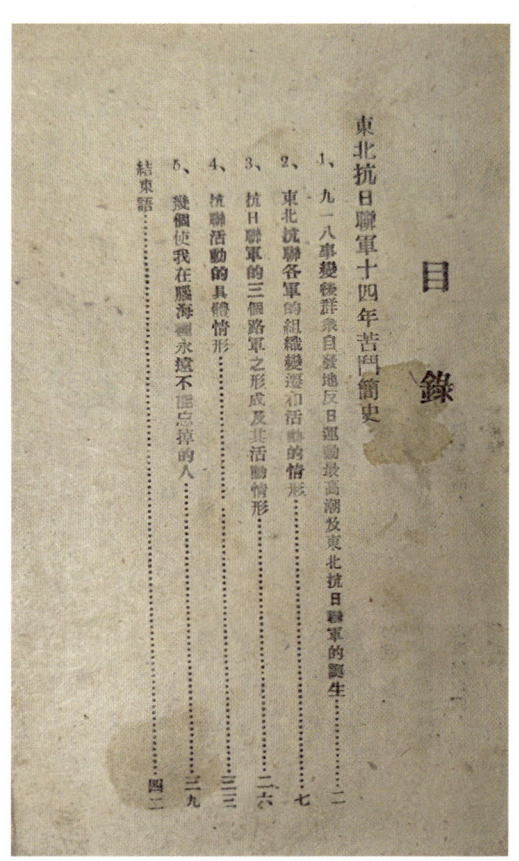

32 开本，12.1cm×18cm

冯仲云记述，东北人民自卫军黑龙江警卫第一旅政治部1946年印。目录1页，正误表1页，正文44页。

《东北抗日联军十四年苦斗简史》

此书分五个篇章叙述东北抗联的14年苦斗经历：一是"九一八事变后群众自发地反日运动最高潮及东北抗日联军的诞生"，二是"东北抗联各军的组织变迁和活动的情形"，三是"抗日联军的三个路军之形成及其活动情形"，四是"抗联活动的具体情形"，五是"几个使我在脑海里永远不能忘掉的人"。作者特别指出："东北抗日联军，是中国共产党在东北的支部所发动、所组织、所领导的，因为它是有中国共产党人在其中作骨干，所以才能坚持了这么久远的时间，才能作这举国皆知的英勇斗争。"

作者冯仲云（1908—1968），江苏武进人，1927年加入中国共产党，1930年清华大学数学系毕业，后到位于哈尔滨的东北商船学校任教，九一八事变后，先后任中共东北反日总会党团书记、中共满洲省委秘书长、东北抗日联军第三军政治部主任、中共北满临时省委书记、东北抗日联军第六军政治部主任等。此书正文标题之下，特别括号注明"昔日东北抗联第三路军政治委员冯仲云的记述"，可谓是当事人亲历、亲见、亲闻轰轰烈烈抗联事迹的第一手史料。

1949年后，冯仲云历任松江省人民政府主席兼哈尔滨工业大学校长，北京图书馆馆长，水利部、水利电力部副部长兼华东水利学院院长，曾当选为中共八大代表和第一、二、三届全国人大代表。

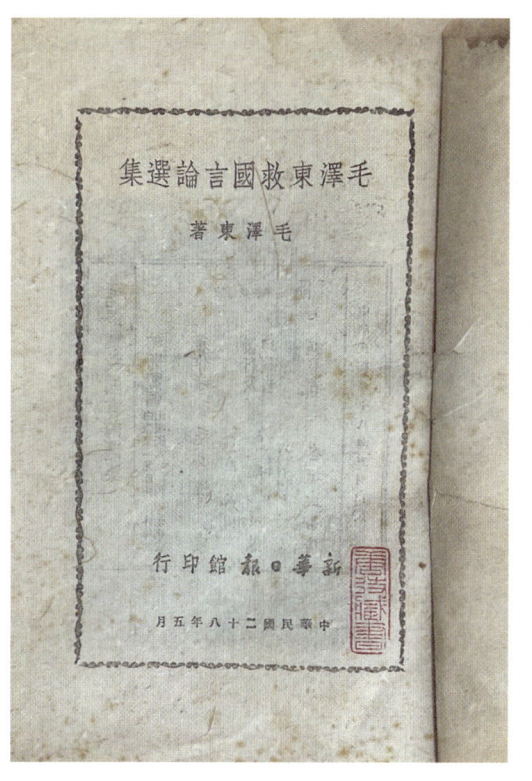

大32开本，13.6cm×20.1cm

毛泽东著，新华日报馆1939年5月印行。扉页1页，版权页1页，照片1页，目录4页，正文315页。

《毛泽东救国言论选集》

　　此书分"报告和论文""谈话和演说"两个部分，收录毛泽东从七七事变发生后至1939年初发表的有关抗战的重要言论。"报告和论文"部分主要包括《中国抗日民族统一战线在目前阶段的任务》《反对日本帝国主义进攻的方针办法与前途》《国共两党统一战线成立后中国革命的迫切任务》《抗日游击战争的战略问题》《论持久战》《论新阶段》等。"谈话和演说"部分主要有《与英国记者贝特兰之谈话》《与合众社记者的谈话》《与延安新中华报记者的谈话》《在纪念孙中山先生逝世十三周年及追悼抗敌阵亡将士大会上演说》《与世界学联代表团的谈话》等。

　　此书为"毛选"中抗日救国专集最早的版本，且被著名近现代版本藏书家唐弢收藏（有其藏书印），较为珍贵。

32 开本，12.4cm×17.4cm

赵轶琳编著，自力出版社（上海）1937年10月22日初版。扉页1页，照片6页，目次4页，正文86页。

《抗日的第八路军》

1937年7月7日卢沟桥事变后，抗战全面爆发，国共两党重新合作，一致抗战的民族统一战线逐步形成。1937年8月25日，根据国共两党达成的协议，中共中央革命军事委员会发布命令，将陕甘宁革命根据地的中国工农红军改编为国民革命军第八路军（从9月12日起，按抗日战线的战斗序列，又称第十八集团军），朱德任总指挥，彭德怀任副总指挥，叶剑英任参谋长，任弼时任政治部主任，下辖第一一五师、第一二〇师、第一二九师，共4.5万余人。

八路军改编后，各师遵照中共中央、中央军委的命令，1937年8月22日至9月30日，先后东渡黄河，挺进华北抗日前线，积极抗击敌人。1937年9月25日，林彪、聂荣臻指挥第一一五师，在平型关东北公路右侧高地伏击日军第五师团第二十一旅团的后勤和辎重部队，歼敌1000余人，销毁汽车100余辆、大车200余辆，缴获大批枪支弹药。这是抗日战争开始后中国军队的第一个大胜仗，彻底粉碎汉奸亲日派"抗战必亡""战不如和"的谬论，极大鼓舞了全国军民的抗战斗志。平型关大捷也使八路军名声大振，不论是沦陷区、国民党占领区，还是解放区的人们都迫切想了解八路军的情况。

此书就是应此需求，迅速将中外报刊中有关中国共产党、红军、八路军的报道汇集而成的。全书共分16章，目次如下："八路军为什么放弃瑞金""二万五千里的长征""三十个英勇妇女""从陕北到山西""西安事变野乘""八路军中的人物""抗日军政大学""士兵生活""统一战线区""两个大会""国共合作与红军改编""朱德、彭德怀就职通电""八路军将领题名录""中国共产党宣言""八路军要人的谈话""在西战场活跃之第八路军"。附录有《蒋委员长对中国共产党宣言重要谈话》《国共统一运动感言（孙宋庆龄）》。

此书前面插有多幅照片，包括八路军总指挥朱德及其为红军奔赴抗日前线题写的誓词、八路军要人毛泽东及其关于抗战总方针的题词、抗日军政大学校长林彪、促成国共合作最力者周恩来、抗日军政大学、八路军抢防平型关、平型关战斗等。其中朱德于1937年7月14日为红军奔赴抗日前线题写的誓词为："日本强盗夺我东三省，复图占外蒙，又侵我华北，非灭亡我全国不止。我辈皆黄帝子孙，华族胄裔，生当其时，身负干戈，不能驱逐日本出中国，何以为人！我们誓率全体红军，联合友军，即日开赴前线，与日寇决一死战，复我河山，保我民族，保卫国家，是我天职！"

32 开本，13.1cm×18.5cm

张国平编著，抗战出版社（上海）1937年10月30日出版。照片6页，目次6页，正文90页。

　　《抗日的第八路军》一书在当时非常受欢迎，同名图书有多种不同版本。除赵轶琳编著、上海自力出版社1937年10月22日出版的版本以外，还有张国平编著、抗战出版社（上海）1937年10月30日出版的版本，另有孙陵编著、上海大众出版社1937年11月初版的版本等。该书面向大众宣传和褒扬共产党，介绍红军和长征，及时报道八路军平型关大捷等抗日战绩，使国人看到民族的希望，极大地鼓舞了人们的抗战热情和必胜信心。

32 开本，12.8cm×18.6cm

[英]阿特丽著，罗稷南译，美商远东画报社（上海）1938年9月初版，同年11月再版。作者照片及手迹1页，序2篇共4页，目次2页，正文252页。

《日本在中国的赌博》

  本书作者阿特丽女士是研究日本和中国问题的专家，在当时的欧洲颇有名气。她曾写有《日本的泥脚》，深入剖析日本社会政治和经济结构的特殊性。这本《日本在中国的赌博》则探讨日本大举侵略中国的内部和外部原因，分析战争前夜的中国情势和日本近况，并对日本在中国必将战败的理由作了充分说明。

  在作者所陈述的理由中，有些颇有见地。如阿特丽认为，当日本军阀大举进攻上海、蹂躏南京，鲁莽地毁灭上海买办资产阶级和江浙银行家及大地主的时候，他们也就毁灭了为要实现一种妥协与调解所绝对必需的那些分子的经济基础，以及由此而产生的决定性的政治作用。因此日本只能陷入中国的泥淖里不能自拔，而且必将越陷越深，终至失败。她认为国民党和共产党形成抗日民族统一战线，是日军穷兵黩武促成的。如此等等，虽然所论不一定十分准确，但作为一家之言，对我们研究抗战仍有启发意义。

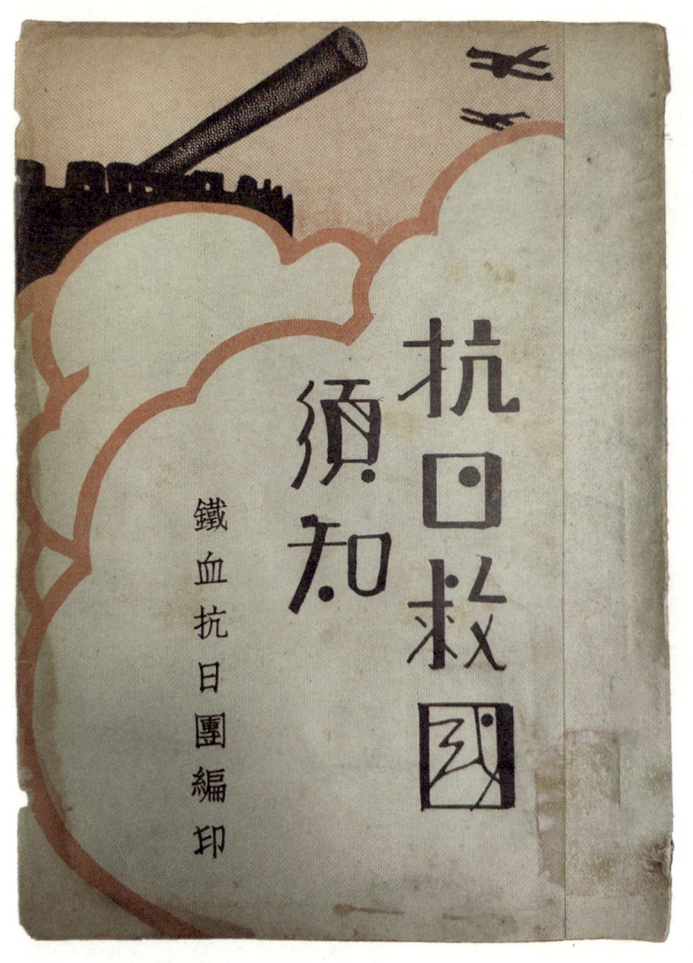

32 开本，13.1cm×18.2cm

铁血抗日团编印，编印时间不详。目次4页，弁言3页，正文78页。

《抗日救国须知》

  此书在"抗日救国的工作"的标题下，主要谈如何安定地方、严防汉奸的问题，包括组织自卫武装、维持地方秩序、防范反动势力；如何慰劳和救护前线将士，包括慰劳抚恤、救护受伤将士等；如何保持金融稳定，储备保管粮食，绝不让敌人得到补充；如何努力宣传日寇暴行，增强全民抗战的力量和信心；等等。在"战时应具的常识"标题下，主要谈防避飞机轰炸的常识，包括平时、日间、夜间躲避飞机轰炸的办法，以及射击敌机的要领等；防避毒气的常识，包括毒气的种类、特性，以及防毒器具的制造与消除毒气、救助中毒气者之方法等；战时急救的常识，包括急救用品、止血法、消毒法、受伤者搬运法、人工呼吸法等；各种急救的方法，包括创伤急救法、炸伤急救法、枪炮弹伤简易手术前后护理法、骨折急救法、烫伤急救法、电伤急救法等。

  作者在弁言中指出："当此长期抵抗的时候，我同胞万不能将抗日救国的责任，完全委之于政府及军队。盖近代国际战争，是全国总动员的战争，决非政府独力所能撑持。只有全国总动员与暴日作殊死战，才是我民族国家唯一的生路。"这就是编者编写这本《抗日救国须知》的初衷。

32 开本，13.1cm×18.2cm

章乃器著，上海杂志公司1937年10月1日初版。自序1页，目次1页，正文40页，版权页1页。

《抗日必胜论》

  此书除结论以外，共分五章：第一章批驳"机械的失败论"；第二章分析"机会主义的抗日论"；第三章通过分析抗战的客观条件、主观力量、国际阵线支持等多方面因素，阐发"科学的抗日必胜论"；第四章评论"机械的定命论"；第五章批判"帝国主义的战争论"。作者指出：九一八事变以来的烽火，是中华民族历史上最严重的一次危机。机械论者不能从危机中看到生机，因而"抗战失败论"在一些人的头脑中不同程度地存在着。"没有血气的人，便要变成恐日派、亲日派、汉奸、顺民！"写作此书的目的，正是通过充分摆事实、讲道理，破除"抗战失败论"，鼓励民众振奋精神，增强斗志，行动起来，坚定抗战必胜的信念。

  作者章乃器（1897—1977），浙江青田人，曾任浙江实业银行副总经理，是《新评论》月刊的创办人。1936年5月组织成立全国各界救国联合会，通过由他起草的《抗日救国初步政治纲领》。同年11月23日，南京政府以"危害民国"的罪名，在上海将全国各界救国联合会领导人沈钧儒、章乃器、邹韬奋、李公朴、沙千里、史良、王造时逮捕入狱，引发震惊中外的"七君子事件"。中共中央为此发表宣言，要求国民政府放弃错误政策，释放政治犯。1937年七七事变后，国民政府被迫释放沈钧儒、章乃器等"七君子"。中华人民共和国成立后，章乃器历任中央人民政府政务院政务委员、中央人民政府粮食部部长、中国民主建国会中央副主任委员、全国工商联副主任委员等。

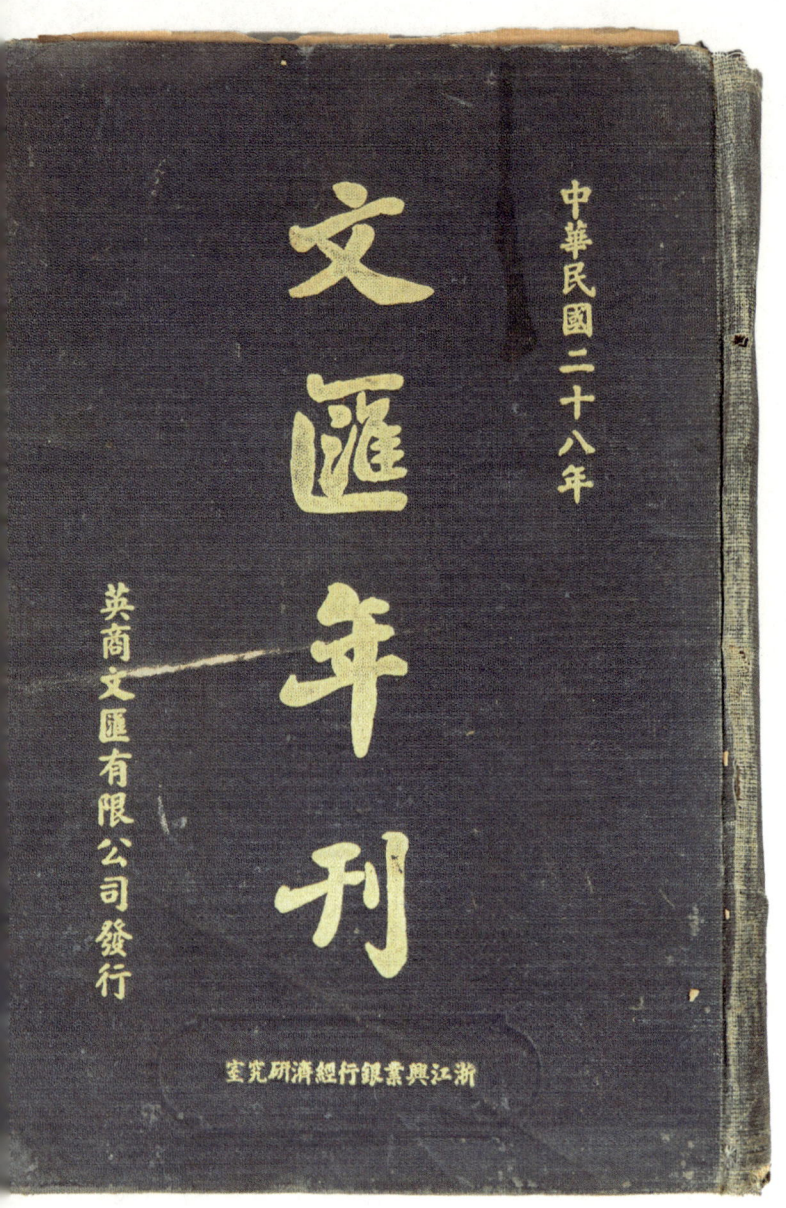

16 开布面精装本，19.5cm×26.3cm

《文汇年刊》编辑委员会编，英商文汇有限公司出版部（上海）1939 年 5 月初版。编辑例言 1 页，目录 28 页，正文 940 页，照片 16 页，广告插页 68 页。

《文汇年刊》

　　此书名为《文汇年刊》，实际上是一本以 150 余万字的浩大篇幅反映全民族抗战一年多来（1937 年 7 月至 1938 年 12 月）各方面情况的专集。全书分三大部分：第一部分为专题文章，从中国全民族抗战的展开、战时中国的政治演进、战时中国的经济动态、战时中国的文化动态、南洋华侨的救亡运动、国联处理中日问题之经过、中日战争与国际关系等方面描述战事进展和社会演变；第二部分为文献及资料，收集了国民党、国民政府、国民参议会、共产党人士关于抗战的宣言、决议案、法令、言论及各政党的抗战文件等；第三部分为大事记，分别刊载了抗战以来的中外大事记、战后欧洲各国大事年表及《文汇报》创办一年备忘录等。

值得一提的是，该书表现了当时全民族抗战的情势，对共产党及八路军在抗战中所发挥的作用给予充分的关注和肯定。其图片部分不仅有专页展示八路军抗击日本侵略者的多幅照片，而且还有朱德、毛泽东、彭德怀的特写肖像。其文字部分则以较大篇幅登载了毛泽东的著名文章《论持久战》和朱德的文章《战略与战术》。这是对当时抗战形势客观公正的反映，也显示了选编者尊重事实的进步立场。

编辑此书的《文汇年刊》编辑委员会，乃《文汇报》的编辑机构。《文汇报》于1938年1月25日创刊于上海，严宝礼任总经理、徐铸成任主笔，另聘英国人克明为名义上的董事长和总主笔。该报坚持抗日立场，积极宣传抗战，在上海"孤岛"和其他沦陷区产生了广泛影响，1939年5月18日碍于日军压力而被迫停刊，直至抗战胜利后的1945年8月18日才复刊。这本《文汇年刊》就是该报积极宣传抗战的最集中的体现，而该年刊刚一面世，即被作为罪证之一而导致报社被查封。因此，从年刊的角度说，该书可以说既是创刊号，又是终刊号。

该书布面硬壳精装，书名压痕烫金，内文图片及文字均印制精美，颇为难得。

四 血战到底：十四年抗战历程

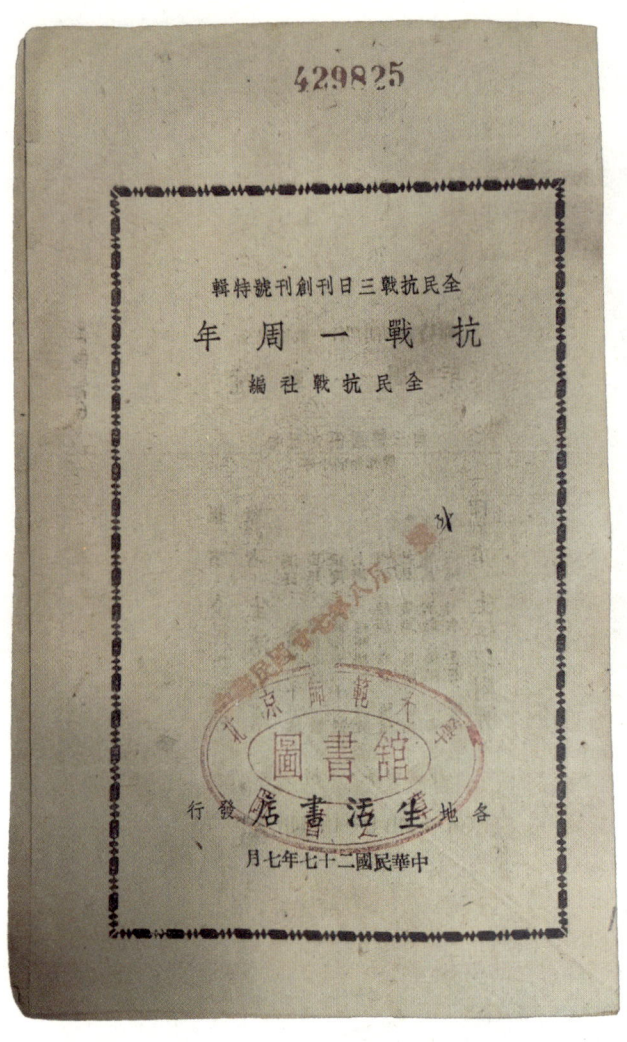

32 开本，12cm×17.5cm

全民抗战社编，生活书店 1938 年 7 月初版。扉页 1 页，版权页 1 页，导言 2 页，目次 2 页，正文 113 页。

《抗战一周年》

  此书出版于七七事变爆发一周年之际。编者在导言中说："我们用沈痛而兴奋的心情追念这最有意义的一周年，分析这最有意义的一周年，不但纪念已往而已，最重要的是要从血的经验中，提取宝贵的实际教训，惩前毖后，继续奋斗，争取最后的胜利。"本着这样的动机，编者约请有关专家，"对于抗战全局的趋势，对于与抗战有密切关系的政治、军事、国际、远东、外交、民运、文化、教育等等方面，根据实际的情况，加以深切的研究，指出继续努力的途径，分别著文，以供国人的参考"。

  此书收录的主要文章有邹韬奋的《抗战一周年》、方直的《怎样认识这一年的战争》、张仲实的《我们的政治是在改进中》、金仲华的《一年来抗战军事的教训》、张铁生的《抗战一年来的国际形势》、胡愈之的《一年来的外交》、钱俊瑞的《抗战第二年的民运工作该怎么做》、柳湜的《一年来的文化运动》、白桃的《一年来中国教育之特质及其前途》等。从作者队伍看，多为当时名流，可谓一时之选。

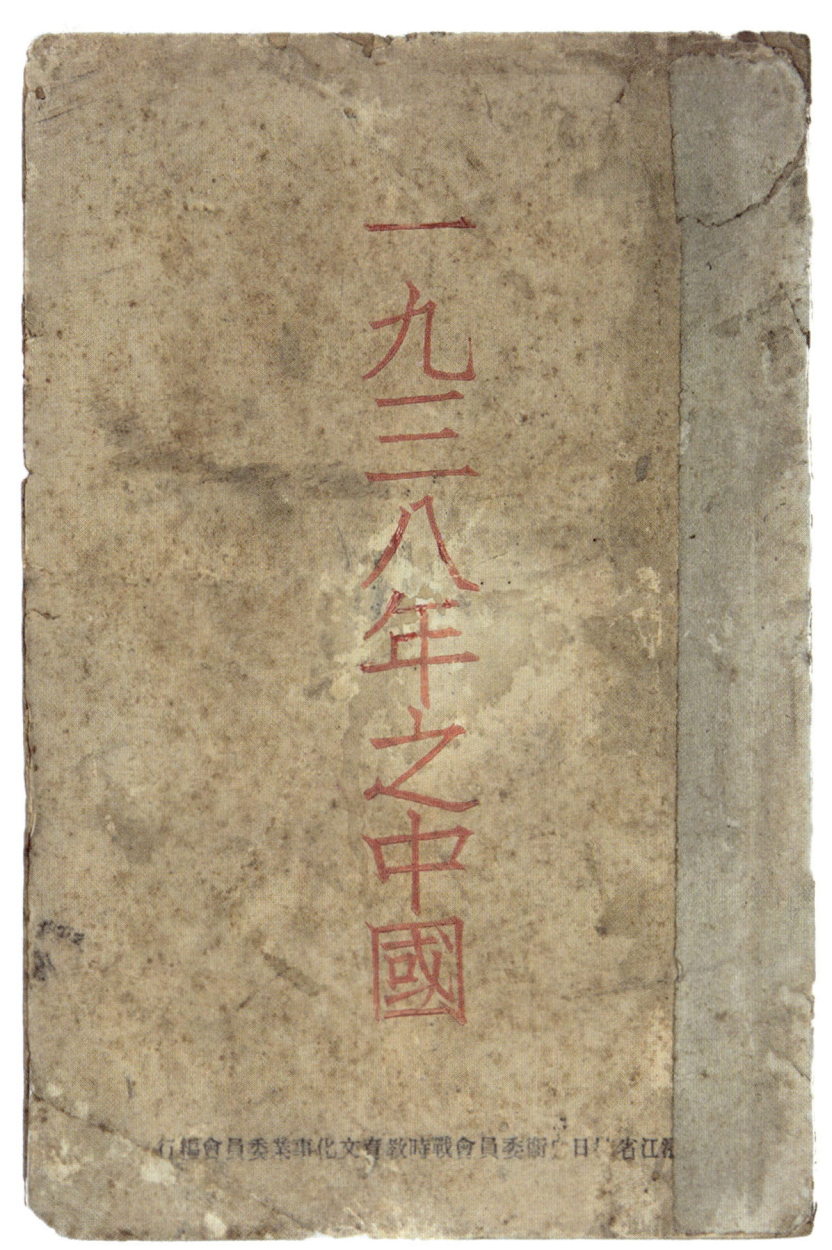

32 开本，12.6cm×18.4cm

浙江省抗日自卫委员会战时教育文化事业委员会征编组主编，战时教育文化事业委员会书刊发行部 1939 年 5 月初版。凡例 2 页，目次 3 页，正文 294 页。

《一九三八年之中国》

此书亦可名之为《抗战一周年》，因为所载各文，均系从不同方面概述抗战一年来的情况，如易卓的《一年来抗战军事的回顾》、毛邦初的《一年半来之中国空军》、翁文灏的《一年来之经济建设》、孔祥熙的《一年来之行政》、李崇厚的《抗战以来外交之概观》、薛裕生的《一年来的浙西游击战》等。这些文章都选自当时报刊，篇末注有出处。编者在凡例中说："本书所采各篇，概为对国内或本省有进步性之光明文字，其涉及傀儡组织、汉奸活动及敌人暴行，足以削弱抗战意志者，悉予摒弃。"大概此书主要用于战时教育和宣传，所以有明确的编辑导向。

32 开本，12.5cm×18.4cm

浙江省动员委员会战时教育文化事业委员会征编组编，该委员会书刊发行部1940年9月初版。目录2页，前言2页，正文218页。

《抗战三周年》

此书系多人关于抗战三周年文章的合集，包括林森的《抗战建国三周年纪念辞》、陈绍宽的《海军抗战三周年》、孔祥熙的《抗战三周年之财政与金融》、郭沫若的《三年来的文化战》等22篇，作者均为抗战中担负重要军政工作的名人。编者在前言中说："当此抗战第四年开始的时候，除个人'深自检察，各自反省'外，而对于三年来整个抗建工作，更有从头至尾检讨一下的必要。"这本小册子所收之文，就是"以切合实际，可资参考与检察为选择的标准……使读者对于抗战形势与国际形势得到一个全面的了解"。

此书封面设计颇有特色，色调对比强烈，书名大字顶天立地，给人以视觉冲击和心灵震撼。

32 开本，12.7cm×18.4cm

战地图书出版社（上饶）编印，1941年9月出版。目次2页，正文140页。

《胜利的四年》

  此书与《抗战三周年》相类，乃多人关于抗战四周年文章的合集，可谓名人撰名文，如孔祥熙的《踏进第五年度的中国财政阵线》、于右任的《为祖国为世界努力》、冯玉祥的《我们不放松日寇》、程潜的《抗战四年来之战地党政工作》、张道藩的《抗战四年来之文化动向》、郭沫若的《世界反法西斯大战中迎接抗战第五年》等等，共收文21篇。

  书名《胜利的四年》与下衬英文"The Glorious Four Years"的意义似稍不合。私以为，抗战前几年，日军不断扩大夺城占地的范围，属战略进攻阶段，而我军却不断后撤防线，属战略防御阶段，说其为"胜利的四年"，与事实总有些相违。但从抗战一开始，我抗日军民就不畏强敌、英勇奋战，创造了许多可歌可泣的业绩，若依英文意思名为《可歌可泣的四年》，似与书的内容更吻合。

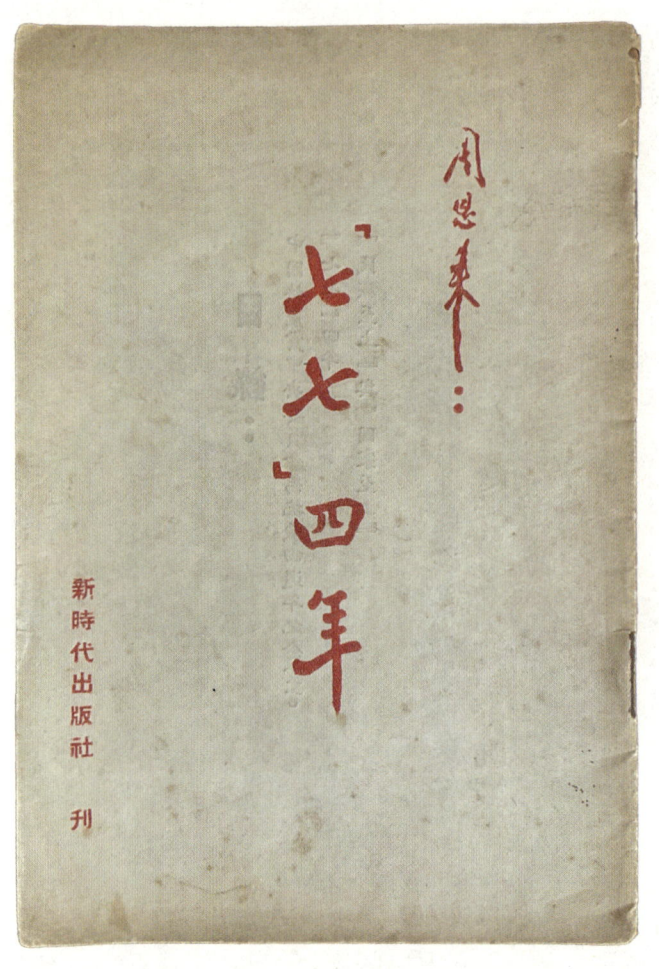

32 开本，12.8cm×18.4cm

周恩来著，新时代出版社1941年7月初版。目录1页，正文32页，版权页1页。

《"七七"四年》

  此书共收录三篇文章：一是《中国共产党中央委员会为抗战四周年纪念宣言》，二是《"七七"四年》，三是《"民族至上"与"国家至上"》。此三篇文章，以1941年7月7日中共中央为纪念抗战四周年发表的宣言最为重要，其内容也能涵盖后两文的观点。

  宣言认为，国民政府从外交到内政，皆宜有改革与新的建树，方足以适应目前的形势，达成抗战建国的目的。为此，就内政外交提出十条基本方针：拥护国际反法西斯战线；加强反对汪逆傀儡政府的斗争；加紧全部国军的整理训练，接济敌后抗日部队军饷弹药；加强各抗日根据地的政治、经济、文化建设；加强与各抗日党派的合作，承认各抗日党派的合法活动，停止逮捕共产党员及一切爱国分子；给一切爱国人民以言论、出版、集会、结社的自由；改革政治机构，罢免贪官污吏，任用开明人员，从政府机关中淘汰亲日分子；禁止贪官污吏、奸商劣绅囤积居奇，以苏解民困；改革兵役动员制度；调整中央与地方的关系，任用本地人才，团结少数民族。

  此书后两文乃周恩来发表的署名文章，《中国共产党中央委员会为抗战四周年纪念宣言》则由周恩来代为宣布，因而此书的作者署名为周恩来。

32 开本，12.8cm×18.2cm

邹韬奋等著，战时出版社出版，出版时间不详。扉页 1 页，目次 1 页，正文 166 页。

《抗战总动员》

  此书所说"总动员"，主要涉及七个方面的动员。其一为政治动员，所收文章有邓初民的《从当前的政治说到政治动员》、施复亮的《抗战中的政治问题》等；其二为经济动员，收录的文章有陈独秀的《怎样使有钱者出钱有力者出力》、周宪文的《抗战时期的财政问题》、章乃器的《论战时金融》等；其三为外交动员，收录的文章有胡愈之的《请政府速定外交国策》、张西曼的《抗敌救国要厉行联俄政策》、王亚南的《打击敌人的外交阴谋》等；其四为文化动员，收录的文章有翦伯赞的《怎样动员我们战时的文化》、邹韬奋的《文化工作与国民动员》、艾思奇的《不能放松思想的岗位》等；其五为教育动员，收录的文章有陈鹤琴的《非常时期的儿童教育》、满力涛的《战时教育的具体办法》等；其六为新闻动员，收录的文章有沈志远的《新闻抗战论》、萨空了的《抗战发动后的新闻界工作》等；其七为艺术动员，收录的文章有王统照的《抗战中的文艺运动》、阿英的《抗战期间的文学》、许幸之的《战时演剧的我见》等。

  上述文章全都在当时的报刊上发表过，由编者分类选编后汇集出版。

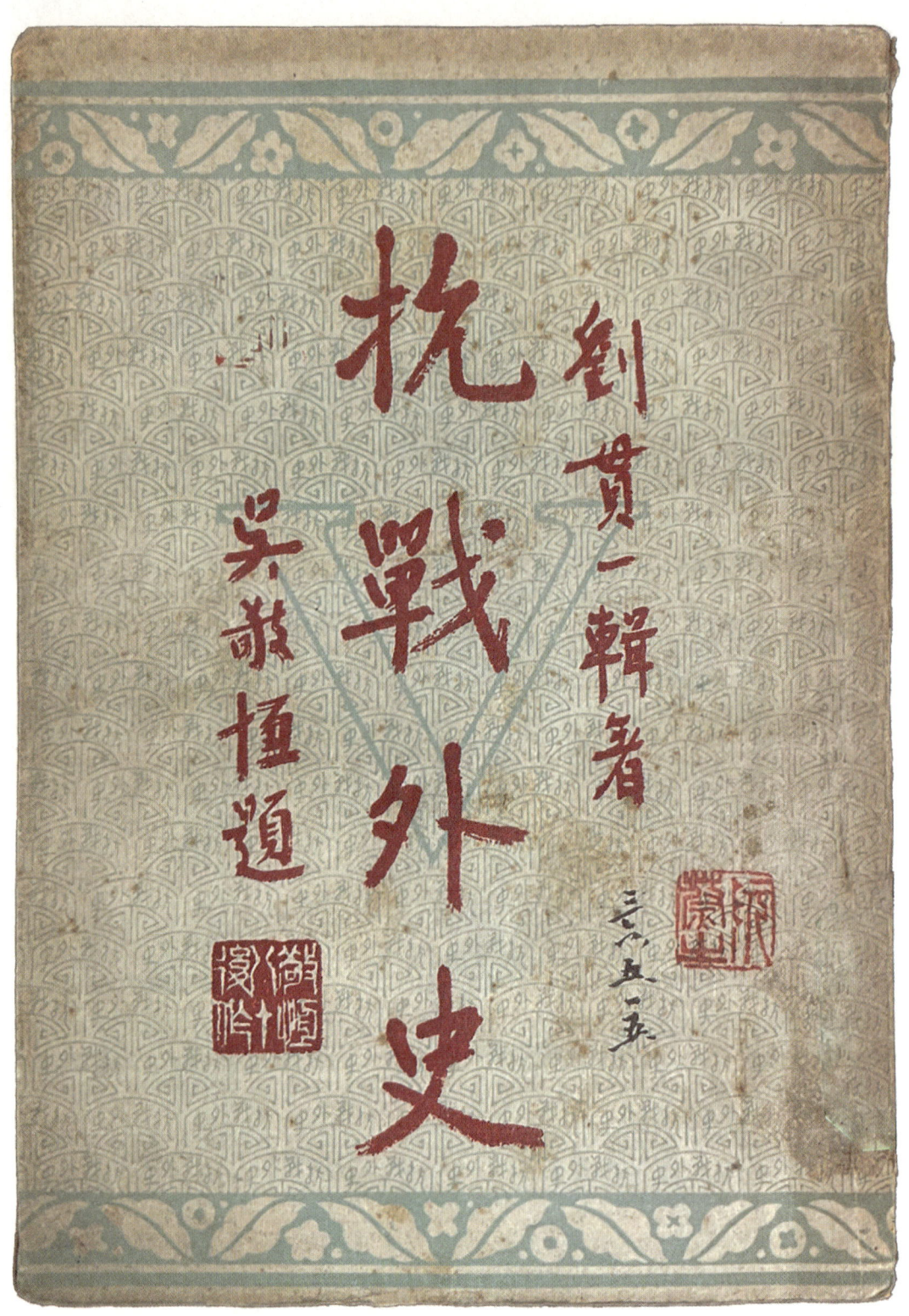

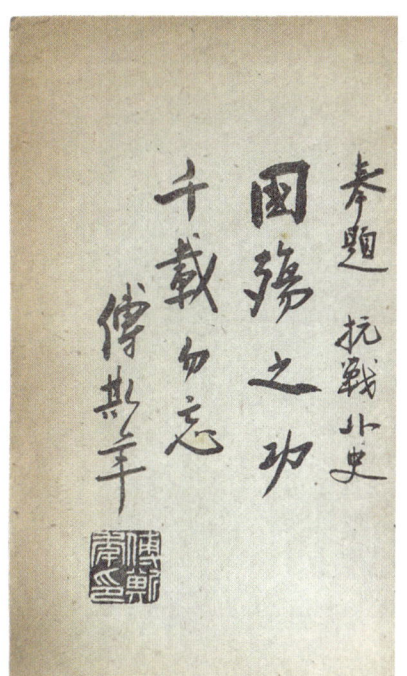
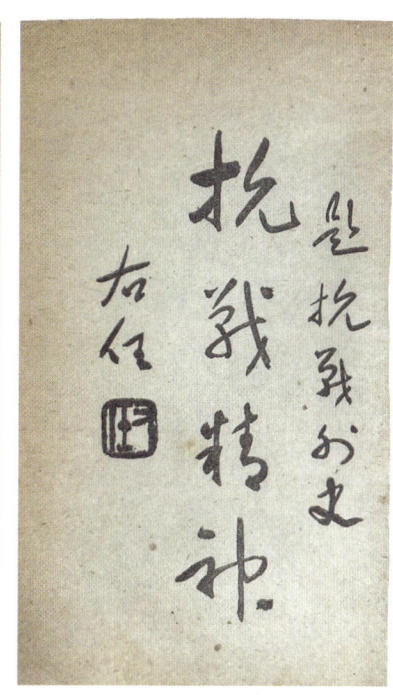

32开本，12.3cm×17.5cm

刘贯一辑著，胶东通讯社（济南）1945年12月初版，1947年4月增订版。题字和题词3页，序2页，例言1页，目次6页，正文213页，版权页1页。

《抗战外史》

此书以纪实的方式反映抗战历程，对山东等沦陷区的记载尤详，凡举其中的政治、军事、经济、文化、教育等重大变动，对敌伪之暴行与罪恶、民众之疾苦与反抗、我国军队和人民可歌可泣抗敌报国之事迹、我国直接与间接财产之损失、美国向日本投掷原子弹状况等，均加以简明叙述。其目的如作者在例言中所说："以资提高吾人对国家民族之观念，永久纪念我空前国难之痛苦，警惕弗忘！"

王统照在此书序言中说："刘君贯一，从事新闻业多年，大战爆发后，流转于鲁、豫、陕、川八年于兹，今将其躬历之战时生活分条记出，又附以日军投降前各联合国之会议宣言，国内各大战役之描写，原子弹之威力详说，各项杂记等，拟印单本。""所望今后多有此种史记广布流传，既能保存抗战史料，抑可对地理人文多得稽证，将来汇为巨集，永著辉光，傲往古而警来兹，知国于天地，固有'与立'者在也。"

作者刘贯一(1907—1973)，原名刘圣道，潍县(今山东潍坊)人。他于1937年任高密县政府第三办事处主任；1938年至1942年，历任国民党山东省政府鲁东莱阳行署副官、《华北新闻报》驻宝鸡办事处主任等职；1946年任济南市政府视导员、济南市参议；1947年在济南市创办《工商晚报》；1973年在济南病故。

《抗战外史》由吴敬恒题写书名，书中还有国民党元老、著名书法家于右任以及五四运动学生领袖之一、著名历史学家傅斯年题词各一幅，较为难得。

32 开本，12.8cm×18.6cm

[英] 田伯烈编著，杨明译，国民出版社（汉口）1938年7月初版。序2篇共9页，目录2页，正文292页。

《外人目睹中之日军暴行》

本书系一个外国记者经采访、搜集资料后撰写的一部有关日军侵略中国，尤其是在攻占南京后屠杀、奸淫、抢劫的暴行录。作者田伯烈系澳大利亚人，当时任英国《曼彻斯特卫报》驻中国记者。他写这本书可以说是出于偶然，其序说："去年十二月间，日军攻陷南京后，对于中国的无辜平民，枪杀奸淫掳掠，无所不为。我以为身为新闻记者，职责有关，曾将所见所闻的日军暴行，拟成电稿，拍发孟却斯脱导报 (MANCHESTER GUARDIAN)。不料上海日方的电报检查员，向当局请示后，认为内容'过于夸张'，加以扣留，屡经交涉，都不得要领。于是我决定搜集文件凭据，以证明我所发电稿的真实性，结果我从最可靠各方面获得许多确凿的凭据，同时发觉事态之惨，殊出人意表，因此我才想到这些凭据大有公诸世界的必要。这是我写成本书的原因及其经过。"

这本书系作者在耳闻目睹的基础上，收集私人信件、日记和相关报告及文件串联而成。作者在序中大胆宣称："力求真确，不存偏见。""所有信函及文件的原本或副本，均经亲

自审阅，妥为保存，所有照片影片及其它物证，也都可复查。"正是如此，郭沫若在序中赞扬该书说："这样公平的客观的写照在我们自己是很难做到的，深赖明达的编者与本书中对于编者提供出宝贵资料的国际的友人们，冒着莫大的危险与艰难，替我们做出了。这儿不仅横溢着人类的同情，这儿更高张着正义的呼声。"

此书译者得知田伯烈搜集许多珍贵资料写成本书后，赶在他回国安排出版事宜之前，与他商量购得中译本版权。译者根据田伯烈留下的原稿副本，"日夜赶译，以期与英文本同时跟读者见面"。此书出版之时，恰逢全民族抗战一周年，可以说既是一种很好的纪念，也是一种很好的呼吁——呼吁全国军民从悲愤中焕发力量，与日本侵略者作最坚决的斗争。

书中的文字和所附的几十幅揭露日军暴行的照片，阅读之下，每每令人发指，是第三方提供的日本侵华罪行，尤其是南京大屠杀罪行的有力证据。

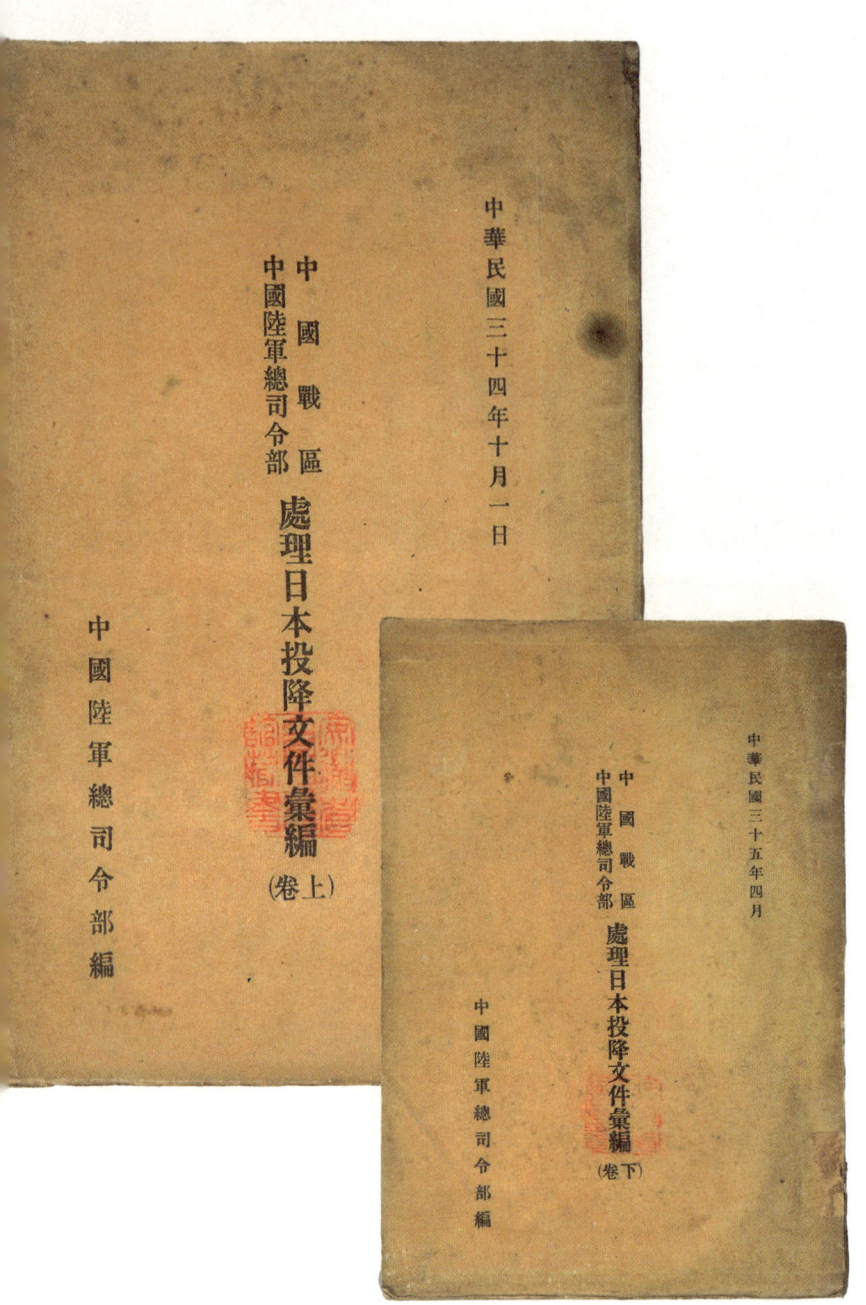

大 32 开本，14.9cm×21cm

中国陆军总司令部编，上卷1945年10月印行，下卷1946年4月印行。上卷序4页，目录6页，正文144页，附表5张；下卷目录34页，正文338页，附表2张。

《中国战区中国陆军总司令部处理日本投降文件汇编》（上、下卷）

  此书正如书名所示，系处理日本投降文件之汇编。让人惊讶的是，日本投降过程竟如此繁杂，仅中国方面下达日军总司令冈村宁次转知不同兵种、不同地区日军投降事宜的命令及训令就达398次之多。该书序言中说："其间商洽受降经过，以至解除全部日军武装及接收情形，至为繁复。"当非虚言。上卷夹有16页用上乘道林纸精印的各大战区司令长官肖像及多幅日本投降经过之照片，系珍贵图像资料。

此书用纸和印制讲究,但无版权页、无定价,系陆军总司令部编印的内部出版物,当时即为难得之书,于今更不易寻觅。

32 开本，12.8cm×17cm

孙克刚著，国际图书出版社 1946 年 3 月初版。印缅战区全图 1 张（跨页），再版序言 2 页，前言 3 页，目次 7 页，正文 252 页，照片插页 44 页。

《缅甸荡寇志》

  1941 年底至 1942 年初，国民政府根据《中英共同防御滇缅路协定》，派遣由第五军、第六军、第六十六军组成的共约 10 万人的中国远征军，赴缅甸与英军一起对日作战。1942 年 3 月至 4 月，中国远征军先后在同古、仁安羌、腊戍等地与日军展开激战，后因日军增援，加之英军坚守缅甸的决心和准备均不足，中国远征军在战场失利，兵力损失近半，装备大半丢弃。远征军残部大多撤退回云南，小部分撤往印度。1942 年，应美国要求，国民政府军令部提出《中英美联合反攻缅甸方案大纲》，重组中国援缅远征军总部，调集 6 个军 17 个师近 20 万人的兵力，接受美式装备与训练。1944 年 4 月，为策应中国驻印远征军反攻作战，重组之远征军强渡怒江，再次入缅与日军激战，先后攻取腾冲、松山、龙陵、芒市、畹町等地，并于 1945 年 1 月 27 日同中国驻印军队会师。同年 3 月，中缅印公路完全打通，每天数以百计甚至千计的汽车满载抗战物资，运进云南后分发到各地。

  这本《缅甸荡寇志》，以中国援缅远征军中战果最辉煌的部队，即以由孙立人率领的新编第三十八师为描写重点，突出刻画了在仁安羌大捷中，孙立人以一个团不足 1000 人的兵力，

击败数倍于我的日军,救出包括英缅军总司令在内的 10 倍于我的英军的光辉战绩;真实反映了该师进入印度休整后,返回缅甸血战大龙河、迂回胡康区、偷渡南高江、攻克孟关镇、奇袭八莫城,以及合围南坎和芒友会师的全过程。该书对缅印风光和民俗,对新编第三十八师与英国盟军、当地华侨及居民的交往等,也多有介绍和描绘。

此书着墨较多的孙立人(1900—1990)是安徽舒城人,1923 年从清华大学土木工程系毕业后,官费赴美国印第安纳州普渡大学学习,获理学学士学位,旋又入美国著名的西点军校,1927 年毕业后周游英、德、法、日等国考察军事。1928 年回国初任中央政治学校训练班主任,后调任财政部税警总团第四团团长。抗日战争爆发后,他率团在上海勇猛抗击日军,曾 13 处负伤。1942 年任新编第三十八师师长,率部入缅作战,在缅甸抗击日军的战斗中,孙立人屡建奇功,获得国内外各界的高度赞扬,国际舆论界甚至称赞他为"东方隆美尔"。当时英国政府曾授予他"帝国司令勋章",美国政府也为他颁授了"丰功勋章"。

此书作者孙克刚是随军记者,其原稿曾在广州《建国日报》连载。他在前言中说:"两次缅战,笔者都始终跟随着部队,本书资料,大部份是亲眼所见,一部份取之于战斗纪录和实地作战官兵的谈话,拿历史学的眼光来看,应该算是原始材料。"由是之故,该书书名上方,特别标明"抗战史料"。

民国旧书收藏,多重视第一版,然此书或为例外。著者在再版序言中特别指出:"初版出书,因为时间匆促,和当时当地印刷条件的限制,令人不能满意的地方很多,尤其是字体陈旧,印刷差池,看起来异常费力。这一版改用老五号字排印,铜版插图也放大了许多,我想可能把过去的缺陷弥补起来。"此书初版原在广州印行,字迹漫漶,照片、插图更是模糊一片;再版改在上海出版,由上海正中书局用道林纸重新排版印刷,不论是装帧设计还是印制质量等,均比原来有很大提高,可以说完全判若两书。由此,加上再版和初版只相差几个月时间,看重再版本是否应属理所当然呢?

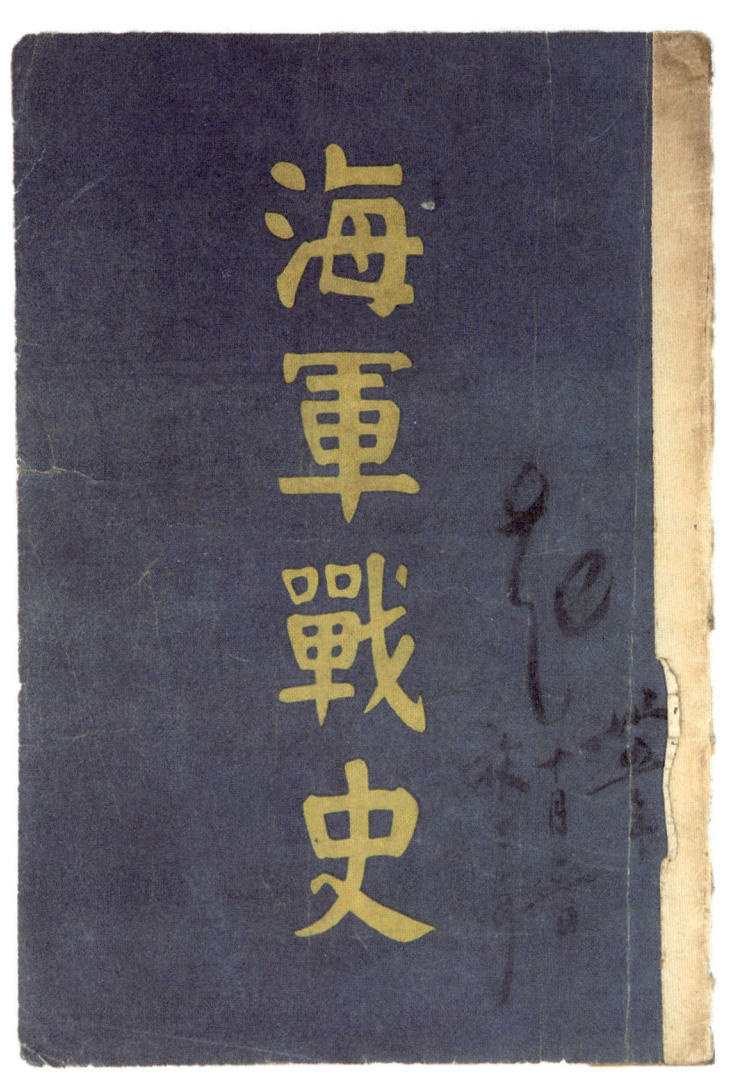

16开本，17.1cm×24.5cm

海军总司令部编印，1941年10月出版。目录5页，正文73页。

《海军战史》

  此书所谓"海军战史"，实专写1937年7月至1941年10月我海军抗击日本海军的战斗历程。1937年卢沟桥事变发生时，我海军共有新旧战舰57艘，排水量44038吨；而日本海军拥有各类战舰多达302艘，排水量高达1274417吨。由于军力悬殊太大，我海军不仅无法歼敌于海防线以外，而且也不足以防卫沿海各海口。抗战爆发，海军审时度势，集中有限军力，专守长江，运用阻塞手段，实施要塞战略，配以水雷防御，多次打破日舰溯长江西犯的计划，达到与敌人打消耗战、持久战、逐步完成歼灭战之目的。该书分章节叙述海军在淞沪会战、江阴血战、南京移退、马当出击、九江布雷、武汉会战、川江严防等战役中，封锁长江，重创日舰，阻敌西进的经过和战果，是了解抗战中海军战况难得的第一手资料。

  该书由海军总司令部编写和印行，封三版权页除注明"版权所有，不许转载"外，特别标明为"非卖品"，故此书编印目的当为内部保存和交流，迄今已相当罕见。

16 开本，18.2cm×25.6cm

第十战区政治部编印，1946年2月出版。目录2页，照片、题词及作战地图61页，正文50页，版权页1页。

《第十战区纪念册》

1944年12月，国民政府军事委员会将第一、五战区所辖区域合并为第十战区作战区域，包括安徽、河南、江苏北部等广大地区，下辖第十五、十九、二十一集团军等；抗战胜利后负责接受徐州、蚌埠、安庆等地区的日军投降；不久战区撤销，并入第八绥靖区。该书即详述第十战区的将领业绩、抗日战况、受降经过和各部队番号及人员结构等。

此书特别之处在于，除全面反映战区概貌和受降典礼的80余幅照片外，还将副师长以上（含副师长）的将领共74人，每人皆印一幅4寸正面肖像，并附小传介绍。这在当时无疑有自我表彰、自我夸耀之嫌，但由此我们今天却可以更直观地了解他们。从旧书收藏的角度看，大量清晰的老照片也增加了收藏的趣味和书的价值。

此书由第十战区政治部委托上海艺文印刷厂印刷，照片用约120克铜版纸、文字用约80克道林纸精印，颇难得。

五

匹夫有责

战时中国政治

32 开本，13cm×18.6cm

毛泽东与堡脱兰的谈话，高原出版社 1937 年 12 月出版。扉页 1 页，目次 1 页，正文 35 页。

《论中日战争——毛泽东与堡脱兰谈话》

1937 年 10 月 25 日，毛泽东在延安接受《每日先驱报》特派记者梅杰·堡脱兰的采访，形成《论抗日战争的现势及其教训与胜利的关键》的谈话录。此书即为这篇谈话录的整理出版品。其主要谈论的议题有："共产党与抗日战争""中国的外交政策与国际和平阵线""抗日战争的现势及其教训""在抗日前线的八路军""抗日阵线的投降主义""民主与抗战""其他问题"。

全书采用一问一答的形式，如问（堡脱兰）："中日战争发生后，共产党有什么动作？"答（毛泽东）："在中日战争未爆发以前，中国共产党一再警告全国，对日作战是不可避免的，日本的'和平解决'，以及一切漂亮的外交词令都不过是日本准备战争的烟幕。我们曾一再指出加强民族战线及实行革命的政策是胜利的民族解放战争所必须的……"通过这样的形式，毛泽东全面阐述了共产党人对抗日战争的态度和积极抗日的办法与措施。

救七文丛之八

抗战与军队政治工作

李富春 等著

32 开本，12.4cm×17cm

李富春等著，生活书店1938年4月初版。扉页1页，版权页1页，目次1页，正文及附录共150页。

《抗战与军队政治工作》

此书为多人文章的合集：一是际春的《抗日军队与人民》，二是李富春的《对抗战军队政治工作的商榷》，三是莫文骅的《战时军队政治工作概要》，四是罗瑞卿的《从过去八路军政治工作的经验说到今天抗战军队中的政治工作》，五是刘亚楼的《抗战军队中的连队政治工作》，六是邓小平的《动员新兵及新兵政治工作》，七是曹聚仁的《谈军队中政治部的机构》。另有附录一篇，为史达的《改造军队和武装民众》。

为什么要谈军队政治工作？1925年国民党在广州改组，其领导的国民革命军多由旧军阀部队改编而来，而共产党领导的八路军和新四军士兵多为贫苦农民参军，均需通过政治及军训工作增强纪律性、提高战斗力。正如李富春文章中所指出的："全国抗战的教训，很清楚而迫切的把改造军队使之适合全民族抗战需要的大问题，提在全国人民的面前，特别是尖锐的提在国民党的面前。改造军队最重要的一环，就是建立革命政治工作制度。只有在抗战军队中把政治工作实际的建立起来，才能把民族抗战的战斗力提高，才能把官与兵、军与民联结成一条心，像一个人一样，为民族的独立自由而战斗到底！"

此书收录的文章的作者，多为中国共产党武装力量的军政要员：李富春（1900 — 1975），抗战时任中共中央组织部副部长、中央财政经济委员会第一副主任，中华人民共和国成立后任国务院副总理兼国家计委主任；莫文骅（1910 — 2000），抗战时任抗日军政大学政治部主任、八路军留守兵团政治部主任，1955年被授予中将军衔；罗瑞卿（1906 — 1978），抗战时任八路军野战政治部主任，1955年被授予大将军衔，先后担任公安部部长、国务院副总理等；刘亚楼（1910 — 1965），抗战时任抗大教育长，中华人民共和国成立后历任空军司令员、国防部副部长等职；邓小平 (1904 — 1997)，抗战时任八路军政治部副主任，著名革命家、政治家、军事家、外交家，党和国家领导人。

32 开本，13cm×18.5cm

胡愈之编，生活书店1937年11月出版。扉页1页，版权页1页，目录4页，序2页，正文165页。

《苏联革命与中国抗战》

此书为胡愈之编辑的30多篇文章之合集。其主要者有：宋庆龄的《两个十月》、何香凝的《苏联革命二十周年纪念的感想》、金仲华的《二十年前革命的俄国怎样冲破侵略者的封锁线》、邹韬奋的《苏联革命二十周年与大众》、沙千里的《苏联革命纪念与我们的斗争》、孙冶方的《因苏联建设的成功想到我们当前的任务》、萨空了的《藉苏联这面镜子》、关露的《从抗日战争说到十月革命二十周年纪念》等。

该书汇集文化界30余位名人谈十月革命20周年及苏联建设的成就，目的在于树立榜样，为在战乱和苦难中奋斗的中国标示方向和未来，给民众以鼓励和希望。

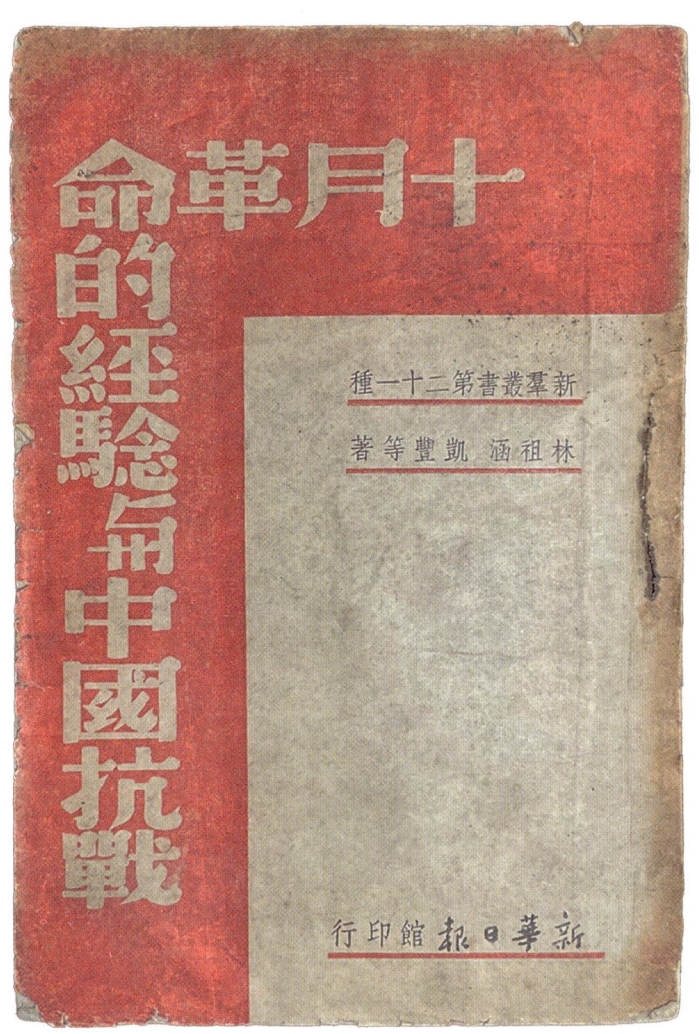

32 开本，12.5cm×18.2cm

林祖涵、凯丰等著，新华日报馆1938年12月初版。扉页1页，版权页1页，目次1页，正文及附录共110页。

《十月革命的经验与中国抗战》

在抗战过程中，每当十月革命纪念日临近，共产党的主要媒体《新华日报》及文化界人士多发表言论。

此书就是1938年10月《新华日报》所发社论《庆祝十月革命二十一周年》及各界人士相关文章的辑集。其文章主要有：林祖涵的《在中华民族解放斗争严重阶段庆祝苏联十月革命二十一周年》、凯丰的《苏联人民战胜外国干涉者和内部反革命所给予中国人民争取抗战胜利的经验教训》、许涤新的《今年苏联国民经济的发展》、吴敏的《苏联肃清托洛斯基派-布哈林派匪徒的斗争》、吴克坚的《驳复对十月革命历史底曲解》等。

此书第一编者林祖涵，即林伯渠（1886—1960），湖南安福（今临澧县）人。早年加入同盟会，1921年加入中国共产党，参加南昌起义、长征等重要革命活动，曾任陕甘宁边区政府主席。中华人民共和国成立后，任中央人民政府秘书长，全国人大常委会第一、二届副委员长。他与董必武、徐特立、谢觉哉、吴玉章并称"延安五老"。

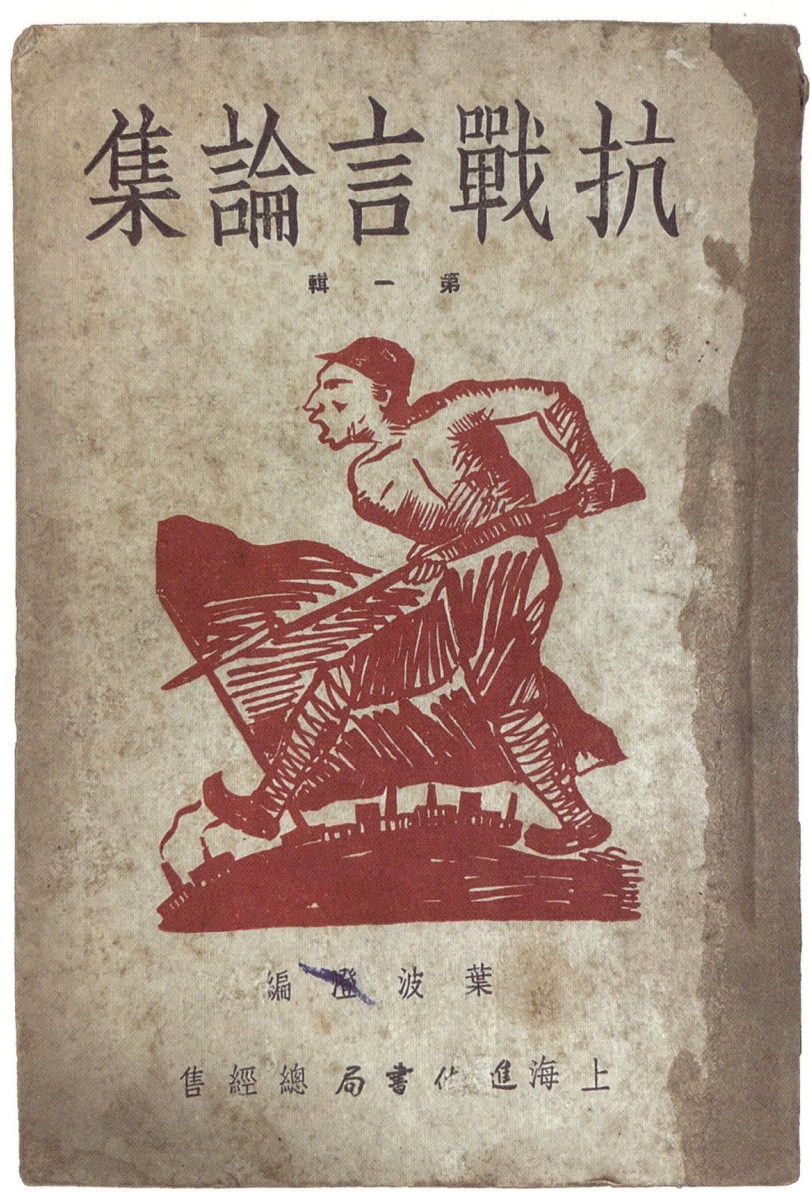

32 开本，12.9cm×18.7cm

叶波澄编，现代出版社（汉口）1937年10月至12月出版，上海进化书局总经销。每辑扉页1页，第一辑和第三辑目次4页，第二辑目次6页，版权页1页，第一辑正文314页，第二辑正文232页，第三辑正文259页。

《抗战言论集》（一至三辑）

抗战全面爆发后，有关抗战的各种言论风起云涌。此书选择自认有价值者，编辑成册。第一辑的主要文章有：政治方面，施复亮的《怎样争取最后胜利》《关于民众运动的几个根本问题》、陈冠南的《怎样才能维持抗战到底》、沈志远的《澈底抗战与领导民众》、李公朴的《全民动员告国人书（上、下）》、蓝天照的《从抗战中得来的经验与教训》等；外交方面，胡愈之的《请政府速定外交国策》、钱亦石的《对于上海抗战应有的认识》、王亚南的《注意敌人最近的外交阴谋》等；经济方面，冯克昌的《战时金融问题》、孙怀仁的《抗战时期之财政问题》；教育方面，杨东莼的《战时教育问题》、王洞若的《战时教育方案》、

张宗麟的《战时教育的课程》等;文化方面,施复亮的《当前宣传上的几个问题》、沈志远的《文化的抗战与抗战的文化》、艾思奇的《不要放松思想的岗位》。

  第三辑的主要文章有:政治方面,毛泽东的《国共两党统一战线成立后中国革命的迫切任务》、凯丰的《论全面的全民族抗战》、施复亮的《纪念孙中山先生与当前的抗战》、李富春的《全国人民武装起来》、廖承志的《怎样实施义务兵役制》、宋庆龄的《两个"十月"》、潘汉年的《加强我们的团结》等;经济方面,黎百强的《战时财政经济问题》、王亚南的《战时的金融问题与金融政策》等;教育方面,陈望道的《战时的专门教育》、杨东莼的《战时底政治教育》《要从战时教育中树立起新文化的基础》、张宗麟的《怎样办战时青年训练班》《战时农民教育》、王洞若的《集体主义的自我教育》等;妇女方面,钟复光的《妇女在抗战中应做的工作》、胡子婴的《怎样动员全国的妇女》、王慧中的《非常时期妇女应有之准备》、君慧的《抗战期中的儿童问题》等。

  编者叶波澄(1892—?),实业家和出版家。曾任湖北禁烟局局长、上海金源钱庄董事长,先后创办上海进化书局、重庆南方印书馆。除编纂出版《抗战言论集》三辑以外,他还在1949年春,帮助陈望道藏身于上海辣斐德路(今复兴中路)自家宅中,躲过国民党搜捕。但此人以后的情况,不甚清楚。

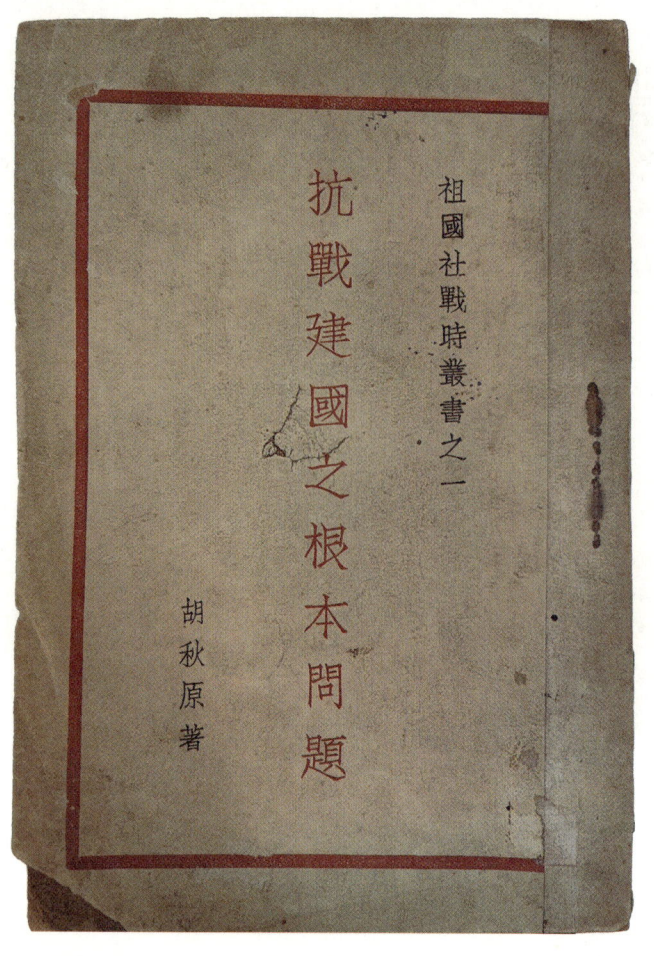

32 开本，13cm×18.5cm

胡秋原著，时代日报社1938年1月25日出版。扉页1页，目录1页，小序1页，正文及附录共69页，版权页1页。

《抗战建国之根本问题》

此书收录作者七七事变后发表的五篇文章：《中倭不两立论》《对于抗战时期革新政治之意见》《抗战时期政治问题（节录）》《论战与和》《紧急的局势与两湖的任务》。另附一篇《时代日报》记者就抗战问题的采访问答。作者在小序中说："余甲戌避难西行，远忧故国，日望统一抗日之局。卢事起，自美归来，欣见祖国奋战争生存，炮火血光，震新国命。然耳闻目见，痛感吾人自身之缺点极多。今日惟有以持久战死里求生，自须厉决心筹久战之道。兴亡有责，心所谓危，敢不尽知无不言之义？三月来吾人向全国朝野有所呼号陈述，大体原则，不过如是。"书中所论，皆是其忧愤甚广之心、"向全国朝野有所呼号陈述"的内容。

胡秋原（1910—2004），湖北省黄陂（今武汉市黄陂区）人，曾为上海东亚书局编辑、同济大学教授、《文化批判》与《思索月刊》总编辑等。他是台湾地区最早坚持祖国统一、反对"台独"的领军人，是"中国统一联盟"的创始人和名誉主席。在海峡两岸隔绝40年之后，他以台湾地区原民意代表的身份，于1988年9月12日首先访问大陆，被誉为"破冰之旅"的第一人。为纪念胡秋原、敬幼如夫妇，武汉大学设立有"胡秋原·敬幼如奖学金""胡秋原·敬幼如藏书室"。

32 开本，12.5cm×18cm

秦博古著，新华日报馆
1938年10月20日出版。
扉页1页，版权页1页，
正文15页。

《论抗日民族统一战线的发展，困难及其前途》

  抗日民族统一战线，是中国共产党为团结全国各民族一切抗日力量，打败日本侵略者而制定的路线和策略。1937年9月22日国民党中央通讯社发表《中共中央为公布国共合作宣言》，9月23日蒋介石发表实际承认共产党合法地位的谈话，标志着以国共合作为基础的抗日民族统一战线正式形成。

  此书对抗日民族统一战线高度肯定，同时对其发展过程中已经遇到和可能会遇到的问题及困难作出分析，对其可行且美好的前景作出展望。其结尾部分指出："抗日民族统一战线是有其光明远大的前途的，它不仅能够成为我们战胜日寇的工具，而且能够成为我们完成建国的武器。珍贵民族统一战线，巩固民族统一战线，发展民族统一战线，是中华民族每一个份子的当前的与将来的伟大的职责。"

  秦博古即秦邦宪（1907—1946），又名博古，江苏无锡人，1925年底加入中国共产党，曾任中共临时中央政治局成员、中共中央总负责。1934年10月参加长征，1935年在遵义会议上被解除中央军事领导职务。后任中共中央政治局常委、红军野战部队政治部主任。1946年4月8日因飞机失事在山西兴县遇难。

32开本，13cm×18.8cm

冯玉祥著，时事出版社（天津）1935年7月初版。自序6页，目录2页，正文252页。

《中国与二次大战》

九一八事变后，蒋介石对日军侵略东三省采取不抵抗政策，企图依赖国际联盟调解，这引起著名爱国将领冯玉祥极大不满。此书就是冯玉祥剖析时局，探讨中国如何应对日本侵略及第二次世界大战危机的专著。全书分上、下两篇，共十章。上篇是对第二次世界大战必将爆发的分析，下篇陈说中国对这次大战应有的准备。作者在自序中说："我这本书除由各国的经济矛盾到政治的斗争、到军备的竞赛，详细分析二次世界大战爆发的必然性，还预测中国在这次大战所处的命运及前途；除客观分析外，还更加详尽地作成中国对付二次大战的国防计划，不单限于军事上的计划，还包括着经济上的计划、外交上的计划、内政方面的改革，乃至人才的培植等等。"他很自信地预言："虽说这个国防计划案大多偏于原则上的编制，但我相信倘能依照这些原则作成实施的细则，则于捍卫国家推进民族革命的大计，大约相差亦不很远。"作者最后大声呼吁："同胞呀，中华民族已经逼至被判决死刑或无罪的关头了。热望共同奋起，有计划地、有组织地迅速起来捍卫国家罢！"

冯玉祥虽行伍出身，但毕生勤奋好学，著有《我的生活》《我所认识的蒋介石》《冯玉祥日记》《冯焕章演讲集》等。此书在多种关于冯玉祥的传记中均不见记载，可能为研究者所忽略。其实，该书表达的不论是观点见识还是爱国热忱，在冯玉祥的著述中均别树一帜，是研究其军事思想和人生情怀的重要著作。另外，此书封面色彩对比强烈，主题鲜明突出，具有较强的视觉冲击力和感染力，似也值得一提。

32 开本,14cm×19.8cm

冯玉祥著,1937 年 10 月出版。扉页 1 页,正文 29 页。

《新大学——民族革命哲学》

《大学》在宋代大儒朱熹那里,与《论语》《孟子》《中庸》并称为"四书",是儒家重要经典之一,也是南宋以后儒家学派谈论修身、齐家、治国、平天下的基本纲领。冯玉祥撰写《新大学》,并加副题《民族革命哲学》,其用意很明显,即为处于内忧外患的新时代国民,建立新的立身处世的根本原则。全书共十章,以凝练且富有哲理的语言,阐释新大学之道,内容包括求知、为公、复兴民族、自由平等、救国之道、修身之道等诸多方面。

《新大学》开篇曰:"新大学之道,在求知,在为公,在复兴民族,在进世界于大同。"其后释复兴民族谓:"复兴民族之本在牺牲。有牺牲之决心,始能赴义以勇,毕命以忠。小我之生命有限,大我之生命无穷,以有限求无穷,小我则永生。复兴民族之目的,在主权完整,失地收复,耻辱前雪,而达民族自由与平等。复兴民族之方法,在乎发扬民族抗战精神,急起直追,学习世界之新知新能,锻炼身心,勇武是崇;密严组织,不惮更新,集结全民族之力量以与敌人拼死作战争。"一代抗日名将的爱国情怀和豪迈气概,于此表现得酣畅淋漓,令人敬佩。

此书由冯玉祥亲笔题写书名,"新大学"三字为隶书,朴实浑厚,沉稳大气。该书无版权页,无定价,出版和印刷单位也无从知晓,不知是不是冯玉祥印送给朋友和所属部队将士之物。

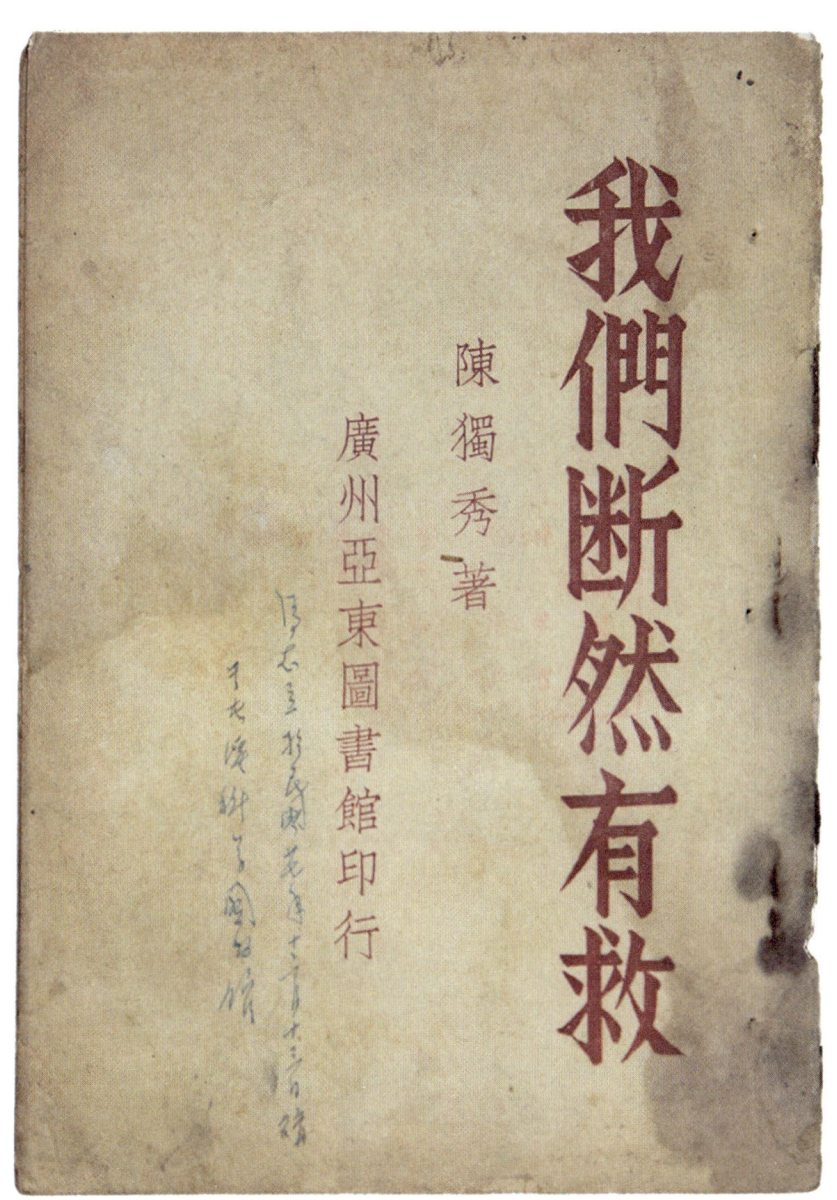

32 开本，12.8cm×17cm

陈独秀著，亚东图书馆(广州)1938年8月初版。出版说明1页，目录1页，正文18页。

《我们断然有救》

  此册收录陈独秀的四篇文章：《我们断然有救》《抗战与建国》《"五四"运动时代过去了吗？》《国民党究竟决心采用哪一种政治经济制度》。如果说《我对于抗战的意见》和《从国际形势观察中国抗战前途》的内容主要是探讨关于抗战意见和求胜道路的话，那么这本小册子的内容则偏重论说抗战自信心、抗战与建国的关系以及办法等问题。1938年上半年，正是抗日战争处于最艰苦的战略防御阶段，陈独秀以其独特的影响力，高喊"我们断然有救"，并对其作了有说服力的分析。这种态度和精神，既是对当时抗战意志不坚定者的当头棒喝，也是对千千万万抗日将士的有力鼓舞。

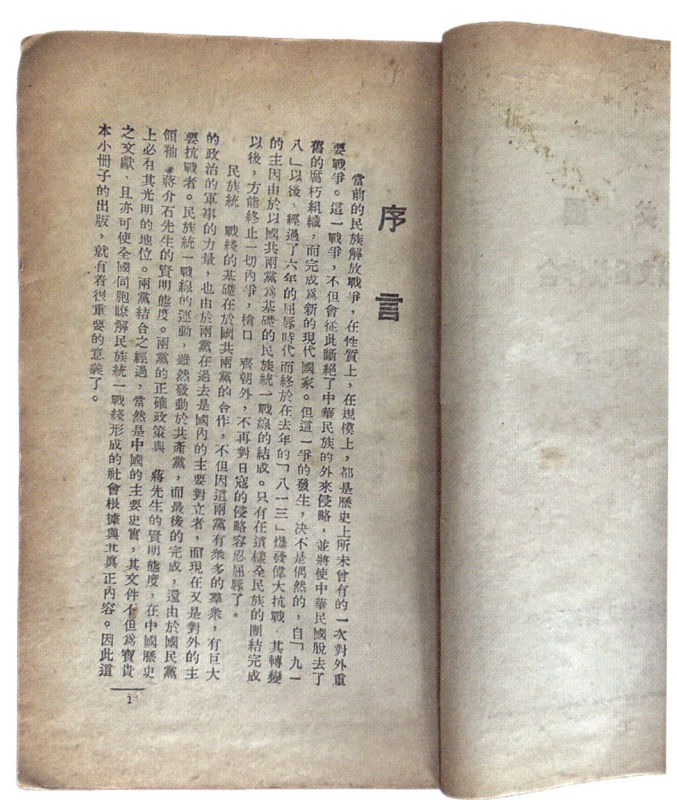

32 开本,12.3cm×18.8cm

谭苓编,天马书店(汉口) 1938 年 1 月初版。扉页 1 页,序言 2 页,目次 2 页, 正文 132 页,版权页 1 页。

《国共合作抗日文献》

  此书汇集共产党、国民党,以及其他重要党派有关国共合作、团结抗日的文献共 29 件。书中收入最早提出停止内战、共同抗日的文献——1935 年 8 月 1 日由中国共产党驻共产国际代表团草拟的《中国共产党为抗日救国告全体同胞书》(又称《八一宣言》),其他还有《中国苏维埃政府召集全国抗日救国代表大会通电》《中国苏维埃政府停战议和一致抗日通电》《中国共产党致中国国民党书》《沈钧儒等团结御侮的几个基本条件最低要求》《张学良杨虎城等双十二通电》《中国共产党对于西安事变通电》《中国国民党三中全会对于西安事变的决议》《中国共产党给国民党三中全会电》《中国国民党三中全会根绝赤祸案的决议》《中国共产党告全体同志书》《中国共产党为公布国共合作宣言》《蒋委员长对中国共产党宣言的谈话》《宋庆龄女士对国共统一运动感言》《中国共产党抗日救国十大纲领》等。

  编者在序言中说:"民族统一战线的基础在于国共两党的合作,不但因这两党有众多的群众,有巨大的政治的军事的力量,也由于两党在过去是国内的主要对立者,而现在又是对外的主要抗战者。"抗日民族统一战线,由中国共产党率先倡导、积极推动建立,国民党最终顺应潮流。"两党结合之经过,当然是中国的主要史实,其文件不但为宝贵之文献,且亦可使全国同胞了解民族统一战线形成的社会根据与其真正内容。因此这本小册子的出版,就有着很重要的意义了。"

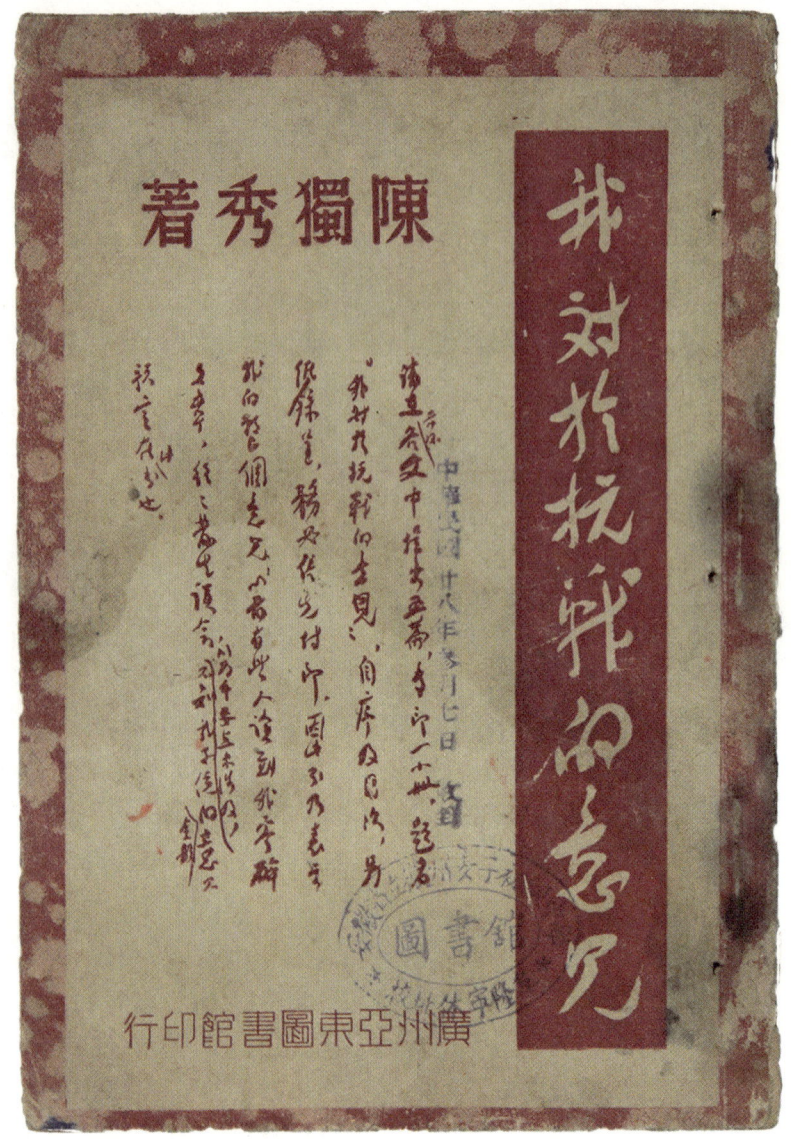

32 开本，12.2cm×17.1cm

陈独秀著，亚东图书馆(广州)1938年3月初版。自序1页，目次1页，正文39页。

《我对于抗战的意见》

作者陈独秀(1879—1942)，字仲甫，号实庵，安徽怀宁人。1901年以后，三次留学日本，与张继、苏曼殊等组织革命团体青年会。1904年在芜湖创办《安徽俗话报》，主张反清反帝。1915年在上海创办《青年杂志》(后改名为《新青年》)，高举民主和科学两面大旗，掀起思想启蒙运动。1917年任北京大学文科学长。1918年与李大钊等创办《每周评论》，反对军阀统治和日本帝国主义。1919年五四运动后，开始接受和宣传马克思主义。1921年在于上海召开的中共一大上被推选为中央局书记；后在中共二大、三大、四大、五大上，均当选为中央执行委员会委员长和中央总书记。1932年初淞沪抗战时，陈独秀积极支持抗战，谴责蒋介石卖国独裁，并向中共中央提议联合领导反日运动。1932年10月被国民党政府逮捕入狱。1937

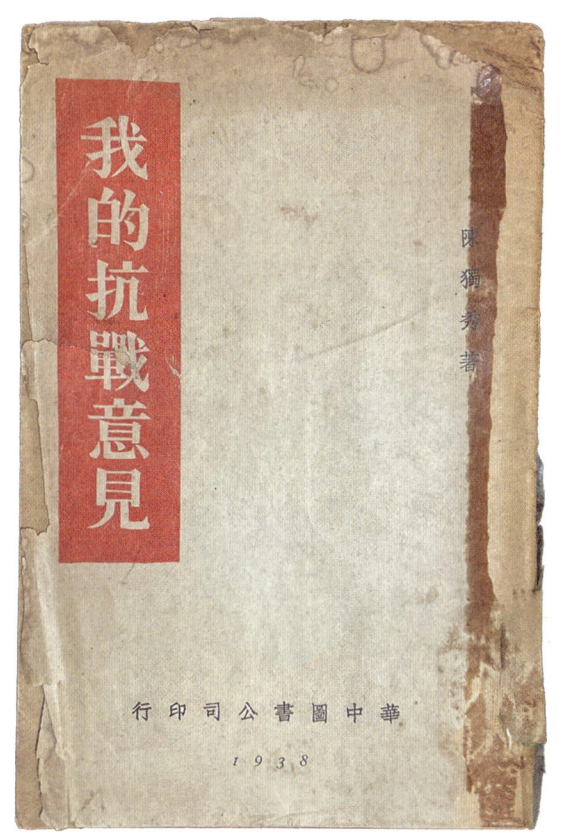
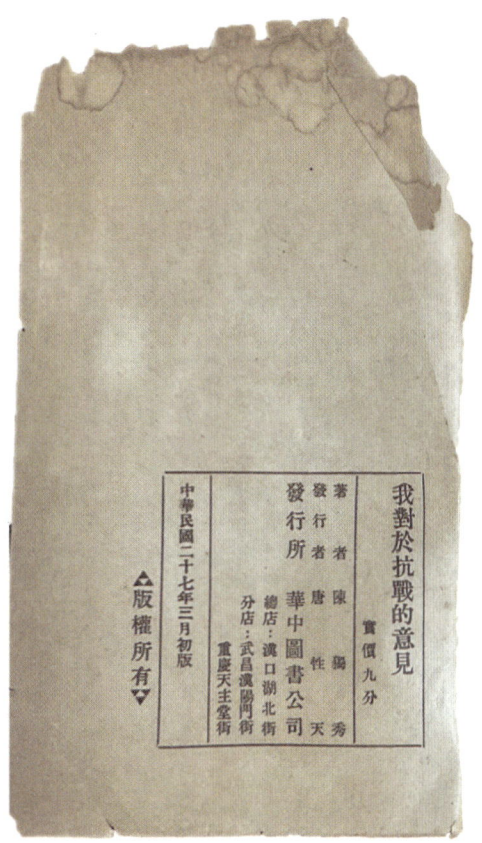

年8月出狱后,脱离托派组织,拥护国共合作,在武汉积极宣传抗日主张。1942年5月27日在四川江津病逝。

此书收录陈独秀在1937年10月至1938年1月间所写的五篇关于抗战的文章:《抗日战争之意义》《我们要得到怎样的胜利及怎样得到胜利》《怎样才能够发动民众》《抗战中应有的纲领》《准备战败后的对日抗战》。这些文章的前三篇,曾分别在武昌华中大学、汉口青年队和武汉大学讲演过。除第一篇得以发表外,其他各篇均在当局"暂缓登载"的禁令之下未曾发表。陈独秀于1937年8月在坐了近五年牢后出狱,9月从南京乘船到汉口,随后就在武汉积极宣传抗战。此书为陈独秀出狱后发表的关于抗战等政治意见的首次结集,也是这位政坛和文坛风云人物沉寂多年后出版的第一本书。

该书封面书名由陈独秀亲自题写,其自序也为陈独秀手迹。该书另有华中图书公司1938年3月初版本,内容相同,封面书名为《我的抗战意见》,而书后版权页名称为《我对于抗战的意见》,不知是粗心还是临时改书名所致。

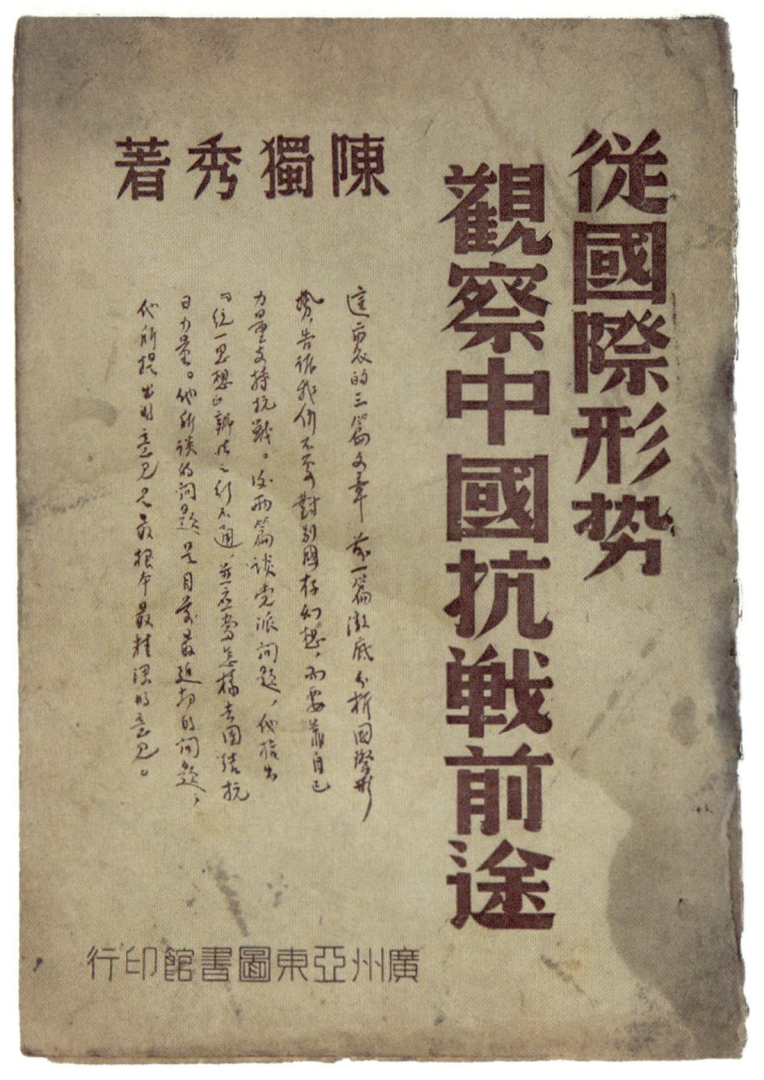

32 开本，12.2cm×17.1cm

陈独秀著，亚东图书馆(广州)1938年4月初版。扉页1页，出版说明1页，目录1页，正文18页。

《从国际形势观察中国抗战前途》

  这本小册子收录陈独秀的三篇文章：《从国际形势观察中国抗战前途》《抗战中的党派问题》《各党派应如何巩固团结》。第一篇透彻分析国际形势，告诉我们不要对别国或某些国际组织心存幻想，而要靠自己的力量坚持抗战，并对怎样依靠自己提出了意见。后两篇谈党派问题，指出需调动一切积极因素团结抗战力量，而不能简单地用发号施令的办法"统一思想"，实际上也统一不了。这三篇文章所谈论的问题，都是当时抗战所迫切需要解决的问题，因而颇为各界人士所重视。

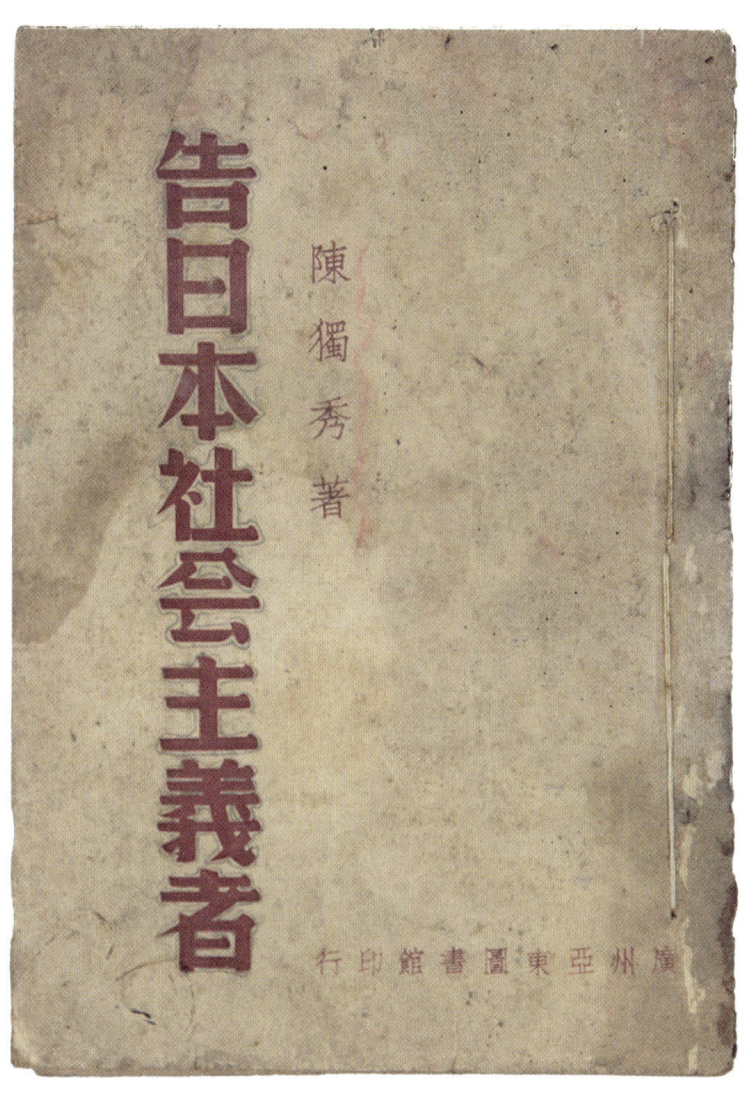

32 开本，12.3cm×17cm

陈独秀著，亚东图书馆(广州)1938年11月初版。出版说明1页，目录1页，正文25页。

《告日本社会主义者》

  本册收文六篇：《告日本社会主义者》《我们为什么而战？》《说老实话》《你们当真反对资本主义吗？》《"八一三"》《敬告侨胞》。作者在第一篇里呼吁日本社会主义者反对侵华战争，充分说理，分析透彻，可使日本社会主义队伍中的背叛者有所愧报、动摇者有所遵循，而一般日本民众，则能因此而加速觉醒。其余各篇文字，围绕抗战中的某一问题或某种认识，侃侃而谈，均有独到见解，表现了陈独秀作为新文化运动旗手和一代政治家、思想家把握时局的敏锐性和深刻性。

32 开本，13cm×18.1cm

凯丰著，大众出版社1938年11月出版。版权页1页，目录2页，正文156页。

《抗日民族统一战线教程》

此书共四章：第一章为"民族危机下之中国"，从中国一般国情、怎样沦为半殖民地的过程、日本帝国主义侵略中国的历史、九一八事变后民族危机加深和反日民族情绪的高涨等方面，概述中国近代以来灾难深重的经历及反日民族运动的高潮；第二章为"抗日民族统一战线的产生发展和形成"，介绍抗日民族统一战线如何适应国内外形势演变的需要，如何从萌发到生长再到形成的过程；第三章为"抗日民族统一战线的意义内容和前途"，从马克思、恩格斯、列宁、斯大林的民族理论谈抗日民族统一战线的理论根据，论述抗日民族统一战线的重大意义、丰富内涵和未来前景；第四章为"争取中国抗日战争的胜利"，从被压迫民族的解放战争能否胜利的一般规律，论述中国抗日民族自卫战争最终必然走向胜利，驳斥抗日失败主义的各种论调，总结中国抗战的经验和教训，以及争取抗战胜利的具体办法。

此书作者凯丰（1906—1955），原名何克全，江西萍乡人。1930年加入中国共产党，1937年任中共中央宣传部部长。中华人民共和国成立后，先后任中共沈阳市委书记，中共中央宣传部副部长、代部长等职务。此书在当时应比较受欢迎，笔者见到过不同出版机构编发的数种版本，颇可一观。

32 开本，12.5cm×17.2cm

傅于琛著，光明书局（汉口）1938年2月15日出版。版权页1页，自序3页，目次2页，正文62页。

《民主政治与救亡运动》

此书侧重谈抗日救亡运动中的民主政治问题。作者在自序中指出："所谓全民救亡的运动，它的意思就是：'地无分南北，人无分老幼，无论何人，皆有守土抗战之责任。'这就是说：在救亡运动中，所有的国民，都有'保卫祖国'的权利。中国之所以沦为半殖民地，并且连受日寇的残暴侵略，最重要的一个原因就是由于国民没有获得民权，使他们不能全体起来负责争取民族国家的独立自由。所以，目前在抗日救国的神圣战争中，必须'唤起民众'，'团结御侮'。"

围绕这个目的，此书共分四个章节，解读和分析民主政治对动员全民抗日的重要性：第一章为民主政治的基本理论，第二章为保卫国家与民主主义，第三章为民主政治的新曙光，第四章为民主政治之路决定救亡运动的胜利。

作者傅于琛（1909—1983），四川双流人，1926年考入北京大学预科，1927年7月参加中国共产党，1937年11月与范长江等一起发起"中国青年新闻记者协会"，并在上海参加成立大会。中华人民共和国成立后，他曾在上海政法学院任教授，另著有《大众政治学》《政治学纲要》等。

32 开本，12.8cm×18.2cm

国际时事研究会编，一般书店 1938 年 1 月初版。扉页 1 页，版权页 1 页，目录 2 页，正文及附录共 94 页。

《统一战线下的中国共产党》

　　此书分四个部分，选编共产党人和进步人士有关中国共产党及抗日民族统一战线的论述。第一部分为"绪论"，收入马相伯的《关于中国共产党》、第米特洛夫的《中国共产党的十五年》；第二部分为"统一战线与中国共产党"，收入张闻天的《我们对于民族统一纲领的意见》、毛泽东的《国共统一战线成立后中国革命底迫切任务》等；第三部分为"苏区概观"，收入林祖涵的《从苏维埃到民主共和制度》、蔡和森的《中国苏维埃运动的七年》、E.史诺的《西北特区的工业》等；第四部分为"从红军到第八路军"，收入毛泽东的《红军的诞生》《从"围剿"到长征》、王首道的《出动中的红军》、王稼祥的《第八路军的胜利与中国抗战的前途》等。附录收入《中国共产党为公布国共合作宣言》《中国共产党抗日救国十大纲领》。

　　此书封面上的配图，将共产党与国民党的合作画成一致对准日本侵略者的双管炮口，而日本侵略者则显示出难以招架的颓势，颇有意味。

32 开本，12.4cm×18.5cm

毛泽东著，晋察冀日报社 1945 年 6 月初版。扉页 1 页，目录 2 页，正文 91 页。

《论联合政府》

  此书是毛泽东于 1945 年 4 月 24 日在中国共产党第七次全国代表大会上所作的政治报告。报告共分五部分：中国人民的基本要求；国际形势和国内形势；抗日战争中的两条路线；中国共产党的政策；全党团结起来，为实现党的任务而斗争。

  毛泽东在该报告中分析国际和国内形势，着重比较共产党与国民党在抗战中两种不同的路线，说明解放区与国民党统治区的不同状况，明确提出"破坏抗战、危害国家"是谁的问题，并对国民党污蔑共产党所谓"不服从政令、军令"的罪名予以驳斥，敏锐地指出抗战后存在"内战危险"。该报告还全面论述中国共产党的政策，阐述党的三大作风，即理论和实践相结合的作风、和人民群众紧密地联系的作风、自我批评的作风的重要性。报告指出，共产党区别于其他任何政党的一个显著标志，就是全心全意为人民服务，一刻也不脱离群众，一切从人民的利益出发，而不是从个人或小集团的利益出发。该报告对夺取抗日战争的最后胜利及战后建立新中国具有重要指导意义。

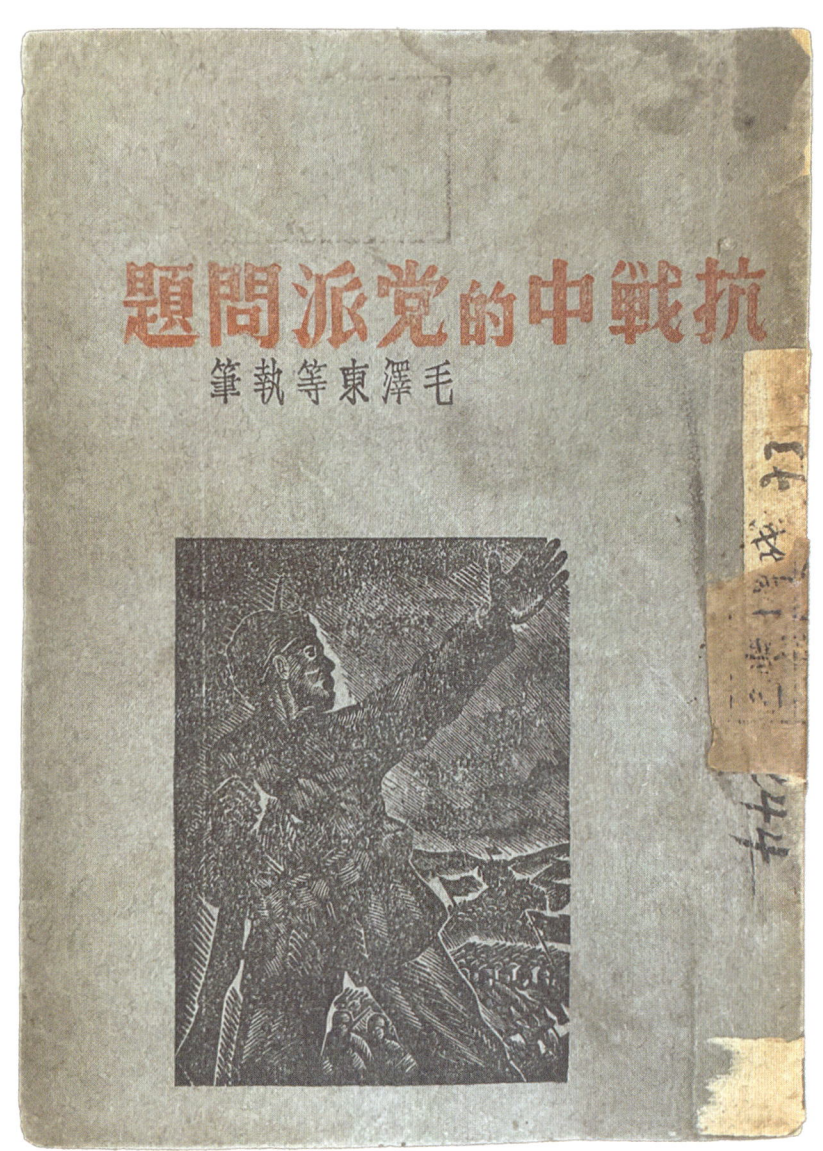

32 开本，12.2cm×16.7cm

毛泽东等执笔，长江出版社（汉口）出版，出版时间未注，约1938年4月。扉页1页，版权页1页，编者的话2页，目次1页，正文80页。

《抗战中的党派问题》

抗日战争既是全民族抗战，又是建立在抗日民族统一战线基础上的战争。为了争取抗战的最终胜利，国内各党派不仅需要停止冲突和争斗，还需要开诚布公和真诚合作。此书编者的话说："我们搜集了关于这一问题的各方面的意见，这些意见显然都是值得我们重视的。在此全面抗战异常紧张的时候，我们不单是要注意前方的军事情况，还应该同时注意到后方的政治问题，因为政治也正是抗战中一个极重要的部门。"

此书主要辑有毛泽东的《一党专政问题》、王明的《挽救时局的关键》、范长江的《抗战中的党派问题》、陶百川的《我们对于党派问题的意见》、公辅的《叶青先生怎样反对民主运动》等文章，从不同方面、以不同观点谈论了抗战时期应该如何处理党派问题。

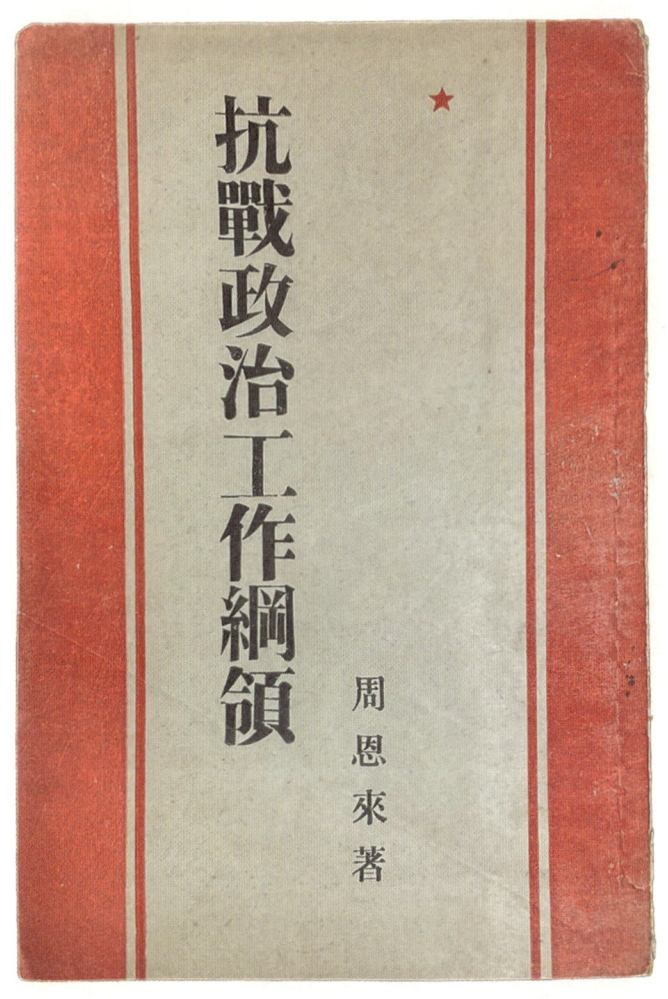

32 开本，12.8cm×18.5cm

周恩来著，上海明明书局1938年1月出版。目次1页，正文34页，版权页1页。

《抗战政治工作纲领》

  此书收入周恩来的三篇谈抗战政治工作的文章：《抗战军队的政治工作》《抗战政治工作纲领》《应该优待俘虏》。作为中国共产党重要领导人之一，周恩来开篇就强调："全国抗战的教训，很清楚而迫切的把改造军队使之适合民族抗战需要的大问题，提在全国人民的面前，特别是尖锐的提在国民党的面前。"1925年，国民党在广州改组，当时旧的军队虽有20余万人，但军纪散漫，尚未改造。黄埔军校作为一所新型军事学校，意在培养训练有素、纪律严明、具有顽强战斗力和示范意义的新型军队，周恩来曾在戴季陶、邵元冲之后，担任第一期政治部主任。

  周恩来在此书中认为，政治工作对军队异常重要。因为战争不是玩笑，非常残酷，参战士兵必须万众一心、义无反顾、朝气蓬勃，有战胜一切敌人的信念和勇气，才能在战场上刺刀见红、克敌制胜。而要做到这一点，就必须改造军队，建立革命的政治工作制度。"只有在抗战军队中把政治工作实际的建立起来，才能把民族抗战的战斗力提高，才能把官与兵、军与民联结成一条心，像一个人一样，为民族的独立自由而战斗到底！"

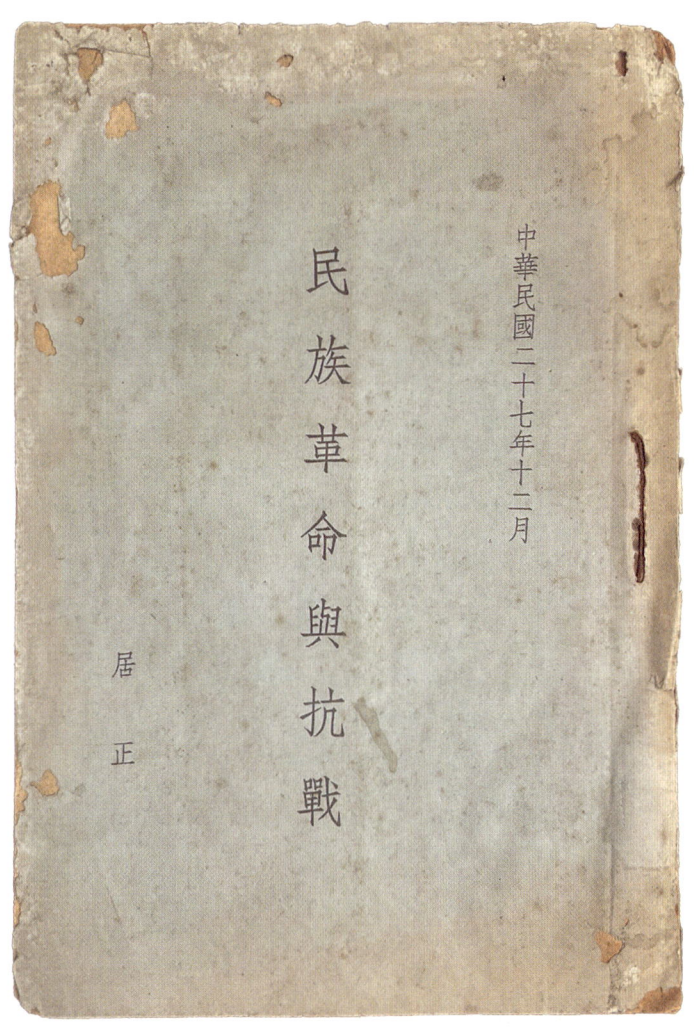

32 开本，13cm×18.5cm

居正著，1938年12月印行，印行单位不详。无目录，正文18页。

《民族革命与抗战》

  此书实际上是一篇长文，写于七七事变发生一年半之际，正是抗日战争处于极度艰难之时。日本帝国主义为了鲸吞中国，一面加强前线进攻，一面为巩固已经侵占的地区，打着伪装的"民族自决"的口号，在东北等地大搞所谓的自决与独立。此书针对这一狡诈野心，指出"抗战的意义是为了保卫民族生存和独立自由，抗战的目的是维护国家领土主权的完整"。抗战是包括汉族及各少数民族的全民族抗战，决不允许日寇借"民族自决"之名，将侵略和分裂中国的阴谋合法化。

  作者居正（1876—1951），原名居之骏，湖北广济（今湖北武穴）人。早年东渡日本就读于法政大学，不久加入中国同盟会，后参与组织武昌起义，跟随孙中山参加护法运动。辛亥革命胜利后，就任南京临时政府内务部次长。1927年南京国民政府成立后，历任国民党政府司法院副院长和院长、最高法院院长、司法行政部部长。1948年还曾与蒋介石一同竞选总统，1949年前往台湾，1951年在台北病逝。

32 开本，12.6cm×18.4cm

陈唯实著，扬子江出版社（汉口）1938年1月初版。扉页1页，序2页，目录2页，正文49页，封底版权。

《抗战与新启蒙运动》

作者陈唯实（1913 — 1974），原名陈悲吾，广东湖安人。他于1927年就读于广东省立第二师范学校（韩山师范学院），1934年在北平图书馆刻苦自修哲学一年，1935年在上海认识艾思奇等人，经常为《读书生活》杂志撰写哲学文章，先后出版《通俗辩证法讲话》《通俗唯物论讲话》《新哲学体系讲话》《新哲学世界观》四本哲学著作，成为声名鹊起的马克思主义哲学通俗化专家。中华人民共和国成立后，他在南方大学、华南师范学院、中国人民解放军政治学院担任党政主要领导工作，1974年1月因肺癌不幸去世。

此书为作者于卢沟桥事变后撰写。他认为，若要赢得全民族抗战的胜利，开展新启蒙运动意义重大："新启蒙运动就是思想文化运动，它是比中国'五四'启蒙运动更新更扩大更进步更澈底的新文化运动，是文化上的抗战救亡运动，是思想的自由解放运动，是启蒙民众，是新智识新思想的普及运动，是民族教育、社会教育、大众教育、生活教育的运动，所以它也是新民众、新妇女、新青年的运动。"全书涉及战时新启蒙运动的意义及其实行、新启蒙运动是大时代的前哨、新启蒙运动利于促成民族革命、促成民主自由、促成民生幸福、促成民众教育、提倡科学文化、提倡集体主义等诸多方面，论述抗战期间开展新启蒙运动的必要性和紧迫性。

查阅研究陈唯实的十多篇论文，均未提到该书，不知是有意忽略，还是此书一直被淹没。

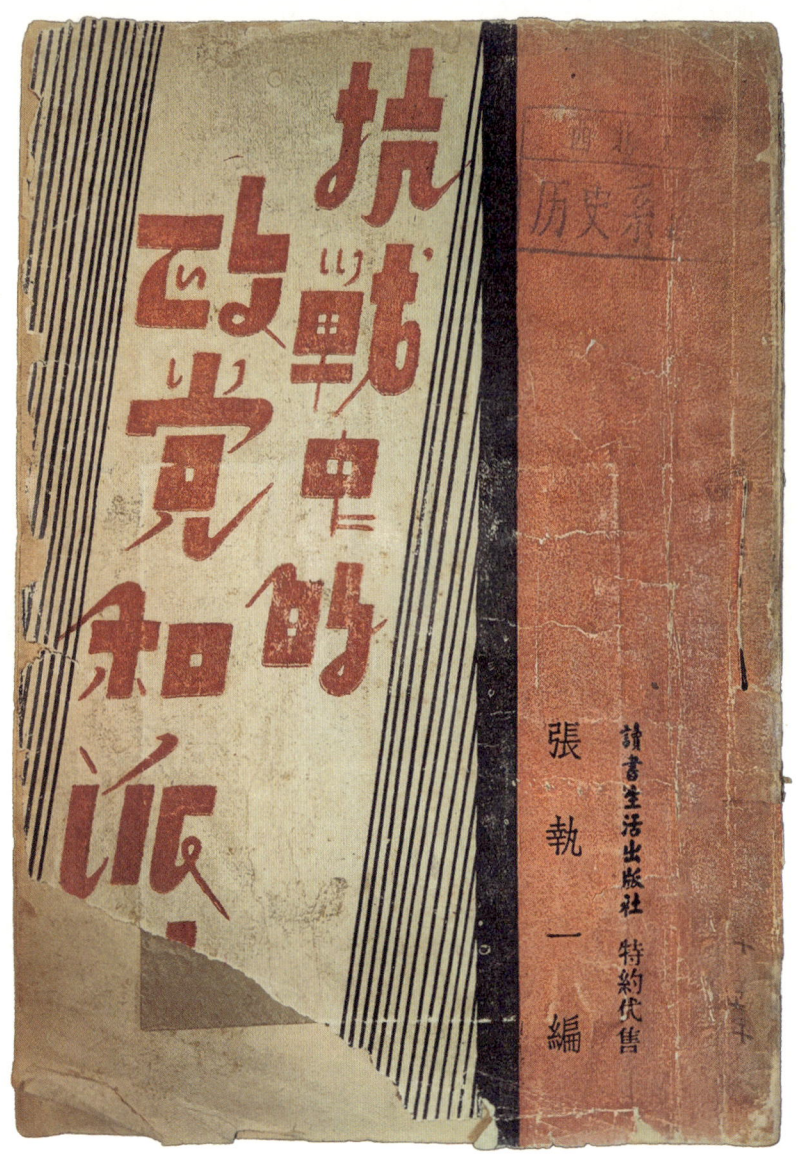

32 开本，13cm×18.5cm

张执一编，读书生活出版社（汉口）1938年5月初版。扉页1页，版权页1页，目录1页，写在前面3页，正文83页。

《抗战中的政党和派别》

  此书分别叙述当时中国社会的各主要党派，包括中国国民党、中国共产党、中华民族解放大同盟、中华民族解放行动委员会（第三党）、国家社会党、国家主义青年党、全国救国联合会、中国共产主义同盟（布尔塞维克列宁反对派）。书中对每个党派的成立时间、宗旨纲领、组织架构、主要人物、成立以后的所作所为、社会反映和影响，以及内部矛盾及后果等，均作简明扼要的梳理和介绍。作者对卢沟桥事变后国民党和共产党这两个最大、最有行动力和号召力的党派，捐弃前嫌，团结合作，积极抗日，表达热切肯定；并期望各党派在国难当头的情势下一致对外，最大限度地建立抗日民族统一战线，只有这样，才能把日本侵略者赶出中国。

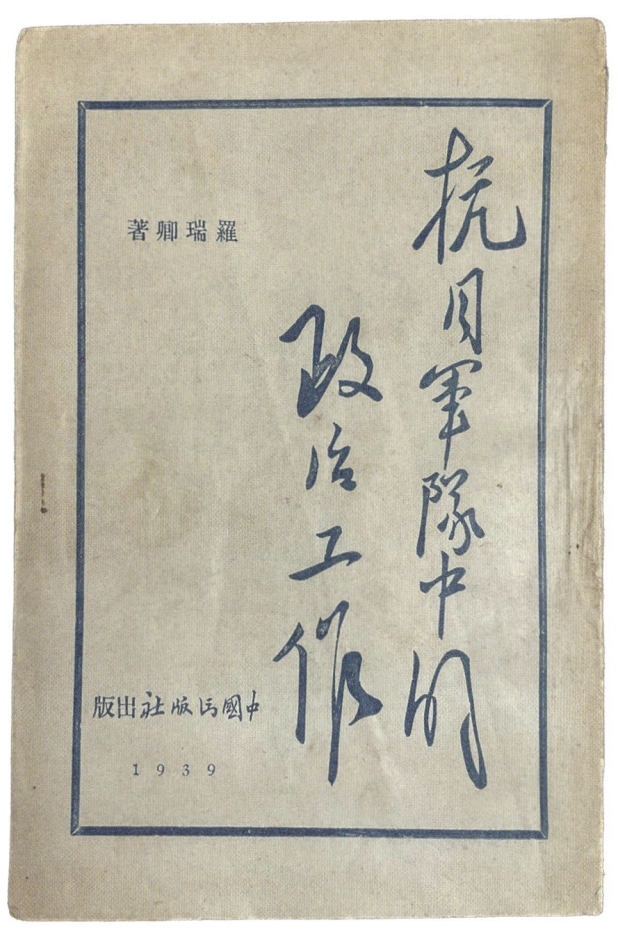

32 开本，12.7cm×18.2cm

罗瑞卿著，中国出版社1939年1月再版。扉页1页，版权页1页，写在前面3页，目次4页，正文217页。

《抗日军队中的政治工作》

  此书共八章。第一章为"政治工作的任务"，依次谈军队、居民以及敌军政治工作的重要性；第二章为"动员时的政治工作"，介绍动员时的宣传工作、组织工作、家属工作，以及护送和补充部队时的政治工作；第三章为"政治教育与文化教育"，谈政治教育的内容与方法、文化教育中的识字课、体育娱乐工作等；第四章为"巩固部队的政治工作"，谈做好新战士思想工作、稳定部队政治情绪、加强部队内部团结等；第五章为"战时政治工作"，包括各种情况下的政治工作，如行军宿营、侦察警戒、进攻战斗、防御战斗、退却时的政治工作等；第六章为"对居民的政治工作"，包括严肃军队政治纪律、确立军民融洽关系、对居民的宣传和组织工作、发动居民锄奸运动等；第七章为"对敌军的政治工作"，包括怎样开展对敌调查、对敌政治工作和宣传工作，以及如何处置俘虏问题；第八章为"政治工作的组织问题"，包括政治机关的组织架构、连队政治工作的重要性、军队中政治委员的作用、军事机关与政治机关的关系等。该书系统地总结了人民军队的政治工作经验，对加强军队建设、扩大人民军队的影响发挥了积极作用。

  作者罗瑞卿（1906—1978），四川南充人，1928年加入中国共产党，1929年参加中国工农红军，抗战时任抗大教育长、八路军野战政治部主任。中华人民共和国成立后，他先后担任公安部部长、国务院副总理、中共中央军委秘书长、人民解放军总参谋长等。

32 开本，12.8cm×18.2cm

马健著，北社 1941 年印行。目次 2 页，正文及后记共 122 页。

《国共合作史》

在中国现代史上，共产党与国民党有过两次合作。

第一次国共两党合作的时间为 1924 年 1 月至 1927 年 7 月。其时，孙中山领导下的国民党有意结束军阀混战局面，想通过与共产党合作取得共产国际及苏联的支持。1924 年 1 月 20 日至 30 日，在共产国际和中国共产党的帮助下，孙中山于广州召开国民党第一次全国代表大会，重新解释"三民主义"，确定"联俄、联共、扶助农工"的三大政策。共产党员李大钊、谭平山、毛泽东、林祖涵、瞿秋白等十人当选为国民党中央执行委员或候补执行委员，约占委员总数的四分之一，这标志着第一次国共合作的实现。

这次合作取得较好效果，基本推翻北洋军阀的统治，共产党开始掌握部分革命武装，并在群众中扩大了影响。但孙中山逝世后，国共合作产生越来越大的裂痕。1927 年，国民党宣布与共产党决裂，蒋介石和汪精卫分别于 4 月和 7 月发动四一二反革命政变和七一五反革命政变，致使第一次国共合作破裂。

第二次国共合作的时间为 1937 年 9 月至 1946 年 6 月。九一八事变后，日寇的侵略使中华民族处于生死存亡的关头，共产党呼吁团结一切可以团结的力量抗日救国。西安事变后，中共派周恩来等人前往西安，经多轮艰苦谈判，蒋介石终于在 1937 年 9 月 23 日承认共产党及其领导的人民军队和革命根据地的合法地位，以国共合作为主体的抗日民族统一战线正式建立，国共两党实现第二次合作。在两党合作中，国民党不断对共产党及其军队进行防范和遏制，先后掀起三次反共高潮。1946 年 6 月，国民党发动全面内战，导致第二次国共合作结束。

此书详细叙述两次国共合作的由来和过程，对其中的重要事件，如北伐战争及大革命"攘外必先安内"的逆流、苏维埃政权的出现、自相残杀的"围剿"与反"围剿"、"中国人不打中国人"口号的提出与抗日民族统一战线的事理根据、西安事变的历史转折，以及抗战进入相持阶段后抗日民族统一战线遇到的困难等，均作了较为清晰的介绍。作者在后记中说，他写此书从毛泽东的《论新民主主义》中受到许多启发，可见中国共产党当时应对日寇侵略及抗战建国的主张，颇得人心。

32 开本，12.8cm×18cm

毛泽东著，联合画报社1940年1月印行。扉页1页，目次1页，正文及附记共62页，版权页1页。

《新民主主义论》

抗战全面爆发后，为建立和巩固抗日民族统一战线，国共两党进行第二次合作。但伴随中国共产党政治影响力的提升、八路军和新四军的日益壮大，国民党内的顽固派在军事上时常制造反共摩擦。面对如此形势，毛泽东于1940年1月9日在陕甘宁边区文化协会第一次代表大会上，发表题为《新民主主义的政治与新民主主义的文化》的长篇演讲。

该演讲分15个部分，对新民主主义经济、政治、文化作深入剖析。政治方面，在国体上实行各革命阶级联合专政，在政体上实行民主集中制。将马克思主义与中国革命具体实践经验相结合，逐步形成新民主主义革命理论。经济方面，提出"耕者有其田""节制资本""平均地权"等思路，在当时民族危机深重的情势下最大化地团结有生力量，调整抗战时期最需要的内部经济关系，为民族独立之主权奠定基础。文化方面，提出中国共产党要领导革命取

得胜利,一定要不断加强党的思想建设、作风建设和组织建设,始终把思想建设摆在首位,克服党内的非无产阶级思想。

《新民主主义论》是毛泽东思想成熟的标志。它解决了两个革命阶段的衔接即如何"两步走"的问题,解决了落后的旧中国跨越资本主义阶段的难题,为社会主义初级阶段理论提供了理论来源和实践经验。当时的晋察冀日报社社长邓拓曾写《读毛主席〈新民主主义论〉》一诗,来形容这本光辉著作:

> 万水千山只等闲,长城绕指到眉端。
> 阵图开处无强敌,翰墨拈来尽巨观。
> 风雨关河方板荡,运筹帷幄忘屯艰。
> 苍龙可缚缨在手,且上群峰绝顶看!

该演讲的原标题为《新民主主义的政治与新民主主义的文化》,最早于1940年2月15日发表于延安出版的《中国文化》创刊号上;同年2月20日,《解放》第98、99期合刊登载时,题目改为简称《新民主主义论》。联合画报社1940年1月印行的是最早的单行本,此外还有多种版本。

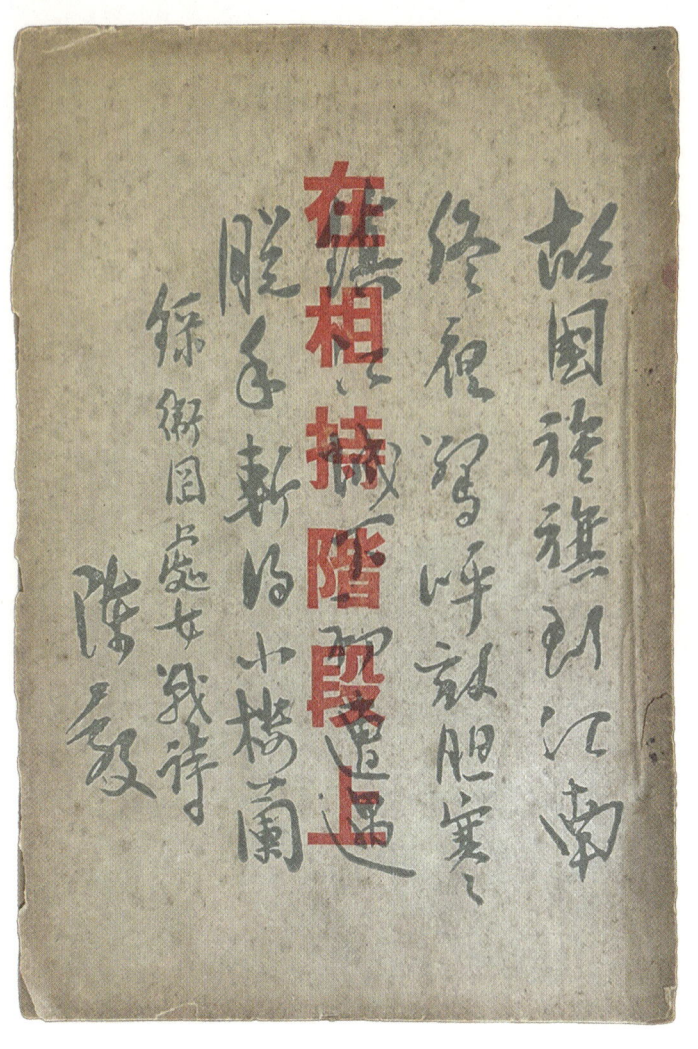

32 开本，12.7cm×18.2cm

穹社 1940 年 1 月 25 日出版。目录 1 页，版权页 1 页，正文 158 页。

《在相持阶段上》

此书为多人文章的合集，主要收有洛甫（张闻天）的《拥护真三民主义反对假三民主义》、毛泽东的《用国法制裁反动份子》、陈昌浩的《粉碎日寇的诱降政策》、王梓木的《在相持的阶段上》、华西园的《论敌我战略战术的演变》、陈毅的《茅山一年》、袁国平的《论江南伪军工作》、蔡前的《敌军的厌战反战情绪与目前对敌军的宣传工作》、林朗和王韬的《在战斗中底冀中抗战堡垒》、史乃展的《中国宪政运动之史的发展》等。书前第一篇文章为美国共产党总书记艾尔·白劳德的《论最近国际局势》的译文。

此书作者多为中国共产党及八路军、新四军中的重要成员，张闻天、毛泽东、陈毅等自不必说，王梓木 1936 年任中共北方局联络局情报部部长、1938 年在武汉八路军办事处工作、1939 年到重庆随周恩来工作，袁国平为抗战时新四军政治部主任。

此书封面以陈毅手书的一首抗战诗衬底，别有特色。其诗为："故国旌旗到江南，终夜惊呼敌胆寒。镇江城下初遭遇，脱手斩得小楼兰。"

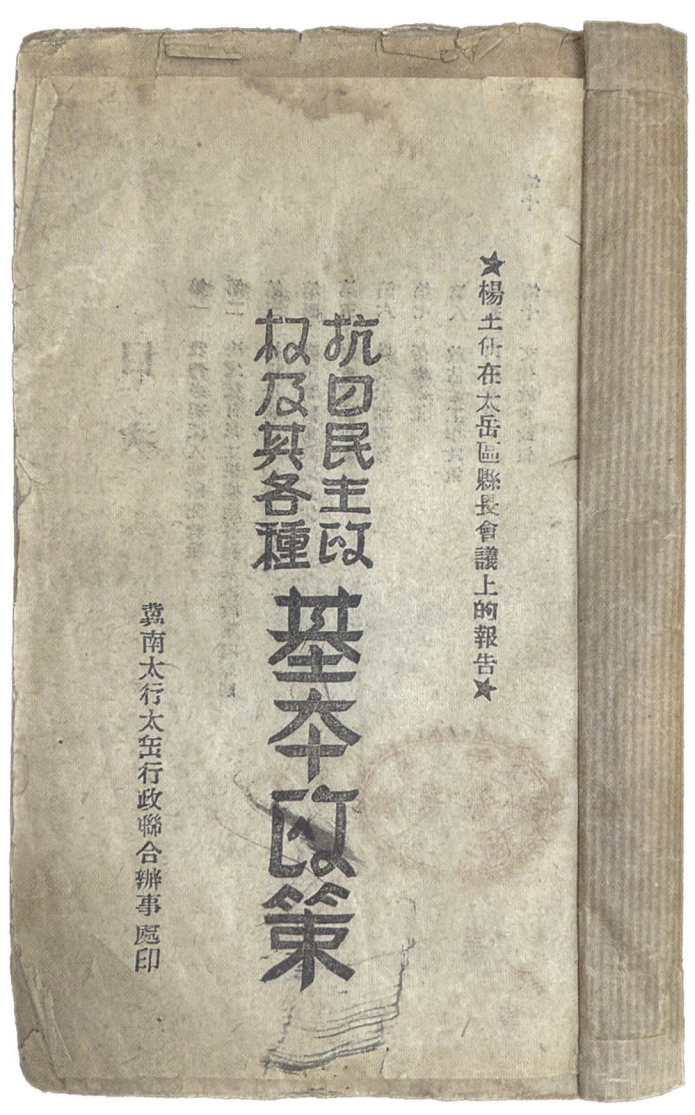

32 开本，13cm×19cm

冀南太行太岳行政联合办事处1941年印行。扉页1页，目次1页，正文74页。

《抗日民主政权及其各种基本政策》

  此书谈论如何建设抗日根据地民主政权的相关问题，主要议题有："我们必须深入的研究政策""决定抗日民主根据地各种基本政策的原则""抗日民主政权的民主制度""战争动员与武装政策""财政经济政策""农民土地政策""劳动政策""文化教育政策""内务政策""敌占区工作政策"。

  此书内容原为山西太行太岳抗日根据地的某杨姓领导在太岳区县长会议上的报告，指出在抗战进入相持阶段后，根据地进入市场逐步稳定、生活相对安定的短暂发展时期，应加快细化政策条款，通过落实各项具体政策，解除民众痛苦，照顾各阶层利益，从而获得民心。由此关于基层工作报告的小册子，可见共产党夺取政权绝非偶然，而是有着广泛的群众根基和民意基础。

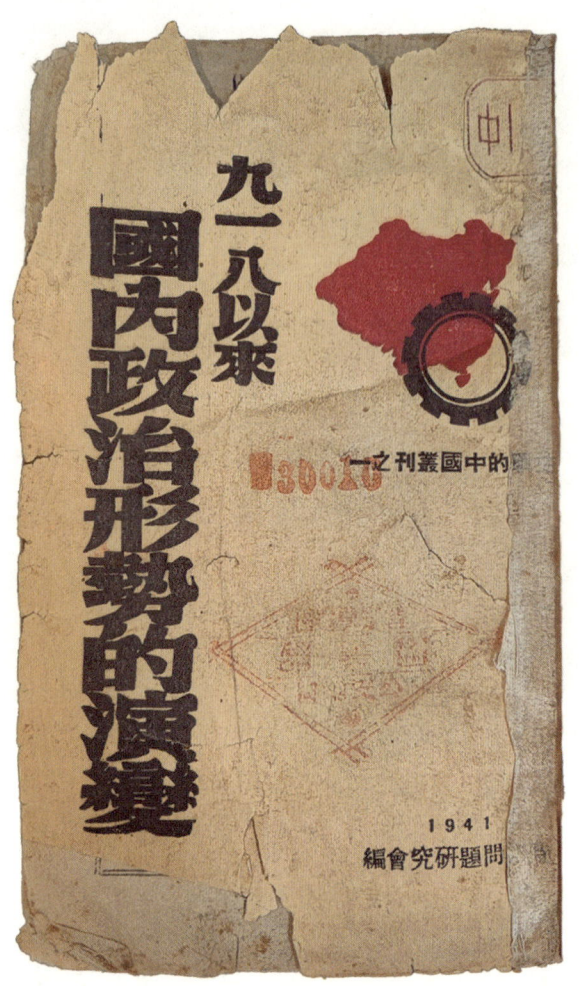

32 开本，12.5cm×19cm

时事问题研究会编著，抗战书店 1941 年 2 月出版。扉页 1 页，版权页 1 页，例言 1 页，目录 23 页，正文 470 页。

《九一八以来国内政治形势的演变》

　　此书共分三编。第一编为"从九一八事变到国内和平建立"，指出日本侵占东北实际是 1929 年世界性经济危机爆发后，帝国主义进入重新瓜分世界的新周期，而蒋介石的不抵抗政策不仅难以平民心，连国民党内部都有不少反对的声音；共产党坚持抗日的积极态度和民间抗日力量的此伏彼起，特别是共产党提出抗日民族统一战线方针及西安事变的发生，才促成国共合作，让人们看到国内不同武装力量一致对外的希望。第二编为"从七七抗战到武汉失守"，写中国在抗战血与火的洗礼中终于高举起抗日的旗帜，尽管连续遭遇南京沦陷和武汉失守，但中国明确了打持久战及其三个阶段的对策，使抗战渐次步入相持阶段。第三编为"从武汉失守到抗战三周年"，指出国民党内投降派的活动成为抗战的最大危机，而"日汪协定"的暴露和汪伪政府在南京的粉墨登场，更给抗战蒙上阴影，幸赖共产党为纪念抗战三周年发表对时局的宣言，国民党内一批爱国志士主张绝不屈服，抗战到底的信念终得确立。

　　此书只写到 1940 年，在展示历史潮流滚滚向前的大的态势下，也描述了九一八事变后国内抗战形势波谲云诡的变化，叙述了各派政治力量相互牵制的复杂关系，并没有把历史简单化。

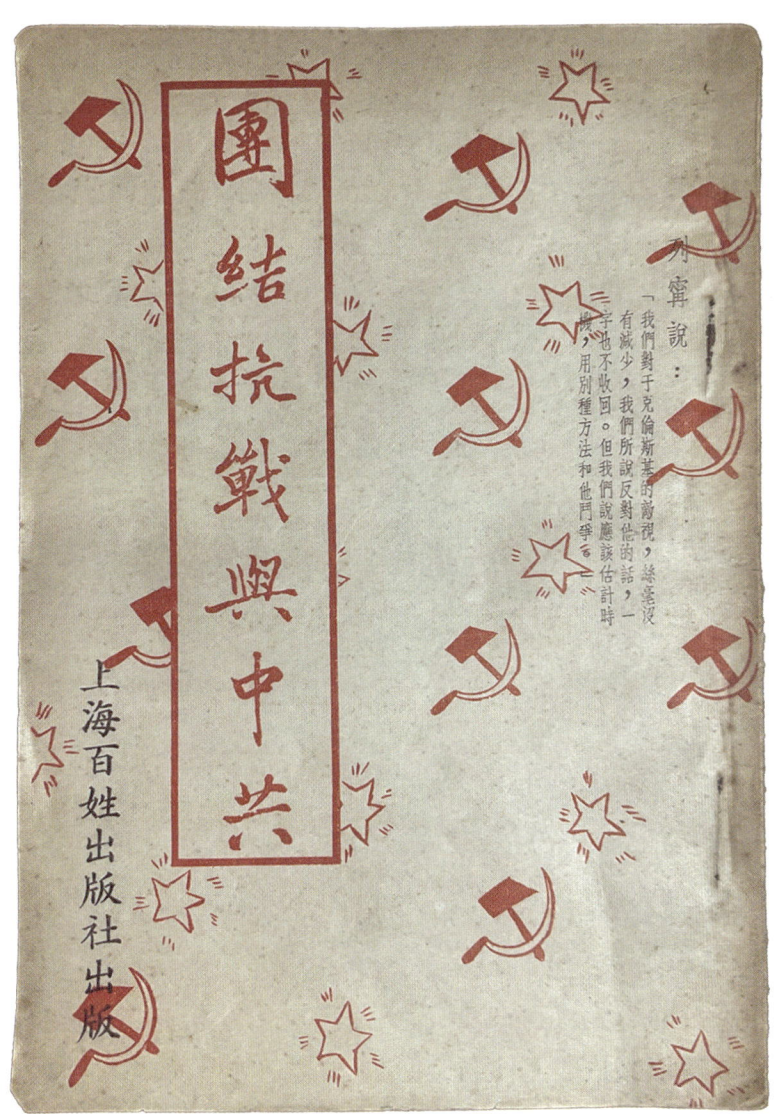

32 开本，13cm×18.7cm

钟拱著，百姓出版社1941年3月出版。目录2页，正文50页，版权页1页。

《团结抗战与中共》

此书开篇即说："中国共产党于廿六年九月廿二日发表划时代之宣言，向全国同胞郑重声明，改编红军，取消苏区，放弃赤化政策与暴动手段，并承认三民主义为今日中国所必需，愿为其澈底实现而努力，纠葛达十余年之中国共产党问题，至是告一结束；国人所朝夕祈求之全国统一局面，至是亦告完成，外御敌寇，以雪宿仇；内则上下一心，精诚团结，是故抗战以来，民心欢腾，士气焕发，良有以也。"

此书对中共之中国社会观和中国革命观、团结抗战与中共策略，均作了较为冷静客观的介绍和分析，重点强调了抗日民族统一战线的意义、内容、目的及实际运用等，抗日民族统一战线之宣传和组织工作展开，持久战与统一战线的关系，等等。此书对于当时的人了解中国共产党及其抗日民族统一战线政策，有一定价值和意义。

大 32 开本，14.5cm × 20.8cm

中共中央书记处编，光明书店 1946 年 8 月翻印。扉页 1 页，目录 5 页，正文 319 页。

《抗战以来重要文件汇集》

  此书是中国共产党自七七事变全民族抗战爆发后，所发表的重要文件的汇编，共计 67 件，时间段为 1937 年 7 月 8 日至 1942 年 7 月 7 日。其主要文件有：《中共中央为日军进攻卢沟桥通电》（1937 年 7 月 8 日）、《中共中央为公布国共合作宣言》（1937 年 7 月 15 日）、《中央关于目前形势与党的任务的决定》（1937 年 8 月 25 日，洛川会议）、《中共中央对国民党临时全国代表大会的提议》（1938 年 3 月 1 日）、《中国共产党在民族战争中的地位》（1938 年 11 月，毛泽东同志六中全会报告）、《朱彭总副司令等通电全国反对枪口对内进攻边区》（1939 年 12 月 25 日）、《八路军新四军讨汪救国通电》（1940 年 3 月 15 日）、《中共中央革命军事委员会为皖南事变发表命令与谈话》（1941 年 1 月 20 日）、《陕甘宁边区施政纲领》（1941 年 5 月 1 日）、《中央关于太平洋反日统一战线的指示》（1941 年 12 月 9 日）、《中国共产党中央委员会为七七抗战五周年纪念宣言》（1942 年 7 月 7 日）。

  这些文件，充分反映中国共产党在抗日战争中的坚定政治立场，尤其是对汪伪投降卖国、国民党阴谋歼灭新四军等错误予以坚决批判与抵制，是了解抗战的重要史料。

六

前赴后继

战时中国军事

32 开本，12cm×16.6cm

唐崇慈著，中山文化教育馆1938年4月渝版。扉页1页，版权页1页，抗战丛刊缘起4页，自序2页，目录2页，正文39页。

《抗战中的征兵问题》

全面抗战在异常艰苦卓绝的历程中展开，作者开篇即说："我们因为各种武器赶不上敌人，又在我国的领土内作战，自然免不了重大的牺牲；尤其是在敌军占领的区域内，那些无辜平民横遭屠杀与蹂躏，那种种悲凉凄惨的苦况，真是罄笔难书。顾虽如是，我们不但不向敌人'屈膝'，反而增强抗战的力量，与同仇的情绪，处处予倭寇以奇重的打击。"作这样一个壮烈的抗战，必须动员全国人民踊跃参军，才能获得最终的胜利。

此书共八节：一是"抗战中征兵的重要"，二是"列强的兵制"，三是"我们历代的兵制"，四是"我们现行的兵役法"，五是"关于征兵的困难问题"，六是"纠正上述困难的几点建议"，七是"征兵与民众武装的联系"，八是"我国惟一的出路"。作者通过对上述问题的阐释，号召广大青年摈弃"好铁不打钉，好男不当兵"的陈旧观念，说明"应征当兵是很光荣的事，执枪卫国是很悲壮的事，奋勇杀敌更是很痛快的事"。

该书是中山文化教育馆编印的"抗战丛刊"第22种，丛刊规模于此可见一斑。

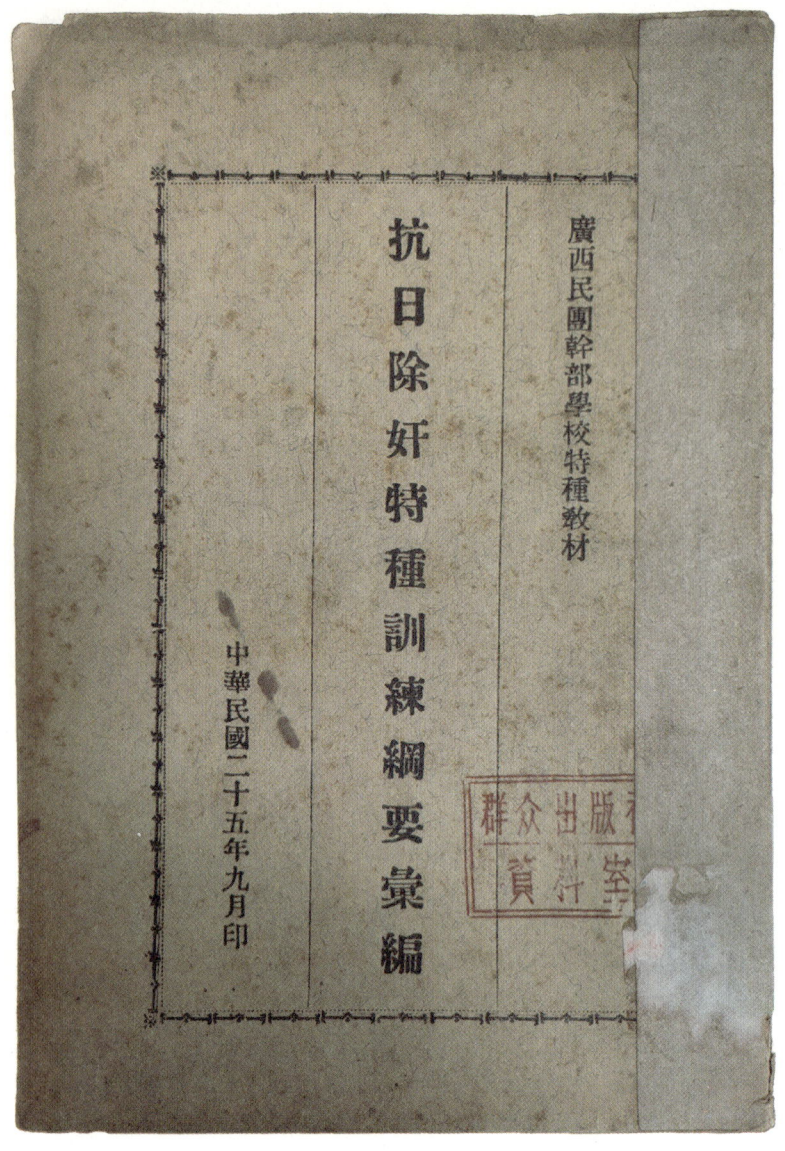

32 开本，12.8cm×18.8cm

广西民团干部学校特种教材，1936年9月印行。扉页1页，目录2页，正文142页。

《抗日除奸特种训练纲要汇编》

此书共分八个部分：一是"基本认识"，包括抗日民族统一战线讲授大纲、内战与外战、焦土抗战之理论与行动；二是"思想战术讲义"；三是"政治侦探术纲要"；四是"战地工作纲要"；五是"现阶段民众运动的理论与实际"；六是"革命的现阶段与救国联合战线之建立大纲"；七是"战时各村镇人口统计办法大纲"；八是"战时各乡村粮食统制办法大纲"。书中针对国民党在九一八事变后消极抗日，特别是国民党中一些胆小怕事的软骨头附逆日寇，自觉或不自觉成为日寇眼线和奸细的人愤怒谴责，并从各个方面详细介绍防范与铲除奸细的对策和办法。

此书为广西民团干部学校特种教材，系自行印刷品，至今已较为罕见。

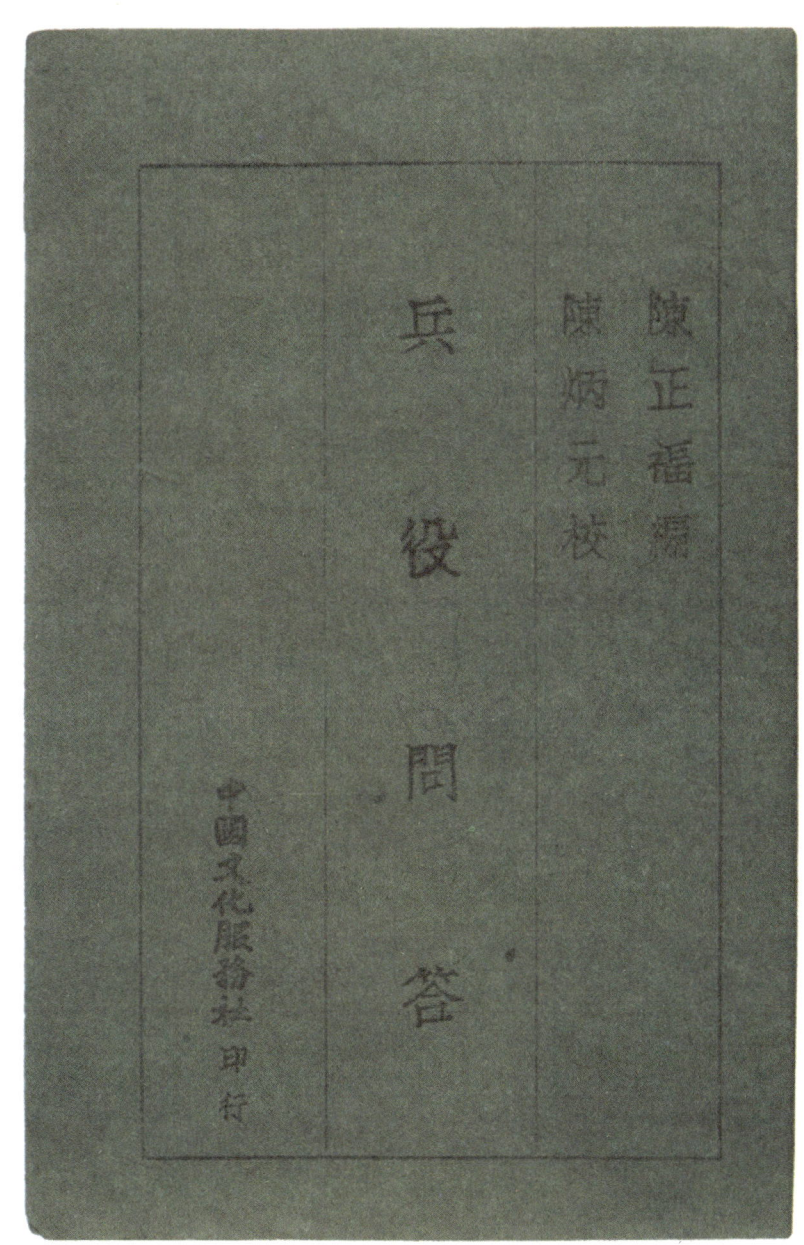

32 开本，12.7cm×18.3cm

陈正福编，陈炳元校，中国文化服务社（重庆）1940年7月初版，目录2页，正文120页。

《兵役问答》

　　整个抗战过程中，需要不断补充大量兵源，因此国民政府军事委员会专设兵役署，掌理全国兵役工作。这本《兵役问答》即当时兵役署工作人员编写，它采用问答的方式，相当详细地解说了义务当兵的各种问题。全书分上、中、下三编：上编为总则，着重介绍《兵役法》及《兵役法施行暂行条例》的内容；中编谈国民兵役的具体事项，主要为甄选、组织、管理、教育、名册、经费等；下编系附则，说明改善新兵待遇、优抚抗敌军人家属办法及《违反兵役法治罪条例》等。

第八路军红军时代的史实

二五千里长征记

从江西到陕北

朱笠夫 编著

32 开本，13cm×18.4cm

朱笠夫编著，抗战出版社1937 年 11 月再版。扉页1 页，照片 4 页，目录 4 页，正文 83 页，版权页 1 页。

《从江西到陕北——二万五千里长征记》

  此书封面标题之上有一排小字："第八路军红军时代的史实"。红军作为八路军的前身，是中国共产党领导的革命武装，1928 年 5 月正式命名，1930 年后又逐渐改称中国工农红军。在国共内战时期，中国工农红军不断发展壮大，先后组成第一方面军、第四方面军、第二方面军和西北红军等部队，建立大批革命根据地。1934 年 10 月第五次反"围剿"失败后，红军主力被迫退出中央根据地，实行战略性转移，进行艰苦卓绝的长征。

  该书分六章，记述红军主力从 1927 年产生到 1937 年改编为八路军的整个过程，尤其是进行二万五千里长征的过程。第一章为"红军大会合"，讲述各路红军的产生及毛泽东、朱德的部队在井冈山会师的经过；第二章为"艰苦而壮大的道路"，讲述红军如何在赣南杀出血路，以及朱毛部队在瑞金的情况；第三章为"围剿之突破与长征之准备"，讲述红军五次被"围剿"及反"围剿"，以及准备进行长征的事实；第四章为"二万五千里长征纪程"，讲述 1934 年之夏红军突破"围剿"防线西进，逼进湘鄂边界，偷渡乌江，巧渡金沙江，强渡大渡河，到毛尔盖，直至陕北大汇合的过程；第五章为"抢桥"，主要讲述夺取泸定桥等惊险之战；第六章为"长征闲话"，记述长征中的一些小故事。

  长征是人类历史上的伟大奇迹，英勇的红军将士同敌人进行了 600 余次战役战斗，跨越近百条江河，攀越 40 余座高山险峰。红一方面军于 1935 年 10 月到达陕北革命根据地，与陕北红军胜利会师。1936 年 10 月，红二、红四方面军到达甘肃会宁地区，同红一方面军会师。红军三大主力会师，标志着万里长征的胜利结束。书的最后附《红军第一军团西引中经过地点及里程一览表》。

32 开本，11.6cm×17.5cm

刘晓桑著，商务印书馆（长沙）1940年10月初版。扉页1页，自序7页，目次4页，正文及附录共118页。

《中国国民兵役史略》

抗战军兴，中国要以源源不断的大量兵员来救亡图存。而大规模兵员的征集必须实行征兵制，不能实行募兵制，这是显而易见的道理。因此，1933年6月17日国民政府颁布《兵役法》(1936年3月1日起实行)，规定年满18岁至45岁的男子皆有服兵役之义务。可是，由于以往多实行募兵制，征兵制推行之初颇为困难。正如书中引言所说："国人犹有骇然而惊者，以为从来所无之事而遽有之，以为模仿外国而不得一当。"然而，事实远非如此。作者"于是发愤为《中国国民兵役史略》，将以遍告我五万万同胞，俾知所返焉"。

抱着这样的目的，此书概述中国从黄帝时代起至清末数千年间兵役制度的沿革和演变，说明征兵制的优长、募兵制的弊端。作者最后说："国人读吾书既竟，其必憬然有悟，不复骇然而惊；则今后当如何恪遵法令，践履兵役，以制敌一时，而开利万世者，其毋更俟乎晓晓也矣。"此书所写虽为中国古代兵役史，其意实在借古鉴今，动员国民积极履行义务兵役，投身抗战，打败日本侵略者。

此书封面，画面与主题甚洽，木刻黑白对比强烈且刀法粗犷简约，富有感染力，在商务印书馆所出图书中可谓别具风貌。

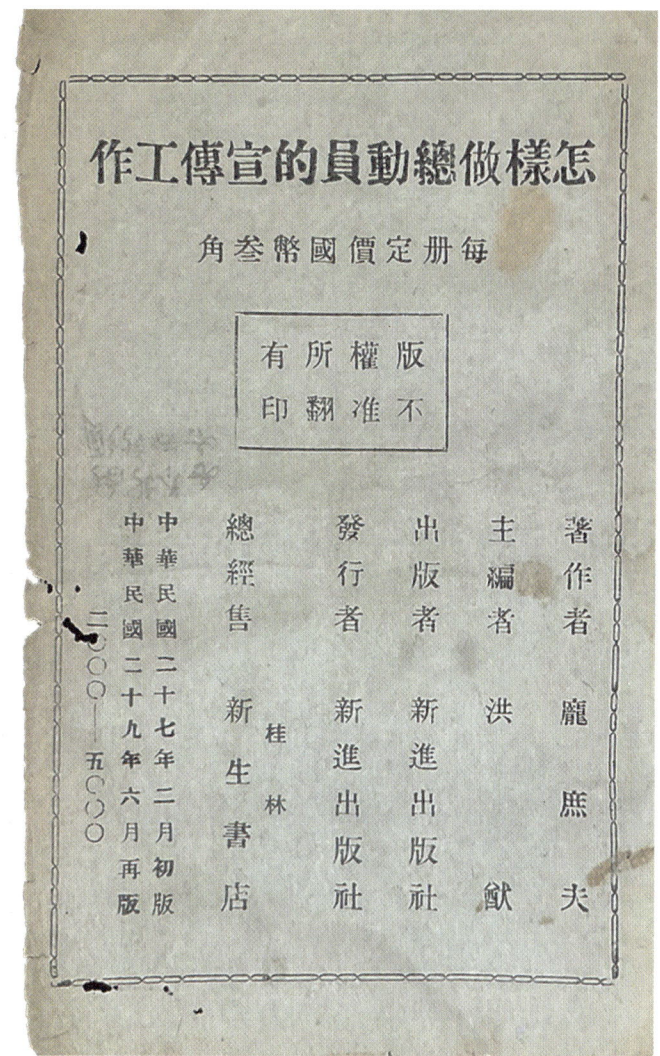

32开本，12.5cm×18.3cm

庞庶夫著，新进出版社1938年2月初版，1940年6月再版。扉页1页，自序2页，目次2页，正文56页，版权页1页。

《怎样做总动员的宣传工作》

此书从七个方面讲述如何动员民众参加抗战：一是"总动员抗战的必要"，二是"总动员宣传的意义"，三是"总动员宣传的范围"，四是"总动员宣传的组织"，五是"总动员宣传的内容"，六是"总动员人员主观上必备的条件"，七是"总动员的宣传技术"。书中对第七方面阐发得尤为详细，包括宣传技术的重要性、各种宣传技术的修养与应用等，涉及怎样演讲、怎样做谈话式的宣传、怎样做家庭访问式的宣传、怎样喊口号、怎样办壁报、怎样起草宣言和宣传大纲、怎样起草传单、怎样办小型刊物和小册子、怎样做歌咏宣传、怎样做图画宣传、怎样做戏曲宣传等。

作者在自序中说："目前紧迫的任务，应该是进行广泛的深入的宣传，不放松一刻工夫一个机会去宣传民众，使全中国人民皆有普遍的高度的抗日救国的政治觉醒，而自动地起来参加抗战。"他写这本小册子，就是为了给全民抗战动员工作做个参考。

六 前赴后继：战时中国军事

野戰築城

（參攷材料）

冀中軍區軍政幹部學校印

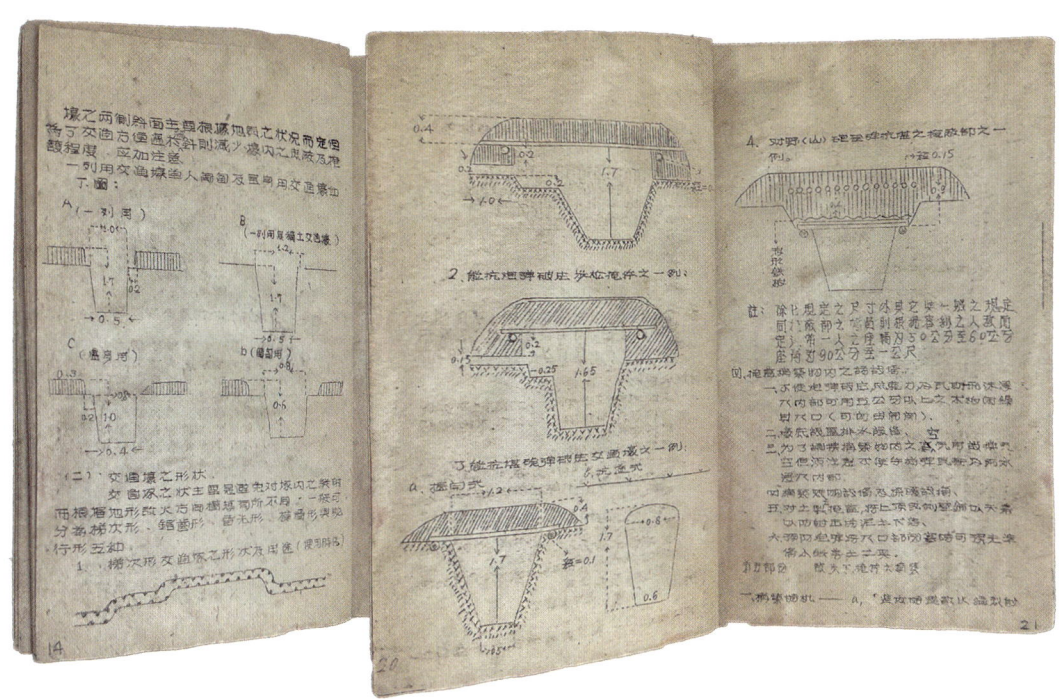

32 开本，13.4cm×19cm

冀中军区军政干部学校编印，出版时间不详。正文29页。

《野战筑城》

  此书是冀中军区军政干部学校印行的教学参考材料，主要用于指导野外作战时如何根据地形和地貌构筑不同类型的战壕、交通沟、地堡，如何构筑隐蔽坑道及指挥所，等等。书中所谈内容，皆比较具体细致，如单身沟壕匍匐用需要多宽多深、屈身用需要多宽多深等，每一种皆画出剖面图，并标明尺寸。交通沟壕分梯次形、锯齿形、电光形、横墙形等多种类型，每一种各是什么形状、什么时机使用，如何使用有利于互相配合防守、击溃敌人等，也都以图例展示，并加文字说明。对于上面增加防护掩体的交通战壕，上面的防护掩体怎么构筑、用什么材料、需要多少厚度、可以抵御什么样的炮弹等，均分类逐条予以图示讲解。

  该书是以铁笔手工在钢板上写字与绘图，然后用油墨手工印制而成，属于油印本。保存至今，相当不易。

(VI) 每日譯報叢書

中國的游擊隊

譯報社發行

32 开本，13cm×18.6cm

每日译报社编辑部编，英商每日译报社图书部 1938 年 9 月 21 日初版。扉页 1 页，目次 2 页，正文及附录共 80 页，版权页 1 页。

《中国的游击队》

  此书主体部分由十篇文章组成，全部为西方观察团成员及战地记者采写：Bulletin·Kurt Offenbury 的《中国的农民红军》、A.Smedley 的《八路军在西北前线》、Tang Shin she 的《满洲的游击运动》、Zarubejom·Fiodorov 的《满洲的游击队》《山西的游击运动》、V.Rogov 的《河北省的游击队》《平郊的中国人民讨日正义军》《鲁北的游击队》、Krasnaya Zvezda·Rogov 的《郑州的游击训练》、James Klugmann 的《中国的学生游击队》。书后有附录一篇，为朱德的《八路军半年来抗战的经验与教训》。

  作为主要由西方观察团成员采写的考察中国抗战的著述，其中有许多独到的视角和看法。如《中国的农民红军》开篇写道："中国目前的战争，使边区占着显著的地位，与过去的十年大不相同。在本国报纸的评论中，旧日的'盗匪'已成为今日的英雄。消息传给我们说：中国的共产军队已与南京政府合作，共同抵抗日军了。而南京政府也允许共产党在将来的全国选举中，可以有选举代表的权利。……但是假使我们观察到中国的新的联合，我们可以发现这些基本的事实，即蒋介石，或是南京政府，差不多有十年光景指挥所谓围剿共匪的战役。同时在甘肃、陕西和宁夏的共产军队也抵抗了一切对方的进攻。而现在南京政府在围剿了红军差不多十年以后的现在，居然又和他们联合起来了。"

  这里所说，实际上就是中国共产党所推动的抗日民族统一战线，既改变了中国国内的政治形势，更极大地增强了中国抗日的力量，为中国人民最终夺得抗战胜利奠定了基础。

32 开本，12.5cm×18cm

逸云编著，国华出版社1938年3月出版。扉页1页，版权页1页，目录2页，正文96页。

《游击战争的经验与教训》

  此书共两编：第一编为"游击战争的基本问题"，包括游击战争的基本条件、基本原则、基本战术；第二编为"游击战争的经验与教训"，包括南方三年游击战争的经验与教训、山西游击战争的经验与教训、正太路游击战争的经验与教训、河北游击战争的经验与教训。

  该书作者着重指出：游击战争是政治力量与军事力量配合的一种战术，同时游击战争必须有牢固的群众基础。民众的同情、拥护和参战，才能使游击队如鱼得水，得到政治的掩护，才能使游击队充分运用"化零为整""化整为零""退隐近袭"，进入神化莫测的境地，而使敌人一直到失败为止，始终昏惘于雾里云中。这些论述，颇得游击战精髓。

32 开本,12.5cm×16.7cm

田影编著,自强出版社(汉口)1938年3月出版。扉页1页,版权页1页,目次2页,正文106页。

《活跃的新西北》

此书所说"新西北",实际就是陕甘宁边区。1935年10月,中央红军主力经过长征到达陕北后,建立中华苏维埃共和国临时中央政府西北办事处,使陕北成为革命根据地的中心区域。1937年9月6日,根据国共两党关于国共合作的协议,中共中央决定将陕北苏维埃革命根据地改名为陕甘宁边区,并成立边区政府,林伯渠任主席。边区辖23个县,人口约150万,首府为延安。抗日战争时期,陕甘宁边区是中共中央和中央军委所在地,是敌后抗日战争的政治指导中心和敌后抗日根据地的总后方。

此书就是从多方面反映陕甘宁边区情况的著述,共由九篇文章汇集而成,包括《西安事变后的陕北》《陕北的种种》《陕北的抗战动员》《在延安》《和平,民主,抗战》《西北特区和红军》《陕北的工业》《文艺在陕北》《关于抗日大学》。陕甘宁边区或曰新西北,在当时是带有神秘色彩的新鲜事物,此书的编印既是对共产党革命根据地及敌后抗日斗争的宣传,也满足了读者了解新生事物的需要。

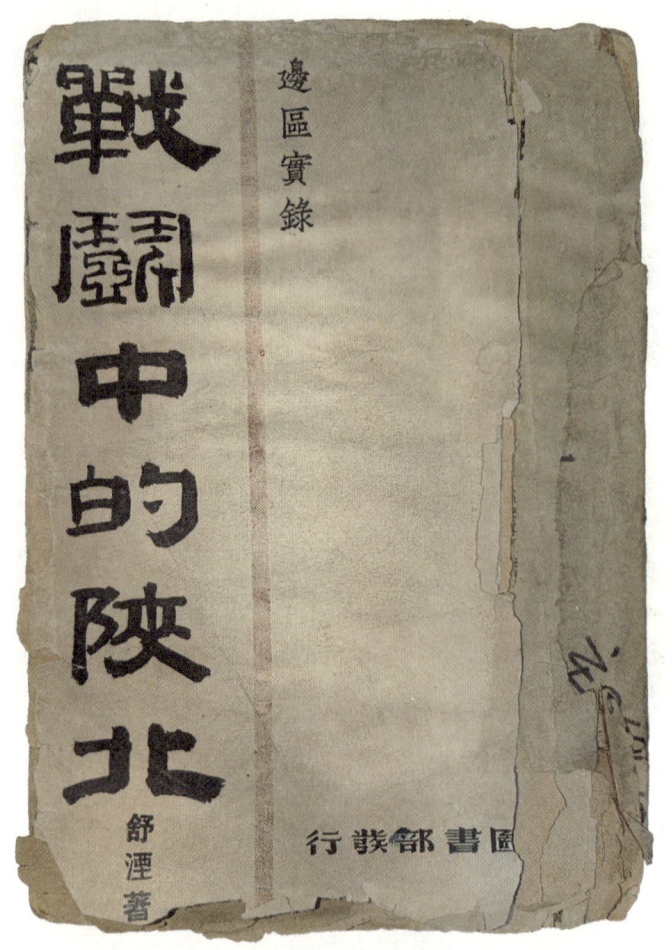

32 开本，12.5cm×18cm

舒湮著，文缘出版社 1939 年 3 月 31 日初版。扉页 1 页，目录 2 页，序 5 页，插图说明 2 页，正文及附录共 144 页。

《战斗中的陕北》

  此书作者舒湮（1914—1999），原名冒效庸，江苏如皋人，明末四大公子冒辟疆之后，1934 年毕业于上海国立暨南大学政治经济系，曾任上海《晨报·每日电影》编辑。红军长征到达陕北后，他受邹韬奋委托赴延安采访，写出此书等报道共产党与红军高级将领的著述，被誉为"中国斯诺"。他还在上海从事敌后戏剧运动，创作了不少剧本，著名者有《精忠报国》《董小宛》等。

  此书包括"政制的轮廓""锐进的民政""困境中的财政""国防教育""陕北公学""抗大""经济建设的现况""新经济建设计划""司法制度""民众运动的特质与任务""民众团体的组织""民众动员技术问题""一般文化的建设""朱德与第八路军""夜访毛泽东"等部分，较为全面地介绍了抗战时期陕甘宁边区的情况。书末附有游记《延安行》。

  书中的许多记述非常具体，留下了难得的史料。如介绍当时延安公职人员的分配制度："一般工作人员的粮食是每人日发小米一斤四两，每天菜钱分派方法是：（一）机关普通是三分钱；（二）延安边区政府是四分钱；（三）武装队伍是五分钱；（四）陕公抗大是七分钱；（五）医院是一角。"这样的记叙，对我们今天了解延安当时的历史很有帮助。

32 开本，12.8cm×18.6cm

作者不详，独立出版社1938年12月出版。此书为"战时综合"丛书第二辑中的一本，例言2页，目次2页，正文66页。

《第二期抗战歼寇录》

此书开篇对"第二期抗战"进行界定："南京弃守后，敌人便开始第二期进攻，一面分路进占杭州，图窥赣境，犯我江南腹地；一面渡江北上，由淮南方面沿运河两岸及津浦线北进；同时又以海军威胁华南。……我军为握着敌军深入腹地的好机，即充分运用新战略，予敌人以极大挫折。"可见这里的"第二期抗战"，就是指1937年底南京失守，国民政府临时迁址武汉后的抗战。该书印行于1938年底，因此此书记述的实际就是1938年的抗日歼敌战况。

全书分五辑：第一辑为"东战场"，主要包括江南抗战军事、杭富前线、钱江两岸、淮南江北的战事；第二辑为"北战场"，主要包括苏鲁边的烽火、台儿庄大战、陇海东线新姿态、罗王砦血战等；第三辑为"西战场"，主要包括从豫北归来、绥西蒙旗转战经过、晋察冀战区巡视记等；第四辑为"南战场"，主要包括怒轰南海记、厦战目击记等内容；第五辑为"游击队歼敌记"，主要包括江南游击队歼敌记、山东游击战四处出击、沪杭线上游击战、平原游击战、华北没有亡等内容。

写在此书前面的"战时综合"丛书第二辑例言说："本丛书编辑主旨，在阐扬抗战建国理论，研究战时实际问题，激发民族独立精神，并供从事训练及宣传工作人员之参考。"

32 开本，12.1cm×16.9cm

[美]A.斯沫特莱著，吴哲非译，言行出版社 1939 年 4 月初版。扉页 1 页，版权页 1 页，正文 80 页，版画插图 7 幅。

《在游击队中》

作者 A. 斯沫特莱（1892 — 1950），即 A. 史沫特莱，美国著名记者、作家。她于 1928 年底以德国《法兰克福日报》特派记者的身份来到中国；1937 年到延安访问中共领导人；1938 年以英国《曼彻斯特卫报》记者身份，随八路军、新四军转战各地，写了许多著名的战地通讯，报道中国人民的革命斗争；1950 年 5 月 6 日因胃溃疡手术逝世。根据其遗嘱，骨灰被运回中国，安葬于八宝山革命公墓。主要著作有自传体小说《大地的女儿》《中国人民的命运》《中国红军在前进》《中国在反击》《中国的战歌》等。

七七事变后，全民族抗战开始，红军主力改编为八路军，开赴华北前线抗击日本侵略者。

保衛大西北　　馬達作
Defending the North Western front　　T. Ma

夜行軍
Marching in the night

誓死捍衛我們的國土　　建菴作
Fight to protect our land.　　C. Y.

  A.斯沫特莱获准跟随八路军部队上前线，成为八路军中第一个随军外国记者。1938年，A.斯沫特莱在美国出版《中国在反击》一书，此书以日记的形式，记载她1937年8月19日从延安出发，到1938年1月9日到达汉口，跟随八路军在山西前线进行采访的整个过程，客观叙述她的见闻和经历，成为外国人记载中国共产党武装抗战的一部难得的历史著作。《在游击队中》是《中国在反击》部分内容的节选，主要叙述八路军在太行山脉艰苦战斗的过程和经历。

  A.斯沫特莱的书在当时的中国影响较大，其《中国红军在前进》《中国在反击》等著述有多种译本。《人民的军队》一书也是节选自《中国在反击》，内容与《在游击队中》一样，主要记叙八路军在太行山艰苦作战和发展的情形。

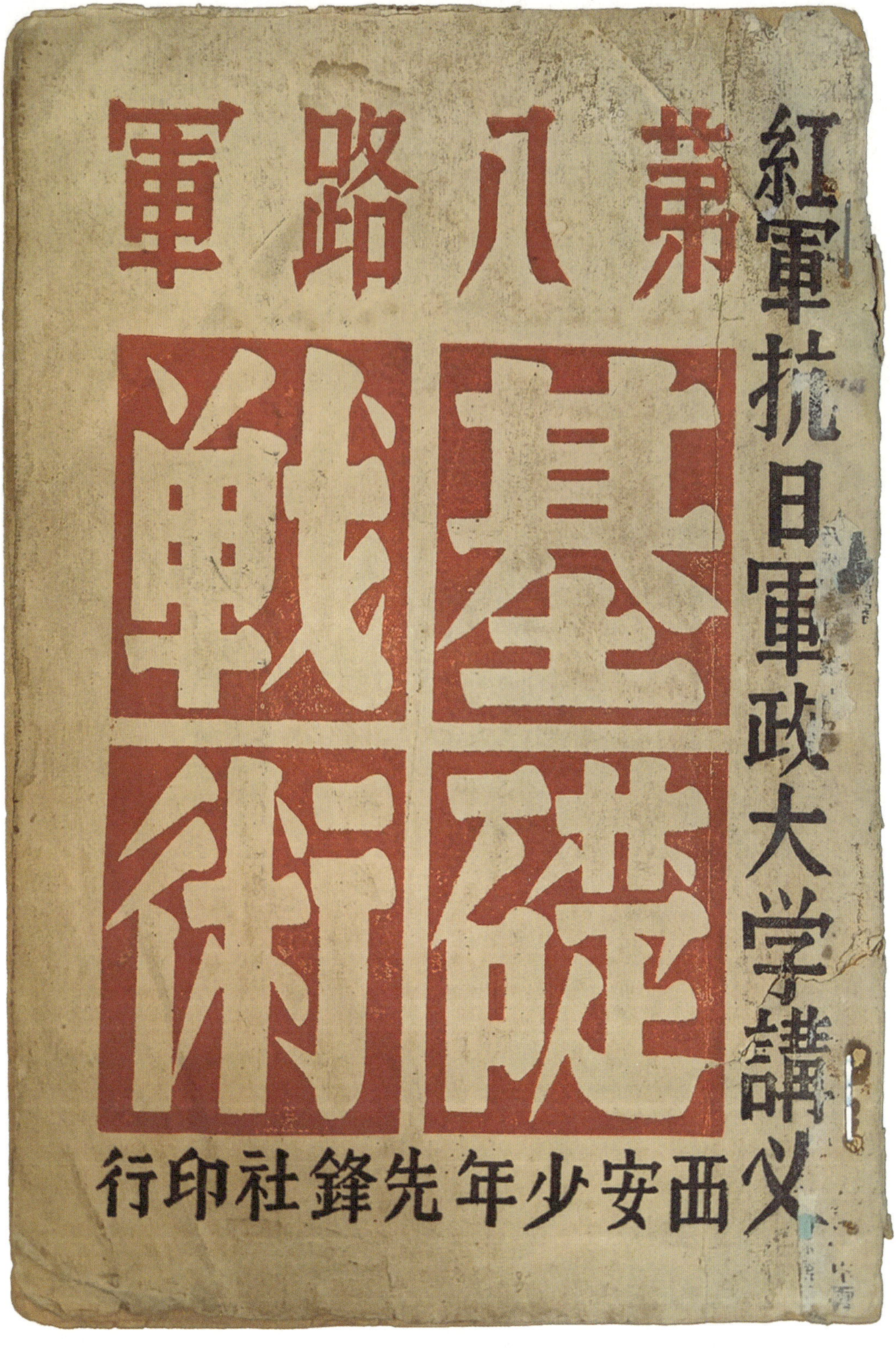

第八路軍戰基礎術

紅軍抗日軍政大學講義

西安少年先鋒社印行

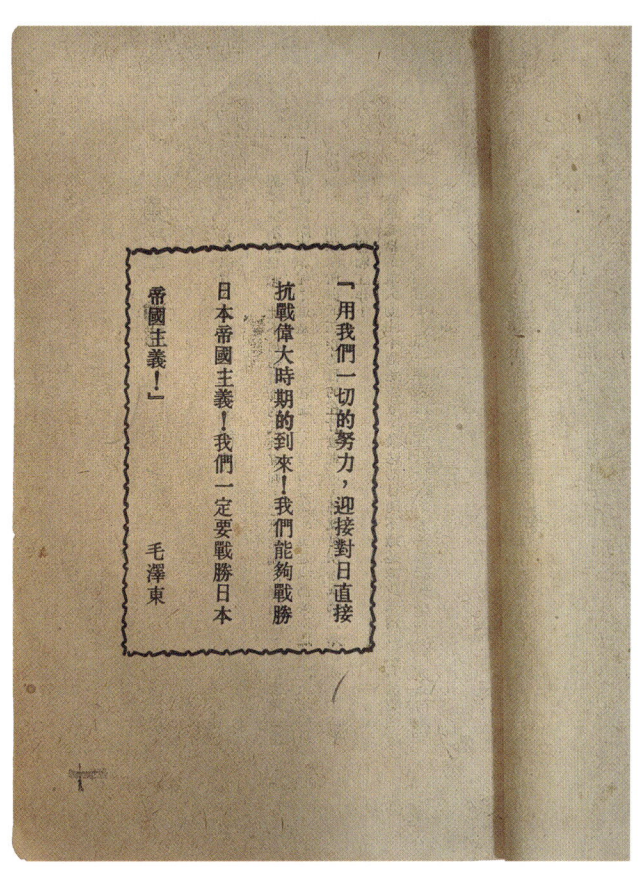

32 开本，12.7cm×18.8cm

西安少年先锋社印行，出版时间不详。扉页1页，目次11页，歌词1页，正文98页。

《第八路军基础战术》

此书封面印有"红军抗日军政大学讲义"字样，估计印制时间在1937年至1938年之间。因为抗大最初名为中国抗日红军大学，1936年6月在陕西瓦窑堡成立，1937年1月改名为中国人民抗日军事政治大学，校址迁往陕西延安。书名是《第八路军基础战术》，又点明是"红军抗日军政大学讲义"，出版时间应当在红军主力改编为八路军不久。抗大的学员以部队中的红军干部，以及来自全国各地的知识青年为主。学校坚持"团结、紧张、严肃、活泼"的校风，强调理论联系实际的教学方法，注重以思想政治教育为特色的教育内容，培养抗日干部。抗大于1945年8月结束。学校开办期间，共培养十万多名抗日干部。

此书共15章：一是"绪论"，二是"战术"，三是"战争的目的"，四是"组织"，五是"任务"，六是"动作"，七是"袭击"，八是"侦察"，九是"埋伏"，十是"对敌征发队实行袭击"，十一是"袭击敌人运输队"，十二是"通信联络和后方交通的破坏"，十三是"经常隐藏地与住止时的警戒"，十四是"训练"，十五是"政治工作"。每一章的叙述都具体明确，如第二章"战术"，涉及行军警戒、驻军警戒、不可攻坚、不打硬仗、敌情不明不战、要有民众组织和联络、用民众实施封锁的袭击、单纯军队的袭击、用民众扰敌、打圈子脱离敌人、脱离危境、声东击西、埋伏掩袭、中途狙击、坚壁清野、对于优势敌人的应付、对于劣势敌人的处置、唤起民众等。

32开本，12.6cm×18.2cm

毛泽东著，新华日报馆1938年6月25日初版。扉页1页，版权页1页，目录2页，正文35页。

《抗日游击战争的战略问题》

　　毛泽东于1938年5月30日在《解放》第40期发表《抗日游击战争的战略问题》长文，此书即新华日报馆印行的该文章的单行本。

　　全民族抗战初期党内和党外许多人存在片面认识，只把希望寄托于正规战争，轻视游击战争的战略作用。该书针对这种观念，从战略高度全面深刻地阐述游击战争的重要地位，论述抗日游击战争的重要作用及意义，说明战争的基本原则是保存自己、消灭敌人，介绍在抗日游击战争中如何主动地、灵活地、有计划地执行防御战中的进攻战、持久战中的速决战、内线作战中的外线作战，以及如何与正规战争相配合使敌人难以兼顾，阐发如何建立抗日根据地、战略防御和战略进攻的关系、游击战如何向运动战发展，以及怎样正确指挥和协调配合等一系列具体的战略问题。

　　此书原封面脱落无踪，殊为可惜。

32 开本，13.2cm×18cm

解放社编辑，新华日报馆（重庆）1939年1月出版。
扉页1页，版权页1页，目录3页，正文104页。

《战略与策略》

  这是一本主要介绍苏联共产党有关战争、战略和策略思想的书。全书分五大部分：一是"列宁主义怎样提出战略与策略底问题"，内容包括斯大林论战略与策略、无产阶级的战略与策略、布尔塞维主义的战略与策略的国际意义、战略对于党纲的依附性等；二是"布尔塞维主义的战略和策略"，内容包括布尔塞维主义的战略、作为工人阶级各种斗争形式之教训的策略等；三是"布尔塞维主义底战略的与策略的指导"，内容包括战略指导及其基本原则、策略指导及其基本原则等；四是"革命的与改良的指导"，内容包括斯大林论革命与改良、列宁论妥协、无产阶级专政建立前与建立后的改良等；五是"共产国际战略与策略底主要任务"，内容包括争取工人阶级的大多数及它对于劳动群众的领导权是共产国际的主要任务、现阶段中工人阶级反法西斯主义的统一战线、共产国际为拥护和平与反对帝国主义战争而斗争的主要任务等。

  此书翻译自俄语，语言比较晦涩，是当时中国共产党受共产国际影响的产物。

六 前赴后继：战时中国军事

大 32 开本，14.2cm×20.6cm

国民政府军事委员会军训部编制，1939 年 6 月印行。正文 22 页，训练项目和要求表格 8 张。

《军训部游击干部训练班组织大纲、训练大纲、训练纲领、训练施行细则》

　　开展敌后游击战是抗日战争的重要方面。国民政府军委会军训部于 1939 年 3 月创设游击干部训练班。经过首期训练班摸索和总结经验，军训部修订和完善此"组织大纲、训练大纲、训练纲领、训练施行细则"。"组织大纲"规定，第二期训练班暂召四队（军官学员和党政学员各两队），每队 126 人，计 504 人。其学员选送办法是：第三、四、九战区各确定 80 员，从战区直辖部队（含游击队）挑选正式学校毕业的中级军官；党政队由湘、鄂、赣、浙、皖、粤、桂、闽等省政府各规定人员。训练期限为三个月，经费独立列支、实报实销。该书的"训练大纲"和"训练施行细则"等，对训练内容、要求、纪律等均有详细且严格的规定。如训练内容包括精神教育、政治教育、军事学术三大项，每项都列有很具体的细目。仅军事学术一项，就包括游击战争概论、游击战术及实施、沙盘教育、射击教范及实施、爆破摘要及实施、各种通讯联络法、敌人兵器研究、地形与简易测绘、防空讲话、防毒讲话、夜间作战技巧等。此书可以说较为详细地反映了当时军训部培训游击干部的内情。

　　该书无版权页，无定价，当为军训部游击干部训练班分发给参加培训者的须知手册，现今已相当罕见。

32 开本，12.9cm×18.5cm

杜维涛编著，独立出版社（重庆）1941年6月初版。目次2页，正文110页，版权页1页。

《战时技术人员训练》

　　抗战需要大批技术人员：不仅机械化部队建设需要懂得和运用这些机械的人，而且军火及其他军需品的生产和保存也离不开技术人员，至于经济及各项建设事业，技术人员照样发挥重要作用。此书专谈战时技术人员的训练问题，共11章，先说抗战建国与技术的关系、训练对掌握和提高技术的作用以及战时实施办法，接着分叙战时农业、工矿、交通、财务、医药、军事技术人员的训练要点和训练计划，最后总结介绍当时国民政府各部委及各省市技术人员训练实绩和各训练机构状况。

　　此书系国民党出版机构独立出版社出版的"抗战建国纲领"丛书之一。

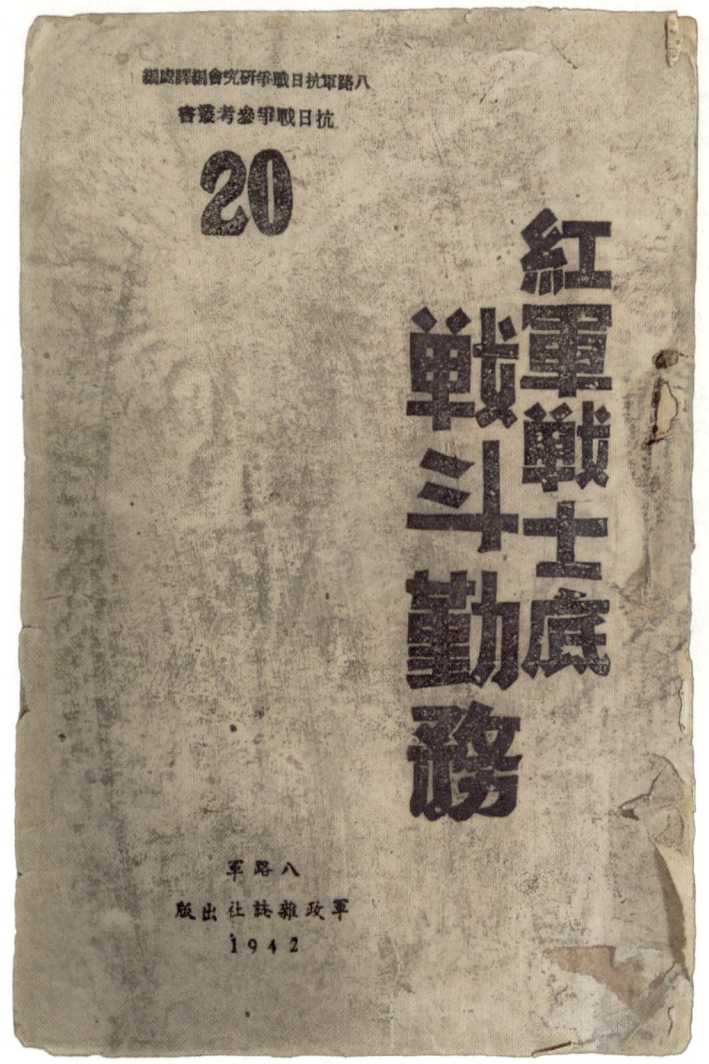
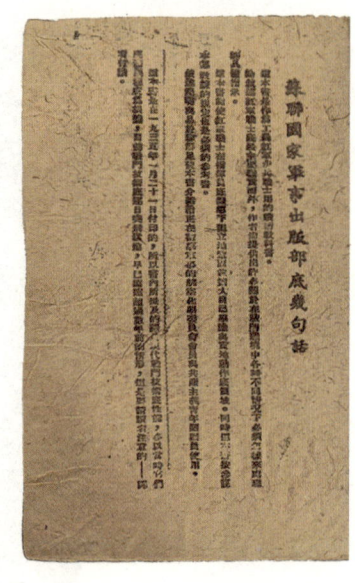

32 开本，12.5cm×18.2cm

M. 瓦西连科著，吴恺译，八路军抗日战争研究会编译处编，八路军军政杂志社 1942 年 1 月出版。扉页 1 页，版权页 1 页，目录 7 页，正文 152 页。

《红军战士底战斗勤务》

  此书目录之后有单独一页，标题为《苏联国家军事出版部底几句话》，其中指出："这本书是作为工农红军步兵战士用的战术教科书。除叙述红军战士底最主要职责而外，作者尚提供出许多关于在战斗环境中各种不同情况下必须怎样来处理的具体指示。这本书能使红军战士在指挥员底领导下独立地巩固并扩大自己学识与实地动作底领域。同时这本书按参谋本部教练的规定也是必须的参考书。"由这些叙述可知，当时红军及八路军的许多军训都是按照苏联军事专家的指导来进行的。

  此书引言论述红军是无产阶级专政的武装支柱，接着分别介绍红军战士的一般职责、红军战士在行军中的职责、红军战士在行军警戒中的职责、红军战士在防御中的职责、红军战士在进攻中的职责、红军战士在侦察中的职责、红军战士在宿营时的职责、红军战士在驻军警戒中的职责等。每部分均详细列条讲解，颇为具体且有实用价值。

32 开本,12.2cm×17cm

子强等著,求知出版社(上海)1941年2月20日出版。版权页及目录共1页,正文130页。

《存亡的关键》

此书为当时求知出版社出版的一本集刊,共刊载七篇文章:子强的《存亡的关键》、青之的《民族统一战线的新形势(上)》、石滨知行的《日人对于中国民族运动的新认识》、方舟的《论中国化》、孟坚的《生命哲学小讨论》、君萱的《假如英国失去印度》、高尔基的《意大利故事(长篇连载)》。

用作集刊书名的《存亡的关键》,是对当时刚刚发生的皖南事变的报道和述评。全文共四个部分:一是"一个震惊中外的突然事变",二是"任何人都不会相信的罪状",三是"在所谓'军纪问题'以外",四是"生死存亡两条路"。该文较为清晰地梳理出皖南事变一波三折的过程,评述国民党所谓违反"军纪"的谬论,指出其破坏抗战,做出亲者痛、仇者快之罪行。

此书封面设计除"存亡的关键"大字外,以锁链和易经卦象作图案,颇有新意。

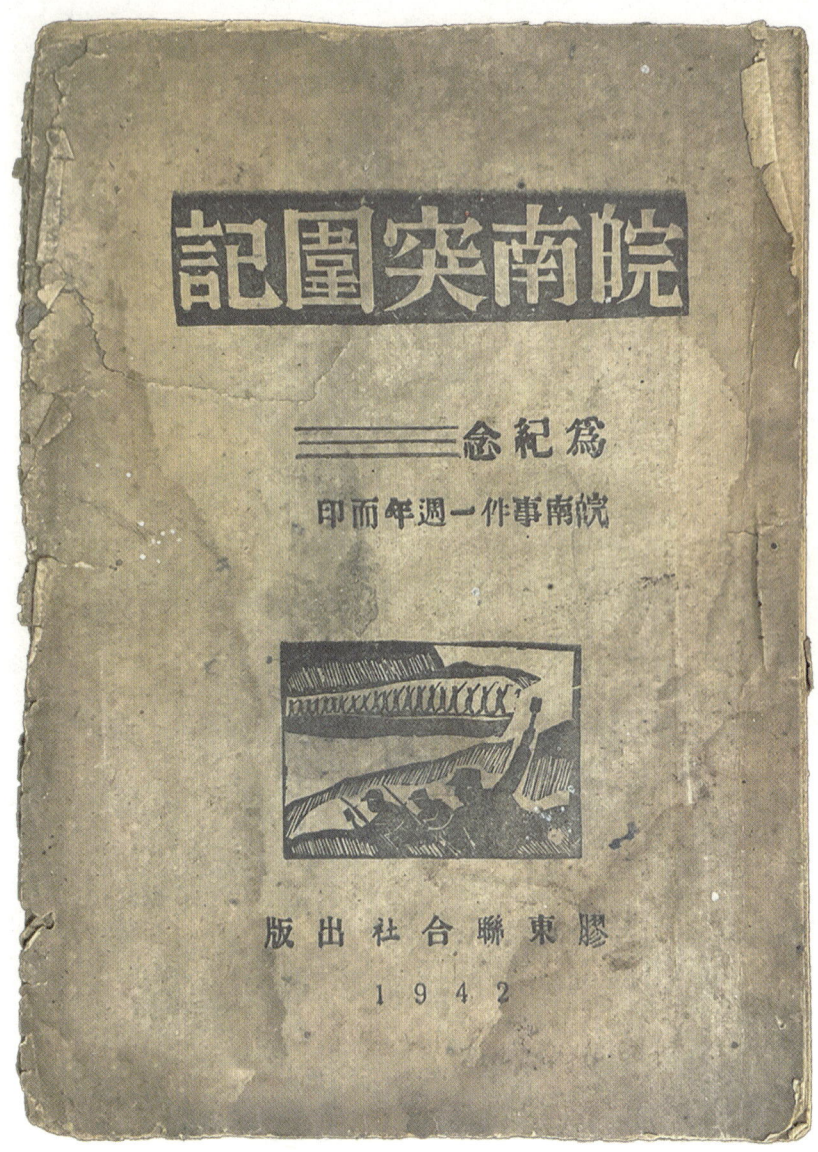

32 开本，13.5cm×19cm

殷杨著，胶东联合社1942年3月出版。目录1页，序2页，正文62页，版权页1页，书前后各有一页漫画。

《皖南突围记——为纪念皖南事件一周年而印》

1941年初，国民党顽固派在皖南（安徽省泾县）有预谋地围袭新四军，制造了震惊中外的皖南事变。

1940年10月19日，何应钦、白崇禧以国民政府军事委员会正、副参谋总长的名义，向朱德、彭德怀、叶挺发出代电（即"皓电"），强令黄河以南的八路军、新四军于一个月内开赴黄河以北。朱德等于11月9日复电（即"佳电"），驳斥国民党顽固派的荒谬命令和对共产党及其领导的军队的诬蔑，同时为顾全抗日大局，表示可以将皖南新四军移到长江以北。1941年1月4日，新四军军部及所属部队9000余人奉命北移，从云岭驻地出发绕道前进。1月6日行至皖南泾县茂林地区，突遭国民党第三战区顾祝同、上官云相指挥的7个师8万

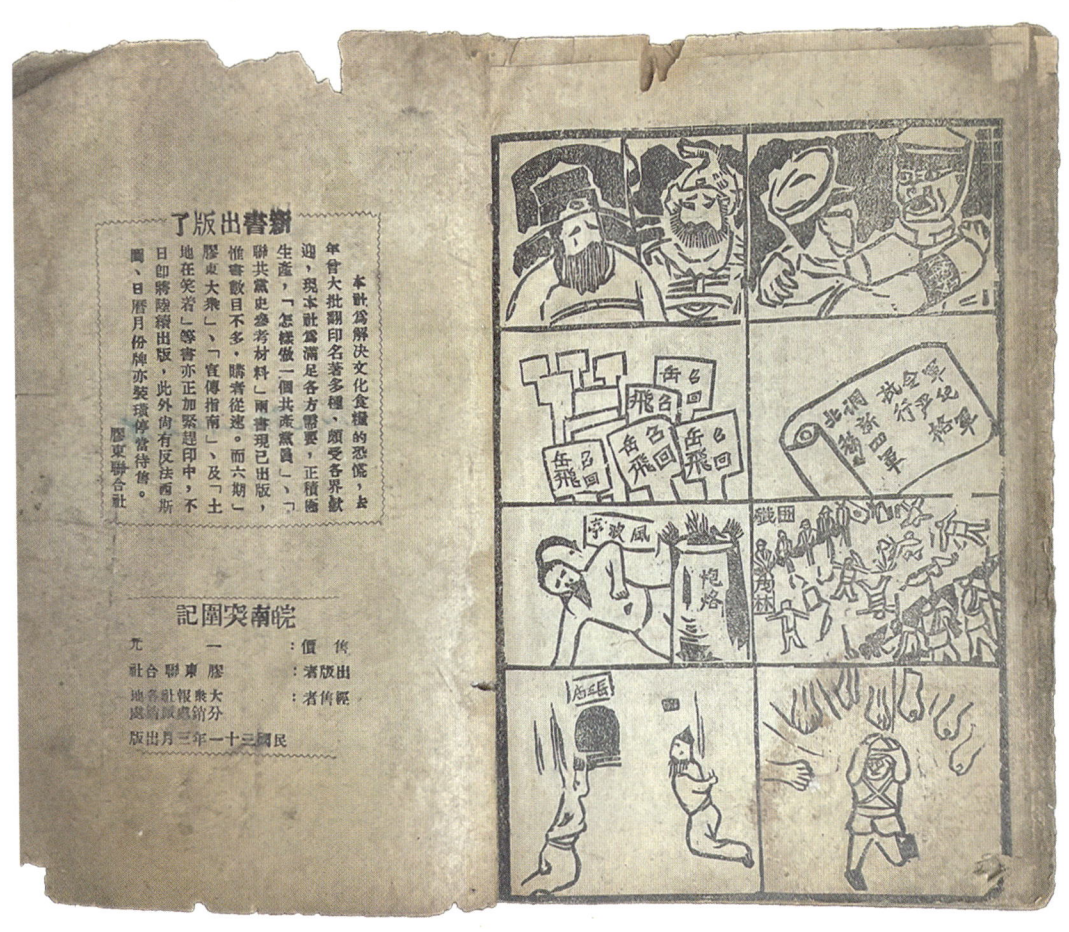

多人的拦击。众指战员在叶挺军长指挥下进行抗击,血战七昼夜,终因众寡悬殊、弹尽粮绝,除约2000人分散突围外,大部分壮烈牺牲或被俘。军长叶挺与顽军谈判时被扣押,政治部主任袁国平牺牲,副军长项英、副参谋长周子昆在突围后不幸被叛徒杀害。1月17日,蒋介石反诬新四军"叛变",宣布取消新四军番号,并声称要将叶挺交给军事法庭审判。中国共产党对国民党这一暴行进行了针锋相对的斗争。1月20日,毛泽东以中共中央军委发言人的名义发表谈话,揭露国民党顽固派破坏抗战、实行反共的罪恶阴谋,提出取消17日反动命令、惩治祸首、废止国民党一党专政和实行民主政治等要求。

此书前面有一篇原发表于《江淮文艺》创刊号(1941年8月)上的报告文学《皖南突围记》。此书主体部分以三章叙述皖南事变的真相:一是"事变的经过",包括"朱彭叶项佳日覆何白电""皖南大惨案纪实""朱彭叶项抗议通电""反共必然祸国";二是"中共之英明对策",包括"中共中央发言人谈话""中共中央革命军事委员会发表命令及谈话";三是"惨变后的新四军",包括"新四军将领就职通电"等。该书前后各有一页漫画,描绘当时国民党军政要员何应钦、顾祝同等迫害新四军的丑态。

32 开本，12.8cm×18cm

朱德著，胶东大众报社1945年8月再版。扉页1页，目录1页，正文41页，版权页1页。

《论解放区战场》

  此书是朱德于1945年4月25日在中国共产党第七次全国代表大会上所作的抗战军事报告的单行本。全书分五个部分：一是"抗战八年"，包括对抗战过程的叙述及八路军、新四军在抗战中发挥的作用；二是"论解放区战场"，包括解放区战场的创造、解放区抗战的三个时期、光荣的牺牲和伟大的成绩、解放区抗战的经验；三是"中国人民抗战的军事路线"，包括国民党与共产党两条不同的军事路线、建军的原则、兵役问题、怎样养兵、怎样带兵、怎样练兵、怎样用兵、军队中的政治工作、军队的指挥、怎样解决装备及其他事项、强大的主力与强大的后备、怎样团结当地武装、怎样瓦解伪军；四是"今后的军事任务"，包括全国的军事任务、沦陷区的军事任务、解放区的军事任务；五是"结束语"，总结抗战成就，展望建立独立、自由、民主、统一与富强的新中国的美好前景。

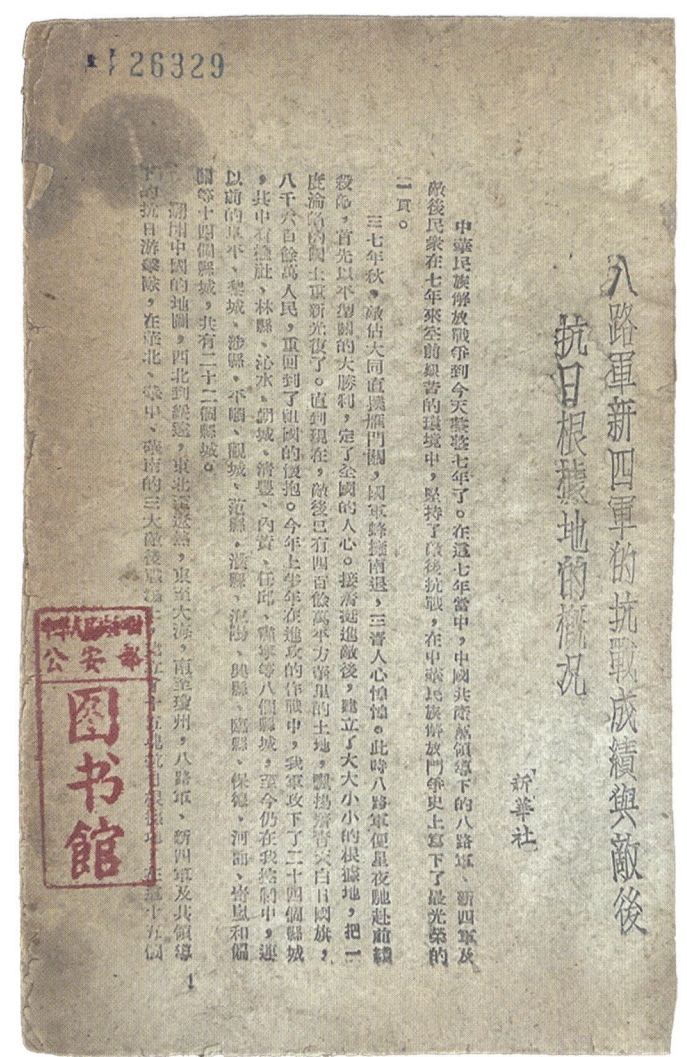

32 开本，12.5cm×17.8cm

新华社编著，约 1945 年印行。扉页、目录、版权页脱落，正文 110 页。

《八路军新四军的抗战成绩与敌后抗日根据地的概况》

此书由新华社编写，时间约在 1945 年，主要由《八路军新四军的抗战成绩与敌后抗日根据地的概况》《百炼成钢的晋察冀边区》《战斗中成长的晋绥边区》《一二九师与晋冀鲁豫边区》《新山东的成长》五篇文章组成。书中不仅以比较翔实的史实报道八路军、新四军抗战的实绩，还较为详细地介绍了各个边区根据地的形成、范围、对敌斗争、发展生产及组织管理等情况。

如《一二九师与晋冀鲁豫边区》一文写道，取得平型关胜利后，忻口一带战事仍然吃紧，八路军一二九师在雁门关一带经常遭受日寇飞机的轰炸。陈锡联所部便设法侦察到机场位置，然后夜袭阳明堡机场，一次就打掉敌人 24 架飞机。这样的战斗，不仅严重地打击了后方敌人，而且对前方战场也是极大的支持。该文章一件件事娓娓道来，多新闻报道笔调，时间、地点、人物都有明确交代，是了解八路军、新四军敌后抗战的重要史料。此书封面、扉页等脱落，较为可惜。

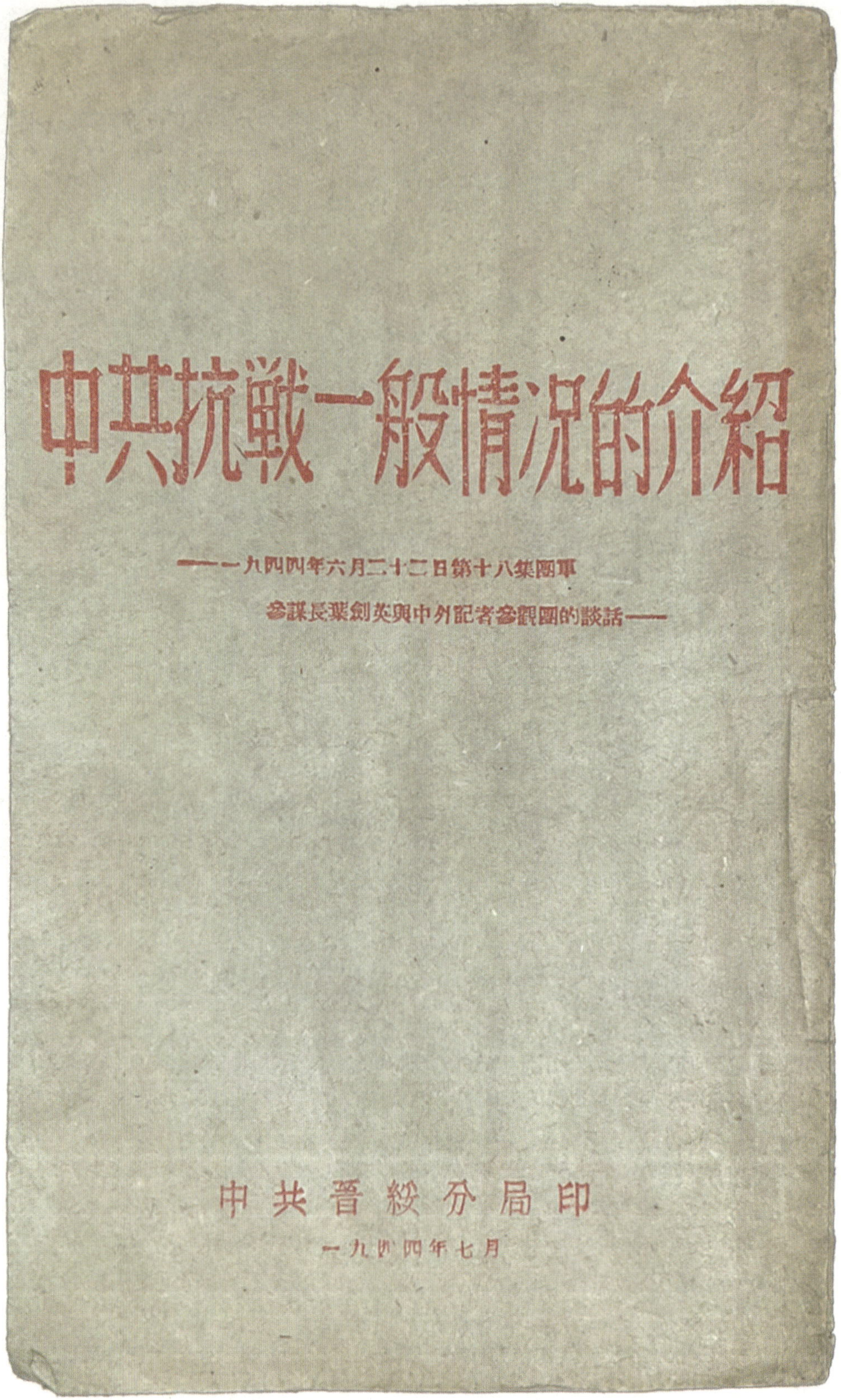

中共抗戰一般情況的介紹

——一九四四年六月二十二日第十八集團軍
參謀長葉劍英與中外記者參觀團的談話——

中共晉綏分局印

一九四四年七月

32 开本，12cm×18cm

中共晋绥分局 1944 年 7 月印行。正文 27 页。

《中共抗战一般情况的介绍》

此书为 1944 年 6 月 22 日第十八集团军参谋长叶剑英与中外记者参观团的谈话记录。叶剑英指出："中国抗战，一开始就分为正面和敌后两大战场；而自一九三八年十月武汉失守以后，敌后战场就在实际上成了中国的主要战场。这种情况，因为中国政府采取压制言论的政策，不但外国人不明白，就连中国人也有很多不明白。"八路军、新四军所坚持的敌后战场，"是极其残酷、紧张，并且极其复杂、曲折的"。叶剑英分四个部分介绍敌后战场的抗战情况：一是"敌后战场的敌情"，二是"敌后战场的伪情"，三是"敌后战场的友情"，四是"敌后战场的我情"。

该书最大的特点是以数字说话，结论均有具体数字的支撑。如其谈"敌后战场的敌情"时说，根据 1944 年 3 月的统计数据，日寇在华总兵力为 34 个半师团，人数为 50 万人至 60 万人。华北敌后战场的兵力为 9 个师团、8 个独立旅团、2 个独立骑兵旅团，合计为 14 个师团，约 22 万人。八路军抗击了其中 11.75 个师团，占华北敌军兵力的 84% 强，友军（指国民党军队）只抗击了 2.25 个师团，占 16% 弱。接着一一列举在华北日军每个师团所驻守地区，八路军某部对其抗击，造成怎样的伤亡，包括抗战 7 年来中共军队共击毙日寇将校 55 名——日军中将 1 名、少将 8 名、大佐 19 名、中佐 20 名、少佐 7 名。

该书附有多张表格，有抗战 7 年来敌我双方历年人员战斗次数、伤亡情况、俘虏人数、武器缴获等数字列表，也有八路军、新四军历年人数及发展壮大情况表等，史料珍贵。

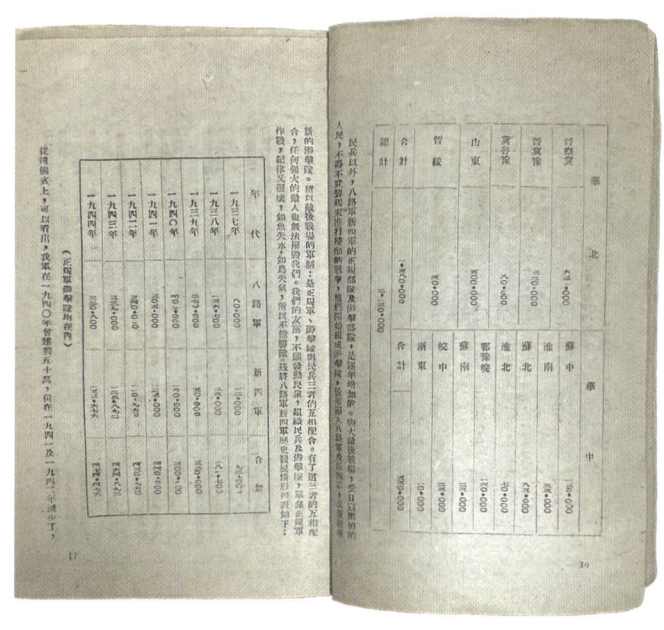

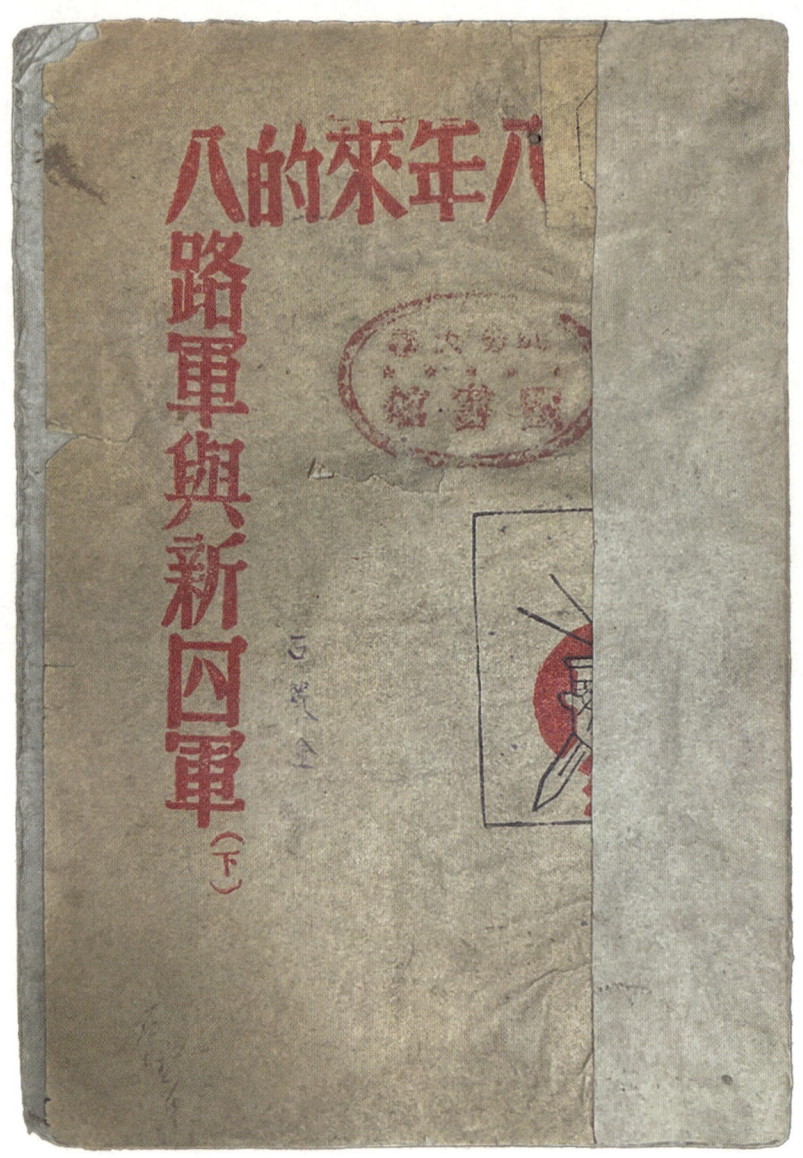

32 开本，12cm×17.5cm

十八集团军总政治部宣传部编，华北新华书店1946年7月出版发行。上册扉页1页，编者的话1页，目录1页，正文114页；下册目录2页，正文115页。

《抗战八年来的八路军与新四军》（上、下册）

此书上册中编者的话指出："八路军、新四军不仅是英勇善战的军队，而且是新民主主义社会的开拓者，是敌后解放区的创造者、坚持者和建设者，他们除了打仗以外，在政治、经济、文化工作上还有许多惊人的业绩，本书只简单地或附带地涉及，详细介绍只能让别的专书来担负了。"

此书的上册除简单的回顾部分之外，主要有两大部分：一是叙述从出师抗战到保卫大武汉的过程，包括大战平型关、出奇兵配合保卫忻口和太原、从后面拖住敌人、由"反攻"太原到晋东南反九路围攻、新四军开进大江南北、拖住敌人30万这些内容；二是叙述从武汉失守到百团大战的过程，包括武汉失守后的敌后形势、冀中平原反"扫荡"、模范的歼灭战在晋察冀、梁山泊古战场的袭击突围与歼灭、大江南北游击战的发展、广东东江与琼崖的游击战、震动全国的百团大战这些内容。

此书的下册主要有三大部分：一是百团大战到抗战五周年，包括极端困难时期的敌后形势、皖南事变与新四军发展的新阶段、给冈村宁次以迎头痛击、平原上展开"扫荡"与反"扫荡"血战、香港失陷后的华南游击队等内容；二是抗战五周年到此书出版时，包括历时三个月的反"扫荡"与日寇"观战团"的毁灭，山东反"扫荡"又创奇迹，围困、挤走敌人，车桥大歼灭战，里应外合收复莒县，民兵的新发展等内容；三是简单的总结和展望，侧重叙述抗战以来，八路军和新四军在敌后不但创造了以上战绩，而且改造了旧中国社会，建立起了新民主主义的社会。

此书的结尾还对抗战以来正面战场的军力一天天削弱，而敌后战场即抗日根据地却越战越强的原因作了探讨。作者指出并不像有些人所说那样，关键是八路军、新四军和华北人民英勇顽强不怕死，其实别的军队和其他地区的中华儿女也都有英勇顽强不怕死的品格；最根本的原因"就是政策错误与正确的问题。政策是正确的，就能发动人民自觉的抗战，提高军队的战斗力，就能愈战愈强。政策是错误的，人民不能发动起来，军队就愈战愈弱"。这里阐述的，简单说就是"得民心者得天下"的道理。

16开本，18cm×25.5cm

编写者及出版者不详，印制时间为1944年10月。扉页1页，出版者的话1页，目录1页，正文59页。

《中国敌后抗日民主根据地概况》

  此书所说"中国敌后抗日民主根据地"，主要指中国共产党领导的敌后抗日根据地，分华北、华中、华南三大区域。华北敌后战场由八路军所坚持，华中敌后战场由新四军所坚持，华南敌后战场由中共领导下的游击队所坚持。为进行持久抗战，各敌后战场都建有抗日民主根据地。华北有晋察冀边区、晋冀鲁豫边区、山东区、晋绥边区四大区域；华中有苏北区、苏南区、苏中区、淮北区、淮南区、皖中区、鄂豫皖边区、浙东区八个区域；华南有东江区、琼崖区两个区域。上述区域，加上陕甘宁边区，共有抗日根据地十五个区域。

据该书统计，截至1944年9月，我抗日根据地人口8600万，等于当时河北、山东、山西、察哈尔、绥远、热河六省的人口，占全国28个行省总人口的五分之一。敌后抗日民主根据地的面积为420万平方华里，等于当时河北、山东、山西、察哈尔、绥远五省的面积，占全国28个行省总面积的八分之一。在这些根据地上，建立行署级政权22个，专员公署级政权90个，县级政权635个；共有正规军和游击队47万余人，民兵200余万，在抗击敌伪军方面发挥了重要作用。

全书除绪论以外，共分六章，分别对晋察冀边区、晋冀鲁豫边区、山东区、晋绥边区、华中抗日根据地、华南抗日根据地的各方面情况，尤其是七七事变以来对敌斗争形势和当时态势等，作了较为详细的介绍。作为较为完整描述抗日根据地概况的一部著述，该书提供了许多确凿的数字和统计表格，具有难得的史料价值。

32 开本，12.1cm×17cm

亦华编，时代史料保存社（上海）1938年4月15日出版。扉页1页，版权页1页，序2页，目录2页，正文136页。

《西线抗战经验录》

  此书由多人文章汇集而成，所谈"西线"主要指华北抗日根据地的战场。其主要文章有：毛泽东的《第八路军的战略和战术》、林彪的《平型关战斗的经验》、傅钟的《第八路军是怎样战斗着的》、洪水的《第八路军的群众工作》、鉴伯的《第八路军在前线》、肖向荣的《战场断片》、柳林的《西北线上》、李同文的《忻口之战》、李振西的《滹沱旧关之战》、朱德的《八路军半年来抗战的经验与教训》。

  该书序言载，彭德怀初到晋北前线时，有一位军官对他说："华北的民众真不行，都不会抗敌，只会当顺民！"可事实是，"在政治工作积极地做了一个期间之后，那边的民众不但能够抗敌，而且还有极鲜明的民族意识，极强烈的战斗意志，纷纷地成立了无数民众的武装自卫队或游击队，给了敌人很大的威胁。到现在，华北的义勇军已经成了一种不可轻侮的伟大的抗敌力量"。此书对华北抗战经验的梳理，不仅是对八路军抗战经验的总结，也鼓舞了全国各地民众的抗战斗志。

七

艰苦卓绝

战时中国经济

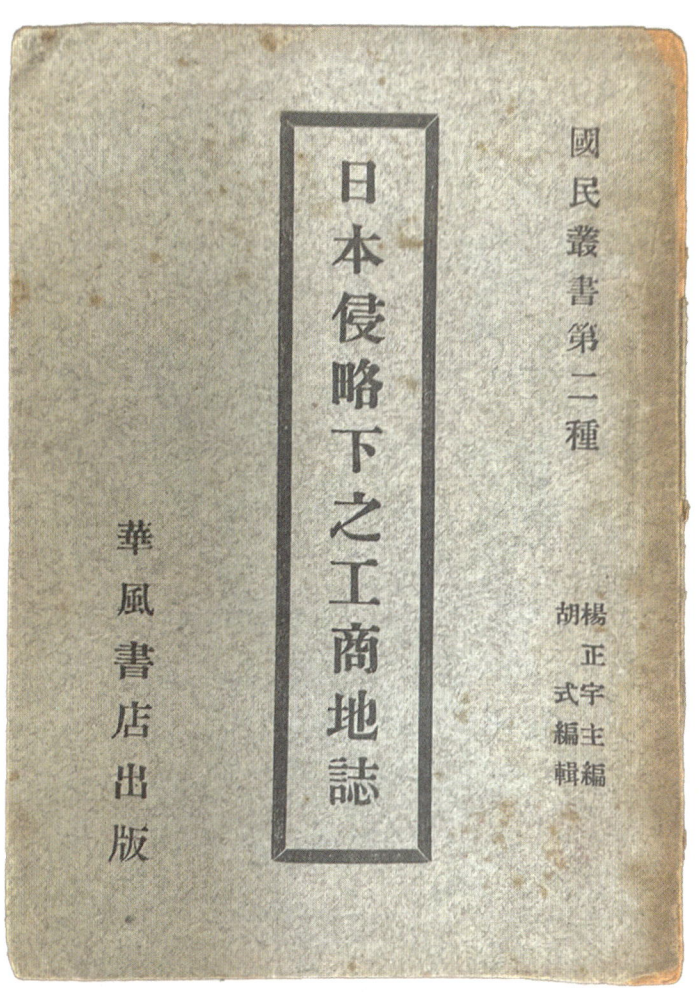

32开本，9.5cm×13cm

杨正宇主编、胡式编辑，上海华风书店1932年10月10日出版。扉页1页，卷头语2页，目次5页，正文88页，版权页1页。

《日本侵略下之工商地志》

  此书绪论指出：帝国主义者经济侵略成功，必须依赖两个辅助的条件。一个是买办制度，一个是商埠系统。有了买办，然后自然生出推销的动力；有了有组织的商埠，然后销场就有系统功能。由大商埠而侵及小市场，如臂使指，无孔不入。所以，我们要做御侮救亡的工作，对买办制度和商埠地志就不可不注意研究。日本人是筷子上夹着肉，眼睛还盯着碗里的。在广州、香港的日本人固然脚踪不断，就是偏远的成都和云南，他们也是翻山越岭去调查考察，以扩张他们的商贸势力。

  此书分为两篇。第一篇为概论，叙述日本人对中国铁路、水运等重要交通枢纽，粮食、杂产、棉织、畜产等重要物资的投资把控和侵略状况；第二篇为各论，分别叙述日本人在天津、青岛、潍坊、济南、淄博、烟台、上海、南京、苏州、芜湖、杭州、九江、汉口、长沙、沙市、宜昌、重庆、成都、福州、厦门、汕头、广州等地的商埠渗透和经济侵略。作者详细列出日本在上述各地的主要商贸机构和商埠，希望大家齐心协力，予以抵制，更希望政府拿出对策，予以遏制。

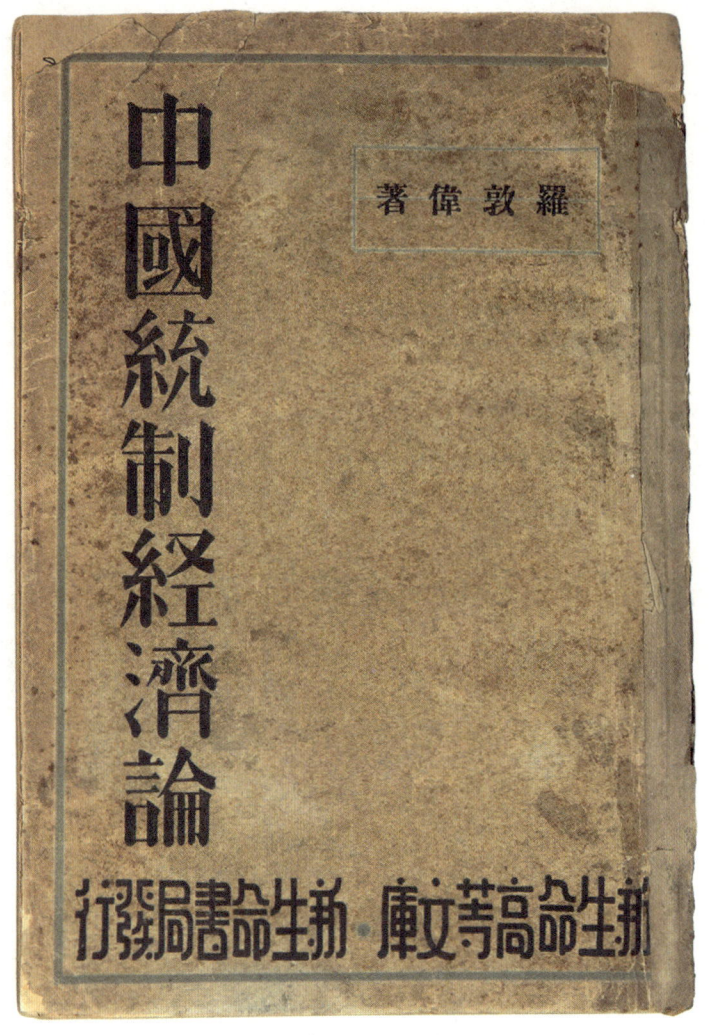

大32开本，15.1cm×22.1cm

罗敦伟著，新生命书局（上海）1934年5月初版，1935年9月再版。序3页，再版自序12页，目次11页，正文及附录共467页，版权页1页。

《中国统制经济论》

  此书作者罗敦伟（1897—1964）原系北平大学教授，1932年调至南京国民政府实业部主持《中国经济年鉴》编纂工作，同时研究中国经济政策。通过对每日接触的各项经济资料进行分析，他认为面对当时我国内忧外患的局势，特别是日本帝国主义对中华大地的觊觎和侵略，必须采取战时统制经济政策，才有利于国家的管理和建设。此书是对实施统制经济政策的理论和实践问题进行的具体讨论和阐述。

  全书分上、下两编。上编为通论，探讨统制经济理论和中国采取统制经济政策的必然性及实施程序；下编为各论，探讨各具体经济门类的发展与统制问题，如农村复兴与统制政策、棉纱业之发展与统制、钢铁铜及石油的统制等。

  此书理论与实际结合，征引较翔实，论述较周密，言之成理，持之有故，是当时研究经济统制政策较出色的一部专著，也在一定程度上反映了当时国民党政府经济管理的动向及战时采取的措施。

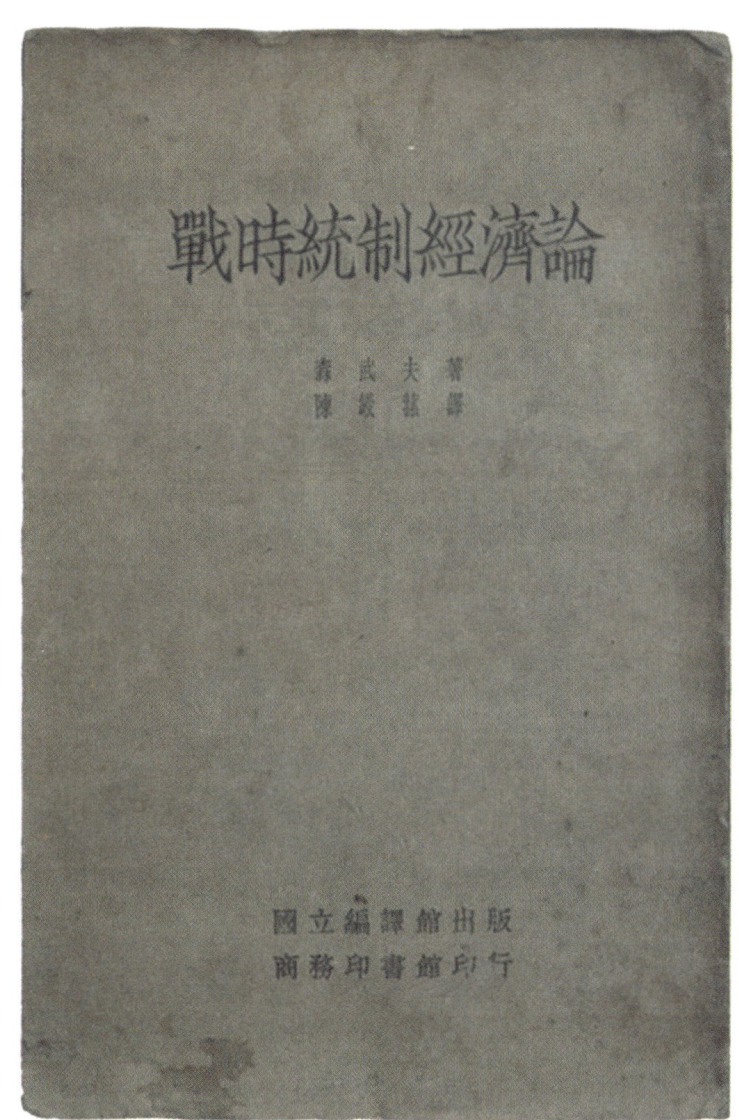

32 开本，15cm×23cm

[日]森武夫著，陈绥荪译，国立编译馆（南京）1935年5月初版。原序3页，目录22页，正文627页，版权页1页。

《战时统制经济论》

　　近现代战争，从海陆空各兵种的编制、装备到交战方式等，都依存于交战国所达到的工业生产水平和交通组织能力，因此战争与经济的关系十分密切。而战时经济与平时经济又大不相同，它需要采取一系列经济统制政策和管制措施，以保障战争的顺利进行。

　　此书系日本著名战争经济学家森武夫的代表作。全书共13章，依次讨论了战争之经济的原因、将来战争与经济、战争与统制经济的必然性等内容。

　　组织翻译和出版此书的国立编译馆，是南京国民政府掌理学术文化书籍和教科图书编译及审查的机构，1932年6月成立，其前身是教育部编审处。1931年日本占领东三省后，中日战争一触即发。国立编译馆获知森武夫出版此书后，迅速组织陈绥荪教授进行翻译。皇皇600多页的大书，在日本出版后仅一年，中译本就在中国面世，即便在今天，速度也可谓之快也。

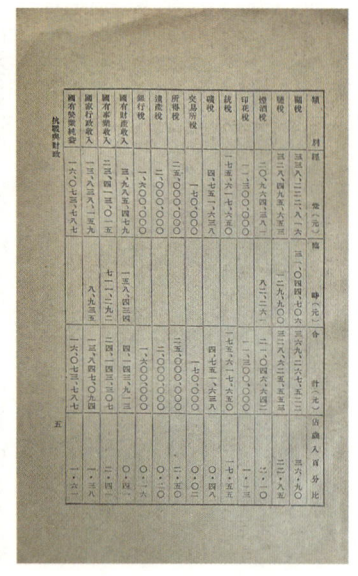

32开本，13cm×19.2cm

周宪文、孙礼榆著，商务印书馆(长沙)1937年12月初版，1938年2月三版。扉页1页，抗战小丛书发刊旨趣2页，序1页，目次1页，正文47页，版权页1页。

《抗战与财政金融》

  此书是由中国文化建设协会主编、商务印书馆出版的"抗战小丛书"之一。由《抗战与财政》《抗战与金融》两篇长文构成，主要阐说面对当时中国薄弱的财政和金融状况，抗战爆发后应该采取哪些措施，特别是按照战时经济规律可以运用哪些手段，包括每个企业、每个国民应做哪些努力，以增强国家经济力量，保障军费开支，打败日本侵略者。

  中国文化建设协会书记长潘公展在丛书发刊旨趣中说道：抗战能否胜利的关键，在于能否调动亿万民众的潜力。"发扬民众的潜在力，最迫切所需要的，就是灌输抗战的知识和技能，藉以引起抗战情绪，充实抗战实力。"出版这套丛书的目的在于"对于抗战上必需的常识与技能，作有系统的介绍，对于当前急求解决的问题，作有计划的解答""供宣传人员、中小学校教员及大中学校学生参考阅读之用"。

  从此书出版仅三个月就印至第三版来看，此书及整套丛书颇受读者欢迎，较好地发挥了用抗战必备知识动员和武装民众的作用。

32开本，13cm×18.8cm

张秉辉著，商务印书馆（长沙）1937年12月初版，1938年2月三版。扉页1页，抗战小丛书发刊旨趣2页，目次1页，正文及附录共49页，版权页1页。

《抗战与救济事业》

  此书是由中国文化建设协会主编、商务印书馆出版的"抗战小丛书"之一。

  国家在平常时期所办理的救济事业，不论是政府主持的，还是民间持办的，一般多集中在养老、济贫、救灾、放赈、施衣、施药等方面。而战时救济事业除了这些以外，需要囊括和包含的范围更大、更广。战时救济不仅包括各类因战争、灾难而遭受苦难的民众，还包括诸如上海平民新村的建设，汉口平民工厂的维持和搬迁等种种问题。

  此书对战时救济事业作了较为全面的分析，除附录以外，共有九个部分：一是"绪论"，二是"从抗战说到救济"，三是"抗战与救济事业之关系"，四是"抗战期中应办之救济事业"，五是"全面抗战中之普遍救济现象"，六是"抗战中上海市之救济事业"七是"抗战中救济机关之组织与职务"，八是"抗战中救济经费之筹集"，九是"结论"。附录刊载《上海市救济委员会的章程和办事细则》，以供各地规范救济事业工作参考。

32开本，13cm×19cm

许性初著，商务印书馆（长沙）1938年1月初版，1938年2月三版。扉页1页，抗战小丛书发刊旨趣2页，目次2页，正文51页，版权页1页。

《抗战与农村经济》

  此书是由中国文化建设协会主编、商务印书馆出版的"抗战小丛书"之一。
  作者指出："御侮抗战，救亡图存，固为中国目前最急迫之问题，而救济农村，力谋农村经济之复兴，仍为中国目前抗战中最基本之问题。如不明了两者间之联系而有所努力，乃欲获得最后之胜利者，则此直为妄想，决无由实现。"因此，该书用五个篇章较为全面地阐发了抗战与农村经济发展的关系：第一章为"绪论"，主要谈论了"对农村经济与抗战之根本的认识""对日抗战之根本信念""抗战与农村复兴之密切关系"；第二章为"现代战争之经济的基础"，主要谈论了"现代战争对于国民经济之影响""国防经济理论之建设"；第三章为"中国抗战之前途"，主要谈论了"日本侵华之一贯政策""中国抗战必胜之理由"；第四章为"中国农村衰落之救济"，主要谈论了"农村衰落原因之分析""农村衰落对于抗战之弊害""中国农村复兴之可能性"；第五章为"中国民族复兴之关键"，主要谈论了"建设抗战之农业的基础""农村民众组织与训练""解决农村衰落之根本问题""御侮图存之经济的途径"。

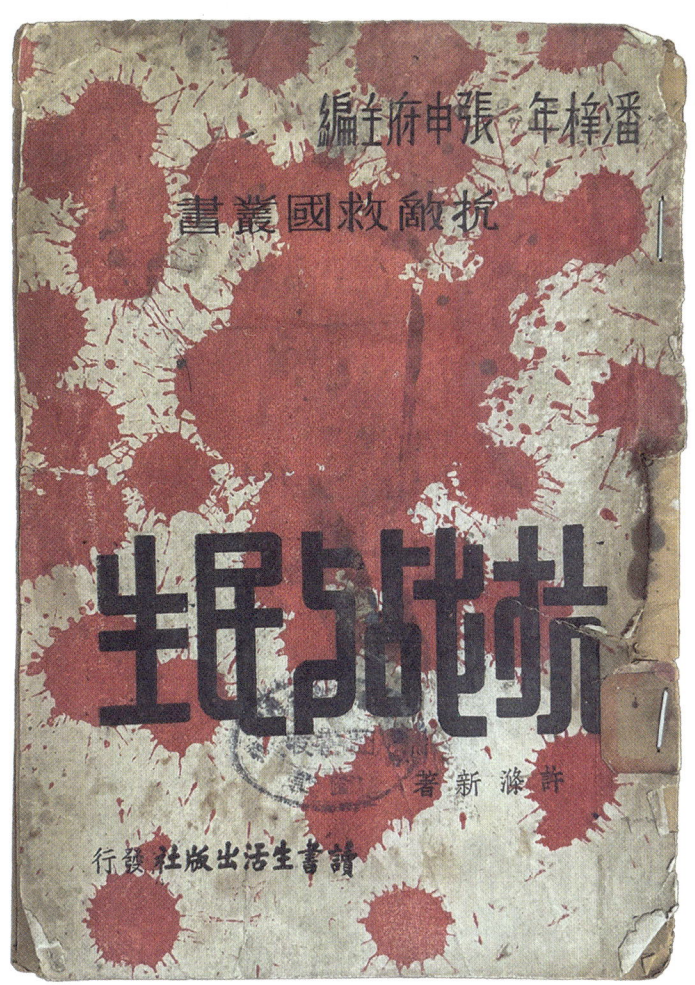

32 开本，13cm×18.5cm

许涤新著，读书生活出版社（汉口）1938 年 3 月初版。扉页 1 页，版权页 1 页，丛书弁言 2 页，目次 2 页，正文 69 页。

《抗战与民生》

  此书为潘梓年、张申府主编的"抗敌救国丛书"之一。其丛书弁言中提道：没有正确的理论，就没有正确的行动。我们要争取抗战胜利，大家都需要用正确的抗战理论来武装起自己的头脑，以使抗战行动趋于正确。所谓正确的理论，不能是单纯的几个教条，由几个人提出以后就无须大家来讨论，而是随着抗战形势的发展及其问题的不断提出，随时需要有热烈的讨论与深刻的研究，得出切合实际的理论，来作为行动的指南。

  全书共六章：第一章为"怎样争取抗战的最后胜利"；第二章为"改善民生可使动员民众更顺利的进行"；第三章为"改善民生与民族团结"；第四章为"民众生活的现状及其改善的方法"，包括"改良士兵生活""改良农民生活""保障盐民与渔民的生活"等内容；第五章为"改善人民生活的前提"；第六章为"改善民生如何着手进行"。

  作者许涤新（1906 — 1988）是著名经济学家，1933 年毕业于国立上海商学院，同年 5 月加入中国共产党。中华人民共和国成立后，曾任上海市人民政府秘书长、中央工商行政管理局局长，中国社会科学院经济研究所所长、副院长等职。

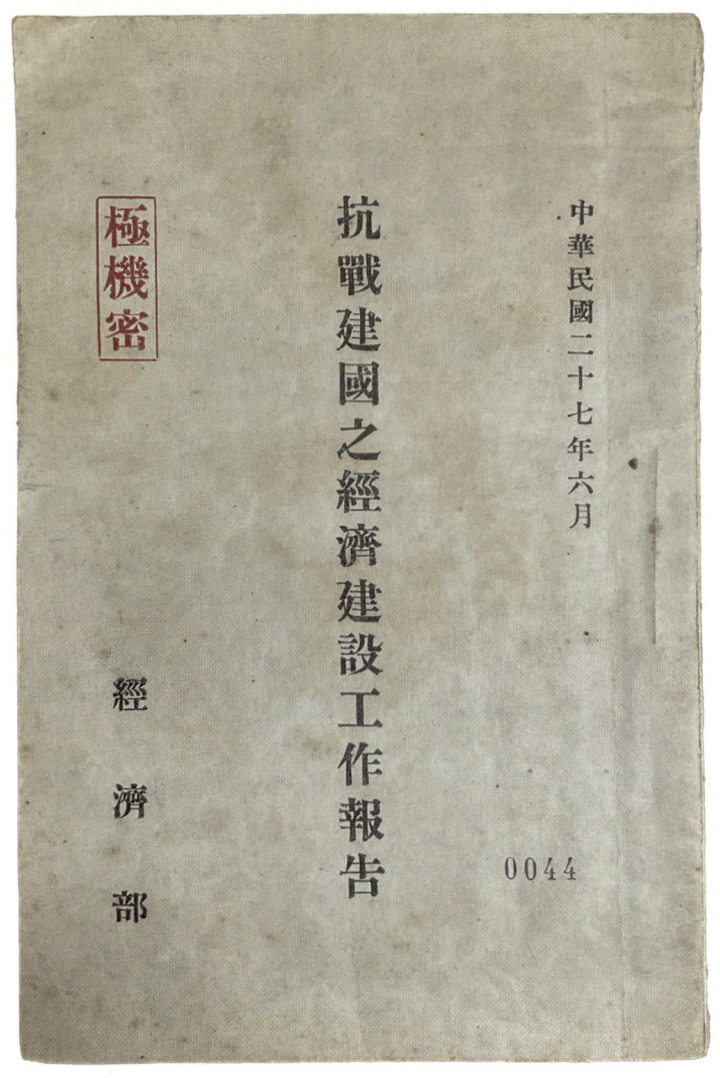

大 32 开本，14.5cm × 21.5cm

经济部1938年6月内部印行。
目录8页，正文65页。

《抗战建国之经济建设工作报告》

  战争除了拼前线的战斗力和武器外，还要拼后方的经济生产能力和运输供给能力。此书由国民政府经济部编写，除总论外，另有五章。其总论内容包括"提高经济行政之效率""充实内地生产之能力""奖助经济事业之发展""力谋军需器材之供应""筹划经济立国之大计"。第一章为"经济行政"，包括"调整机构""综核名实""健全会计制度"等内容；第二章为"农业建设"，包括"改良农业技术""健全农业金融""改善农业组织"等内容；第三章为"工矿业建设"，包括"重工业之建设""矿产之开发""民营工业之扶植"等内容；第四章为"商业建设"，包括"输入之管制""输出之促进""运销之调节"等内容；第五章为"水利建设"，包括"农田水利""整理水道""修筑堤埝"等内容。

  该书对当时全国重点企业及各种经济数据等信息均刊载甚详，故封面以红色印有"极机密"字样，当属比较难得之珍本。

32 开本，13cm×18.8cm

李仪祉等 12 人著，独立出版社（汉口）1938 年 6 月初版。战时综合丛书第二辑例言 2 页，目次 2 页，正文 82 页，版权页 1 页。

《抗战与农产》

此书由各自独立又相互联系的十三篇文章汇集而成：李仪祉的《农业与国家》，邹树文的《战时的农业建设》，刘贻燕的《非常时期林业之建设》，田三立的《调整战时农业》，周凤镜的《战时中国农业生产政策》，汪呈因的《抗战期中之粮食生产》，长诚的《战时粮食如何自给》，张鸿欣、周凤镜的《抗战期中之粮食储备》，孙之平的《战时粮食价格统制问题》，张家良的《战时农村金融问题》，欧阳涤尘的《抗战期间之合作》，曾济宽的《战时农业教育之改进》，一正的《国民政府的治水事业》，熊伯蘅的《战时农村经济动员》。

32 开本，13cm×18.7cm

董时进等9人著，独立出版社1938年12月出版。战时综合丛书第二辑例言2页，目次4页，正文64页。

《抗战与消费统制》

  持久的抗战，一定需要源源不断的物质支持。此书谈消费统制，就是讨论和宣传控制浪费，节约人力物力，以供持久抗战，直至打败敌人取得最后的胜利。全书共十三章，前四章注重理论研讨，包括"节约运动的真谛""个人撙节的选择""抗战与节约""抗战期中国民生活费应有之检讨"的内容；第五章至第十三章侧重讨论节约的具体办法，包括"欧战时德国消费条例与国民粮食""战时物力消费统制问题""长期抗战与消费紧缩""抗战期中的消费节约运动""长期抗战与物力消费统制""如何节约消费""必需品消费的统制""如何节约农产品之消费""统制汽车的建议"的内容。

  作者在编后记中说："我们希望全国国民共同来实行节约消费。把个人的生活程度尽力降低，把节省下来的物力，直接间接用到抗战上，以增加抗战的力量，而取得最后的胜利。"

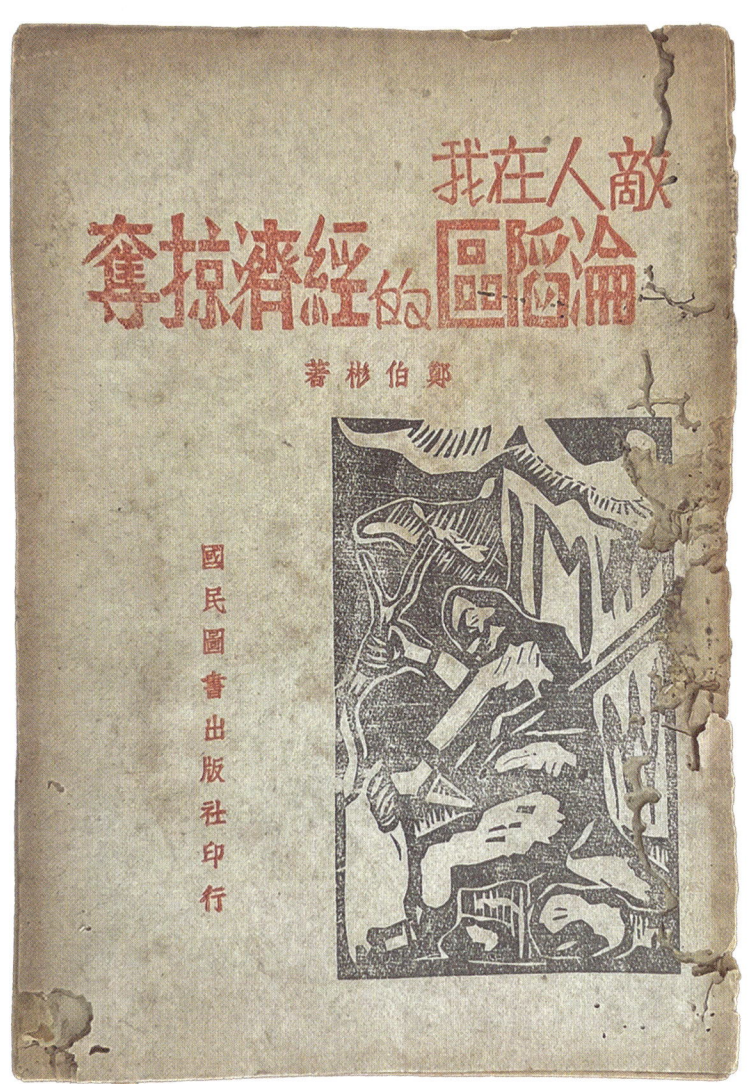

32开本，12.5cm×17.9cm

郑伯彬著，国民图书出版社（重庆）1941年3月初版。扉页1页，目次2页，说明1页，正文64页，版权页1页。

《敌人在我沦陷区的经济掠夺》

此书引言指出："在日本侵略者所倡导的'东亚协同体'的理论下，沦陷区内各种事业已全入侵略者的魔手，这已经是众目共睹的事实。"其实"东亚协同体"完全是敌人打着漂亮的旗号，对沦陷区进行大肆经济搜刮和掠夺。该书分五章，除引言部分外，分别叙述了敌人在沦陷区经济掠夺的范围与方法、敌人在沦陷区经济掠夺的"成果"、所谓"开发"事业的前途、日本在华"经营许可"制度及吸收中华民族资本的手段等方面的内容，揭露了日本侵略者对华经济掠夺的野心和手段。

作者声明，此书所说的"沦陷区"，仅限于七七事变发生以后的沦陷区，并未包括东北四省。而其所用的数据资料，除实际调查所得以外，主要参考了许多日伪文件，如《北京经济评论》《上海》《扬子江》《东洋经济新报》《满铁调查月报》《大陆新报》等。这等于是从日伪政府及其宣传机构中获得其对沦陷区经济掠夺的材料，可谓证据确凿，不容也无法抵赖。

32 开本，12.4cm×18.6cm

聂荣臻著，八路军军政杂志社 1939 年 12 月初版。扉页 1 页，版权页 1 页，序一 2 页，序二 2 页，序三 2 页，自序 2 页，图 1 页，正文 113 页。

《抗日模范根据地晋察冀边区》

  此书原为 1938 年 11 月聂荣臻写给毛泽东等人的一份军事报告，毛泽东认为该报告很有教育意义，要求补充修改后成书出版。后经作者补充修改，于 1939 年 12 月由八路军军政杂志社出版，同时在延安、重庆两地发行，毛泽东、朱德和王稼祥为之作序。毛泽东除亲自为此书作序外，还题写了《抗日模范根据地晋察冀边区》书名。

  毛泽东在序言中说道："晋察冀边区是华北抗战的堡垒，那里实行了坚持抗战的民族主义，那里实行了民主自由的民权主义，那里也开始实行了改良民生的民生主义，总之一句话，那里实行了互相联结不可分离的三民主义。""聂荣臻同志的这个小册子，有凭有据地述说了该区一年半如何实行三民主义与如何坚持游击战争的经验，不但足以击破汉奸及其应声虫

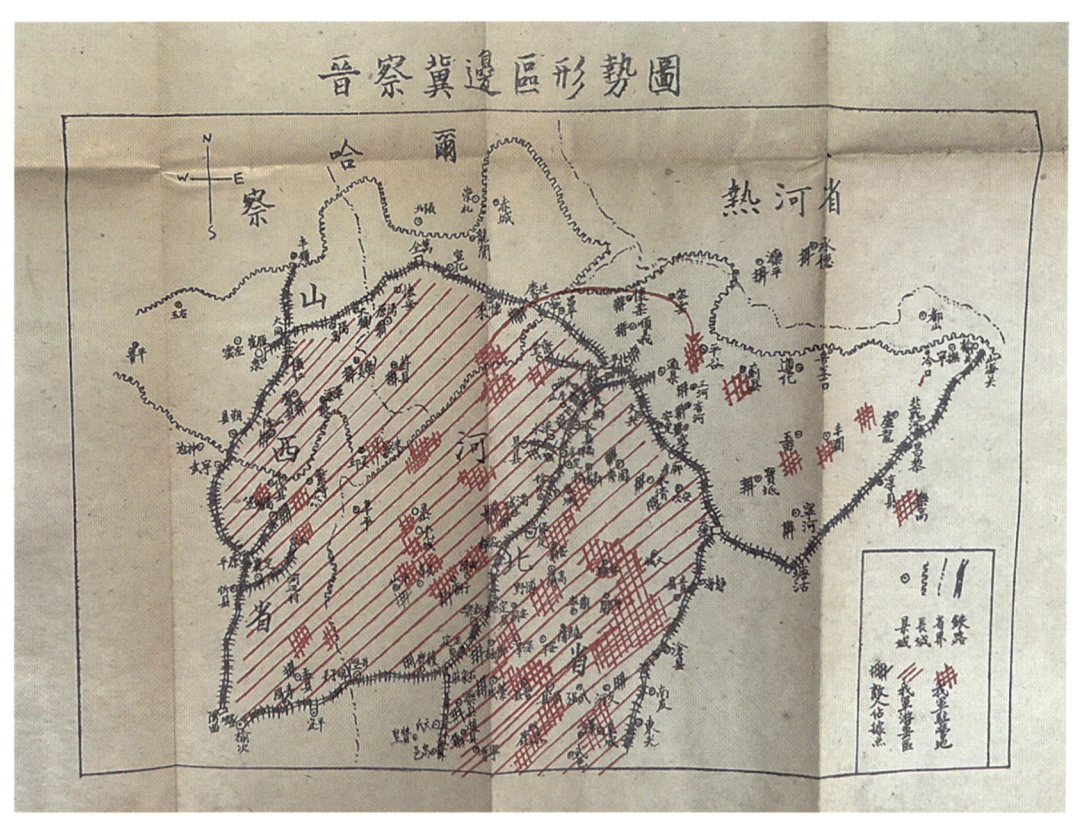

们的胡说,而且足以为各地如何实行三民主义,如何唤起民众以密切配合抗战的模范。"

1937年10月,八路军一一五师主力由五台山南下,政治委员聂荣臻率领一部分部队和军政干部约3000人奉命留驻五台山地区,开展游击战争。11月7日,以阜平、五台为中心的晋察冀军区成立,聂荣臻任司令员兼政治委员。他在晋察冀边区一面发动群众,搞好根据地建设,一面扩大抗日武装力量,开展游击战争。1937年12月,聂荣臻指挥部队粉碎了日军2万余人发动的八路围攻,尔后主动出击,对平汉铁路、平绥铁路、正太铁路进行三次破袭战,有力地配合了正面战场的作战。同时,他派出部队逐步开辟了冀中、冀东、平西、平北等根据地,使晋察冀抗日根据地连成一个牢固的整体。

晋察冀抗日根据地是中国共产党在抗日战争时期创建的第一个敌后抗日根据地,以山西东北部和河北的冀中、冀东为主,还包括热河、察哈尔的全部及辽宁的一部,行政上分为北岳、冀中、冀察、冀热辽四个区,地域广阔,战略位置重要。晋察冀根据地的创建、巩固和发展,对坚持华北敌后抗战和全国持久抗战起了"坚强堡垒"的作用,被中共中央誉为"敌后模范的抗日根据地及统一战线的模范区",为中国抗日战争和世界反法西斯战争的胜利作出了卓越的贡献。该书总结了创建根据地和开展游击战争的基本经验,宣传了八路军坚持敌后抗战的战绩,对国内外了解中国敌后战场的情况产生了深远影响。

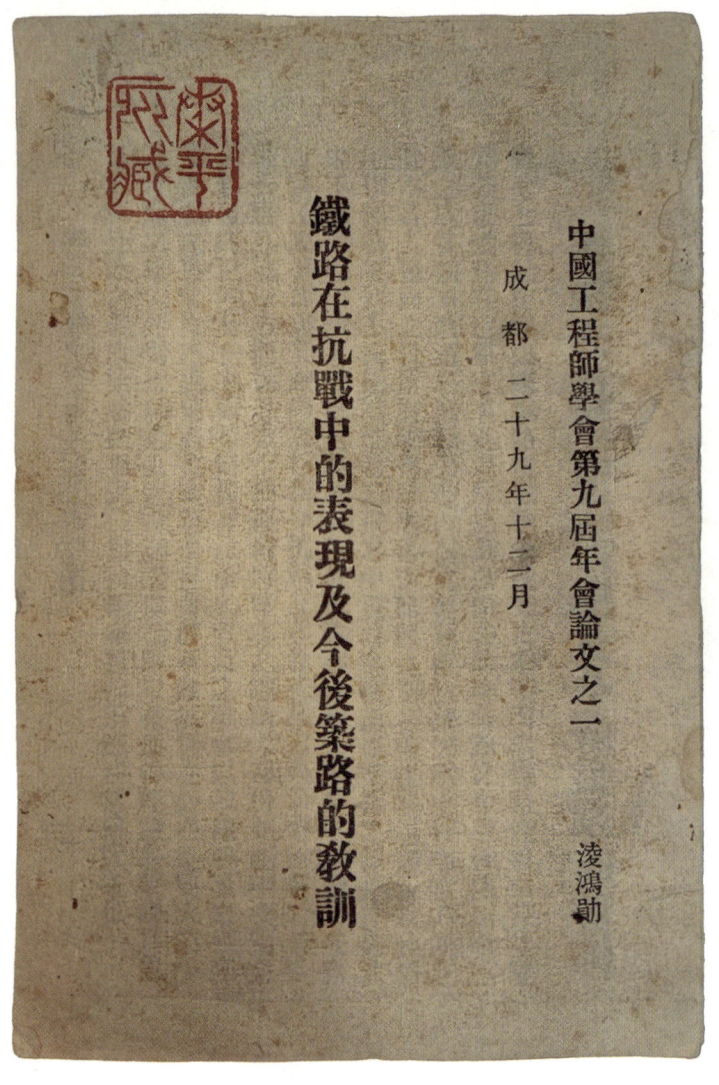

32 开本，12.2cm×17.9cm

凌鸿勋著，中国工程师学会第九届年会论文 1940 年 12 月印行。正文 33 页。

《铁路在抗战中的表现及今后筑路的教训》

作者凌鸿勋（1894—1981），出生于广东番禺，原籍江苏常熟，1915 年毕业于交通部上海工业专门学校土木科，赴哥伦比亚大学进修；1918 年 6 月回国，先后在京奉铁路及交通部考工科任职；1924 年 12 月被任命为交通部南洋大学校长；1950 年任台湾大学教授。凌鸿勋毕生从事土木工程，特别是铁路工程的教学和科研工作，是著名铁路工程专家、教育家，美国土木工程师学会终身会员。

书中指出：自七七事变以来，铁路运输遂成战守之重要因素。铁路沿线率先变为战场，铁路存亡与军事进退成比例、相呼应。前方将士浴血奋战之时，也正是铁路员工报国之日。所有维持行车，保卫路线，进则抢险赶修，退则拆轨炸桥，工作无时无刻不在极端忙迫紧张之中，负着速修速运速拆之艰巨使命。此书便叙述抗战以来我国战事进展及铁路修建、维护、破坏等状况，以抗战以来所得的经验与教训，为他日重新建设之参考。

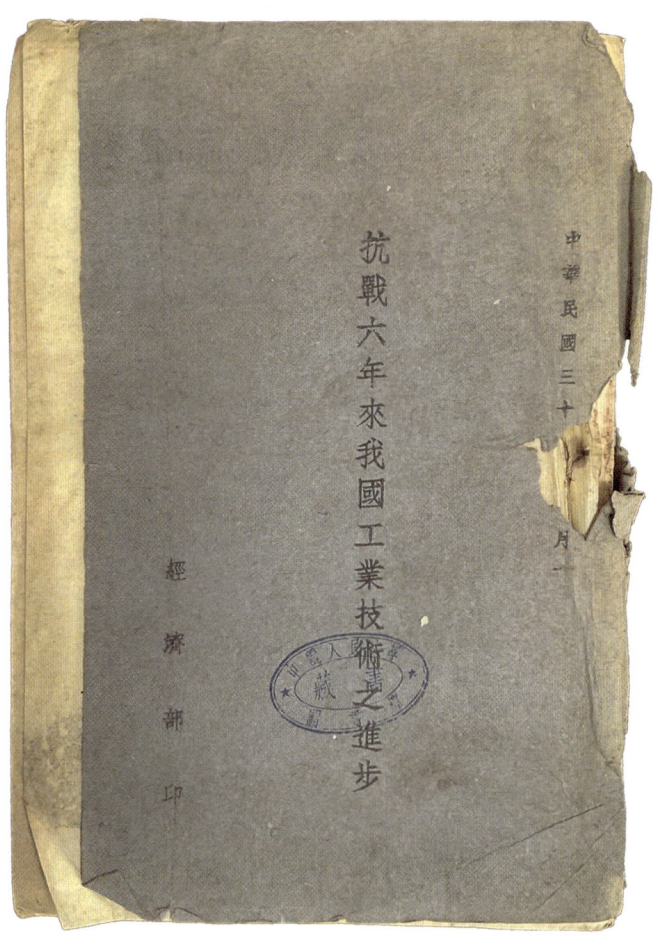

16 开本，17cm×26cm

国民政府经济部 1943 年 10 月编印。序 2 页，目录 2 页，正文及附录共 237 页。

《抗战六年来我国工业技术之进步》

此书序言指出："自对日抗战以来，时逾六年，后方工业，初在运输困苦之时，尽瘁建置，继以奋斗逾坚之志，用力生产，使内地工矿之力量突逾战前，并使我国对敌国侵略之抗御，得以历久弥强，以争取最后之胜利。此其间努力经营，克见成效，以贡献于国力之发展者，不一其人，皆可嘉奖；而按其实际工作技术方面之进步，亦诚卓有可观。良以抗战以前，吾国工业机械，多订购于国外，此时则以门户受封，无法输入，工业人士，不能不竭其所能，自行制造，亦正因此而国内制造之能力，为之加强。"由此可见抗战之困难，反而激发了中华儿女的自立精神，并在自强的道路上取得了卓越成绩。

此书总结和概述自 1937 年七七事变后至 1943 年间，我国工业技术革新创造之成就。全书共十一个部分：前四个部分标题依次为"前言""仿造及代用品""发明及创作""结论"；后七个部分是各类附录，包括各类统计表格及资料，如"经济部核准专利案件分类统计表""经济部核准专利案件审查决定书（共二八六件）""经济部办理奖励仿造原料及器材案件分类统计表"等。

此书是了解抗战时期国民政府如何鼓励和促进后方工业进步、经济发展的难得史料。

32 开本，12.6cm×17.2cm

翁文灏著，潘公展主编，胜利出版社（重庆）1942年11月初版。版权页1页，扉页1页，目录2页，正文84页。

《抗战以来的经济》

作者翁文灏（1889—1971），浙江鄞县（今属宁波）人，清末留学比利时专攻地质学，是中国第一位地质学博士。1913年回国后，编写中国第一本《地质学讲义》、撰写第一部《中国矿产志略》、编制中国第一张彩色全国地质测量图、组织领导开发中国第一个油田。翁文灏担任焦作工学院（今中国矿业大学和河南理工大学）的校董。翁文灏曾以学者身份在国民党政府内任事，抗战期间负责矿产开发与工业生产等事务，并于1948年担任国民党政府行政院院长，是民国时期"学者从政派"中官位最高者。1949年，翁文灏脱离蒋介石集团后移居法国巴黎。1951年，经毛泽东、周恩来的邀请，翁文灏回到中国，是首名回北京的前国民党高级官员。

此书共五章：第一章为"绪论"，主要谈"经济建设的意义"和"我国战时经济建设所取的途径"；第二章为"工矿业内迁运动"，主要谈"厂矿内迁的意义""厂矿内迁的经过"和"厂矿内迁后的复兴工作"；第三章为"大后方的工矿业"，主要谈"建设工矿业的意义""中国过去工矿业发展之方向""抗战以来的内地国营事业""抗战以来的内地民营事业"及"抗战以来后方的生产"；第四章为"物资管制"，主要谈"战时物资管制的意义""我国战时物资管制的演变"及"物资管制实施前后之比较"；第五章为"对敌经济战"，主要谈"经济战在现代战争中的意义""敌人经济状况概观"及"五年来对敌经济的成就"。

该书言必有据，持之有故，分析及结论均令人信服。

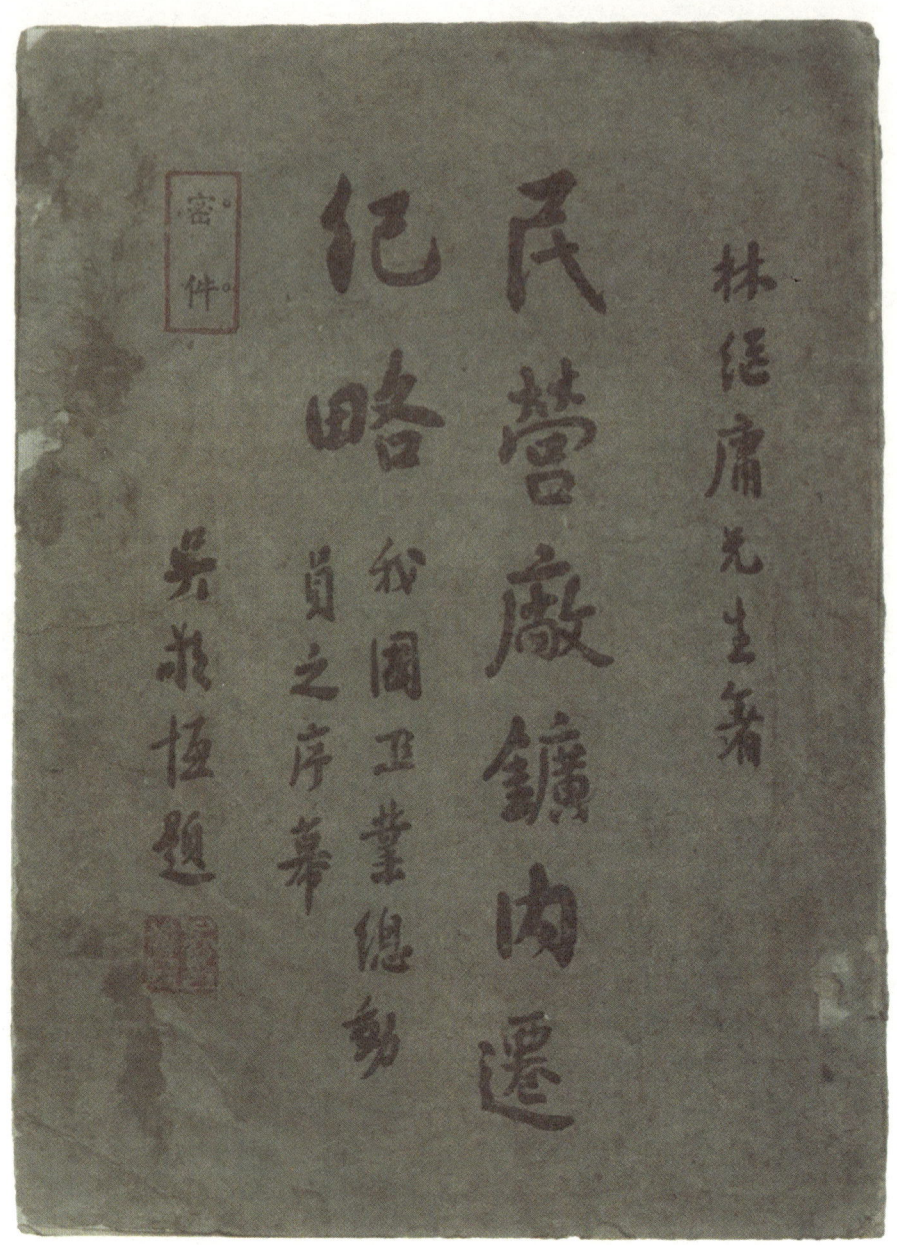

《民营厂矿内迁纪略——我国工业总动员之序幕》

1937年7月抗战全面爆发,沿海沿江市埠及铁路沿线各厂矿为适应战争需要亟待拆迁至内地,以充实后方生产力量,保障抗战军需及民品供应。此乃关乎抗战能否持续进行及在多大程度上持续进行的重要之举。因而战火燃起的次月,国民政府就决定以资源委员会为主要执行单位,会同财政部、军政部、实业部组成"工厂迁移监督委员会"(后改组为"工矿调整处"),主持战区厂矿内迁事宜。此书即是对当时厂矿企业内迁过程的纪实,所叙迁移之情景,如动员、拆运、重建等,无不困难重重,读之让人感佩万分。

大 32 开本，15.3cm×21cm

林继庸著，中国工业经济研究所 1942 年 6 月初版。翁文灏序 1 页，自序 1 页，正文 98 页，勘误表 2 页，版权页 1 页。

内迁之地为陕、川、滇、黔、桂、湘等偏远地区，与上海、南京、武汉等地相距遥远，有舟车缺乏、道路艰险、后方复建繁难及技工难以寻觅等问题，此物质上之困难。一些工厂业主习于苟安，以停留图利为求、以运输损失为虑，观望徘徊、迟疑推托，此心理上之障碍。还有一些省市政府所办企业，或囿于省市界线而安土重迁，或因职责不明而拖延时日，以至敌兵进迫，城市沦陷，错失搬迁机会。凡此种种，导致许多厂矿沦于敌手，不仅无补抗战之毫末，反增日寇侵凌之力量，实在令人痛惜。

然而，内迁之事尽管不如人意处甚多，但仍有不少业主赤诚爱国、不畏艰危，宁受个人巨大损失，以效抗战卫国之职责。此书不仅是抗战史中的一个光辉片段，也为我们留下了一份珍贵史料。翁文灏（时任国民政府经济部长兼资源委员会主任委员）在该书序中称赞作者说：“林君继庸于工业学有专精，对国家素极忠诚，自始经办其事（指厂矿内迁之事），实际情况知之最详，著为此篇至为亲切，展读之下，于其时情形宛然如见，诚为抗战工作中应有之纪述。”

林继庸（1897—1985），广东香山（今中山）人。1913 年考入北京大学理工科预科，1919 年肄业于天津北洋大学采矿系。1920 年进入美国纽约伦斯勒理工学院，1924 年在美国化工厂任工程师。1926 年回国后任复旦大学教授、理学院院长兼化学系主任。1932 年淞沪抗战期间，任十九路军技术顾问兼技术组组长。1933 年春为躲避日军追捕，前往欧洲。1936 年回国后，先后任职于国民政府资源委员会、军事委员会、经济部等机构部门。1943 年任新疆省政府委员兼建设厅厅长。1945 年任粤桂闽敌伪产业审议委员会主任兼处理局局长。1947 年在上海创办天山工业公司及中国农业机械公司。1949 年赴台湾，1985 年在台北病逝。

正是在国民党政府资源委员会及军事委员会任职期间，林继庸参与具体组织操办工厂内迁、后方工业之建立、军需品生产等事宜。他在该书自序中说：“余屡欲执笔叙述经过情形以报告于关心此事之人士，然惧机密外泄，掷笔中辍者再。今事过境迁已逾三年，以往皆成陈迹，若再不有所记述，则民间厂矿人士之忠贞热诚恐终湮没于不闻，因请得主管长官允许，检搜个人日记，及纪录主持者口述，编成此书。事迹惟求其真，至于文字则本非余所长不暇计及矣。”

此书珍贵之处，还在于书末附有"内迁民营厂矿名称及地址一览表"，将厂名、原设地点、负责人姓名、现迁移地点、在内迁地点复工的时间等信息一一列出，清楚明了。封面之所以注有"密件"字样，乃是为了保密迁移地址及相关情况，以免工厂遭到敌机轰炸或日伪军的破坏。值得一提的是，吴敬恒（即吴稚晖，抗战时期任国防最高委员会常务委员）为该书题写了书名。

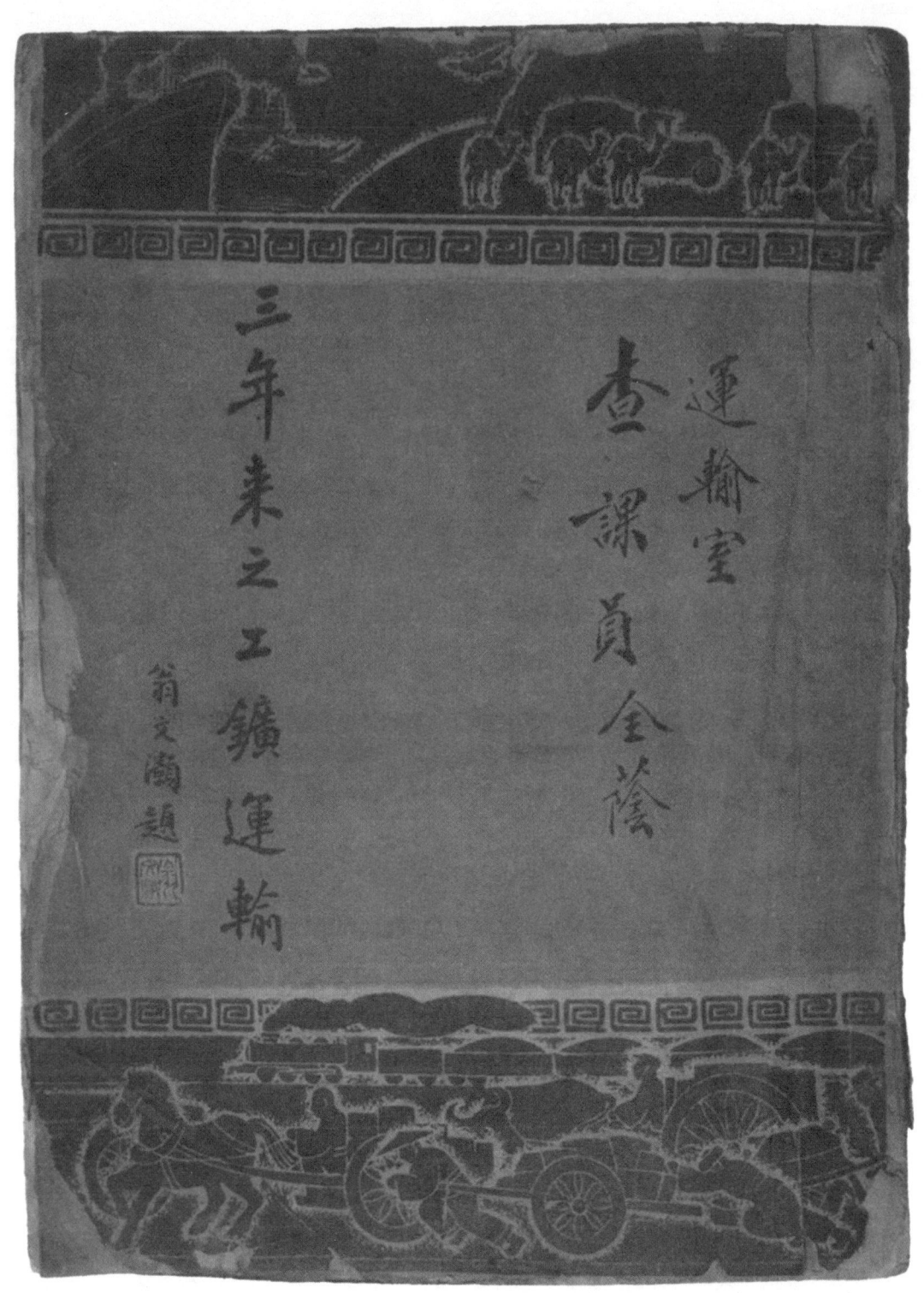

16 开本，20.4cm×26.8cm

经济部资源委员会运务处编印，1943年7月初版。经济工作人员守则1页，彩色插图1幅，目录3页，序3篇13页，锌板插图5幅，正文及附录共337页，编辑者言1页。

《三年来之工矿运输》

抗日战争全面爆发后，国民政府经济部资源委员会担负国防重工业建设和运销特种矿产及军需之专责，于1938年11月在广西桂林设立钨锑联合运输处，备有卡车120辆及大小船只26艘，专事矿品外运；次年1月复在材料购置科下设运输队，购卡车40辆，在昆渝间代运各矿厂进口器材及其他物资。至1940年6月，为提高工作效率，上述两家机构合并为资源委员会运务处，并加拨资金，添置车辆等运输设备，承担战时重要物资运输重任。此书即为资源委员会运务处成立三年来各项工作进展之总结。

全书共十章：第一章为"概述"，谈论该处成立前后的运务情况；第二章为"组织"，叙述该处机构变迁及现状；第三章为"业务"，说明各条运输路线、运量、运率及站务、仓储概况；第四章为"车务"，介绍车辆统计、调度及车务管理；第五章为"机务"，评述沿线修车厂的设备与效力及考核办法；第六章为"材料"，考查材料的购置、储转和使用；第七章为"财务"，陈说三年来营业收支及资产折旧状况；第八章为"电讯"，讲述电话及相关通信建设的成就及缺陷；第九章为"训练"，描述干部、员工和护运警察的训练组织及训导效果；第十章为"福利事业"，列举员工福利组织和医疗、文体、子弟小学及眷属生产合作社等福利事业。此书是了解战时重要工矿企业及军需物资运输状况的权威资料。

此书装帧设计比较讲究，封面上半部分的图案为飞机、船舶、汽车、骆驼等运输工具，下半部分的图案为火车、马车、牛车、人拉板车及手推独轮车等运输工具载货奋力向前的场景，很好地刻画了抗战时期调动一切运输力量保证作战需要的情形。国民政府经济部部长兼资源委员会主任委员翁文灏题写的书名也为之增彩。书中附有多幅插图，均颇有意趣；而首页四色锌版彩图"任重道远"，不仅较好地表达了书的蕴含，而且从当时版画及印刷条件看，也有值得玩味之处。

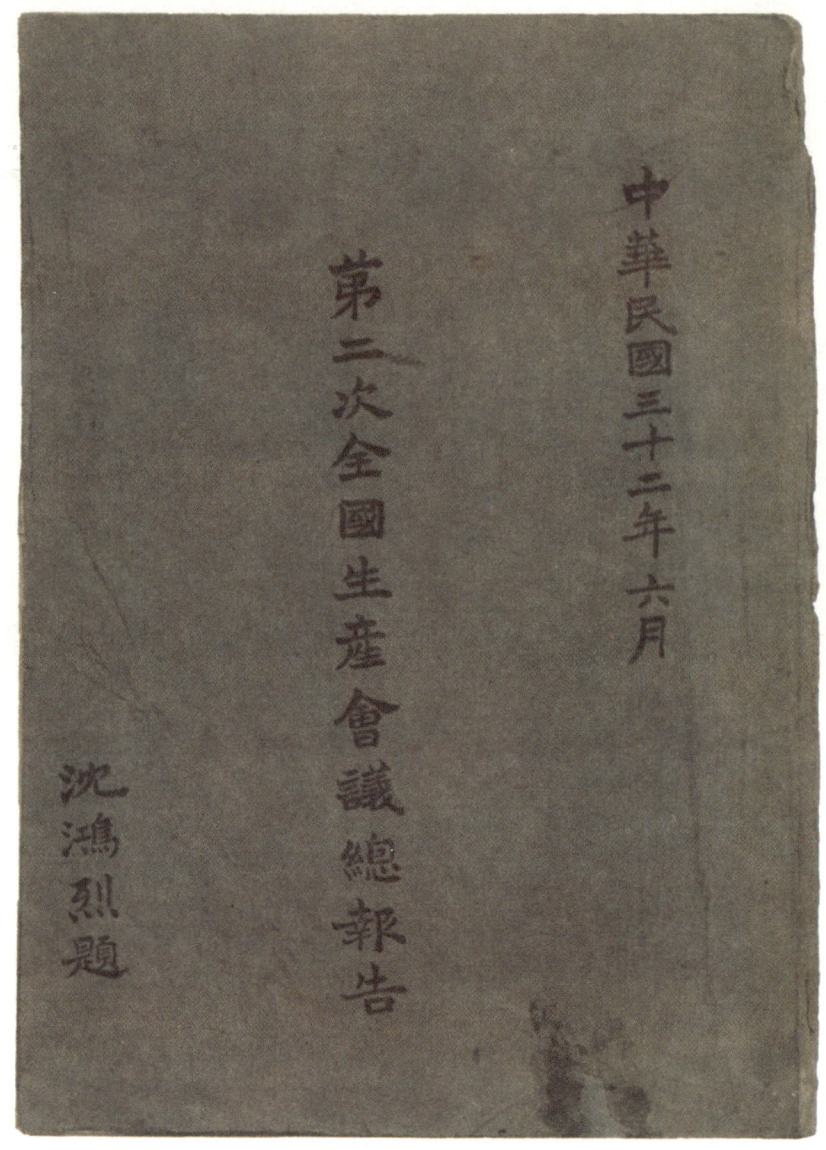

16 开本，18cm×25cm

会议秘书处编印，国家总动员会议物资处1943年6月监印出版。勘误表1页，照片1页，目录4页，正文及附录共354页。

《第二次全国生产会议总报告》

自1939年5月召开第一次全国生产会议后，四年间各方面情况都发生了很大变化，为适应抗战新形势的需要，国民政府于1943年6月1日至9日在重庆举行第二次全国生产会议。这次会议由经济部和农林部联合举办，邀集各地重要生产企业的代表及专家，与国民政府各主管机构的负责人一起，检视生产事业取得的成绩及遇到的困难，研究各种物资的需要及供应途径，以"完成战时生产任务"，达到"巩固国防，安定民生"之目的。这次为期九天的会议颇受各界重视，多数国民政府主要官员参加会议并听取代表发言，各大报刊更是连续作充分的报道。

此书即为这次会议经过的记载和相关讲话及文件的汇编。全书分四个部分：第一部分包

括会议始末纪要、开幕式和闭幕式上的讲话,第二部分包括会议各项规则、出席人员名单及分组情况等内容,第三部分包括会议提案目录、大会决议、宣言和处理办法等内容,第四部分包括大会慰劳前方将士电文、慰劳全国生产界员工电文、会员捐款清册及各大报社围绕会议召开所发表的社论等内容。

此书封面由沈鸿烈题写书名。沈鸿烈(1882—1969),湖北天门人,早年赴日本海军学校留学,曾任张作霖东北海军副总司令。九一八事变后,率舰队驻防青岛,任青岛市市长达六年。抗战爆发后,任山东省政府主席兼省保安司令。1941年调任国民政府农林部部长,次年兼任国家总动员会议秘书长。他正是以此秘书长兼农林部部长的身份参与组织召开了第二次全国生产会议。此书封三上注明为"非卖品",系会议秘书处印发给会议代表及相关政府机构的纪念读物和内部交流资料。

32 开本，12.8cm×18.5cm

董时进著，商务印书馆1944年7月重庆初版，1945年12月上海初版。扉页1页，他序2页，自序1页，目次2页，正文158页，版权页1页。

《国防与农业》

  此书首叙农业在人民足食足衣和国家安全上的重要性，多举列强国家农业情况为参证；次就我国农业资源现状及发展工业所需要的农业支撑，分章详论农业各部分如粮食、林业、畜牧、特产、园艺之配合协调发展；最后谈论水土保持与利用、土地政策与佃农以及战后农业演进趋势等问题。作者董时进长期从事农业教育与农业行政工作，对中国农业政策颇有研究。此书以国家安全为基点，对中国农业当时及未来一段时间应循的发展途径论列详明、切中肯綮。抗战后期，战后恢复和建设问题已提上议事日程，故商务印书馆主编《复兴丛书》，以促进建国宏业早日开展和完成。此书即商务印书馆定出书名，约请作者撰写的《复兴丛书》之一。

  此书他序提道："值兹抗战胜利在望，建国宏业方始之时，本书出而问世，殊有参考价值。"

八

得道多助

战时中国外交

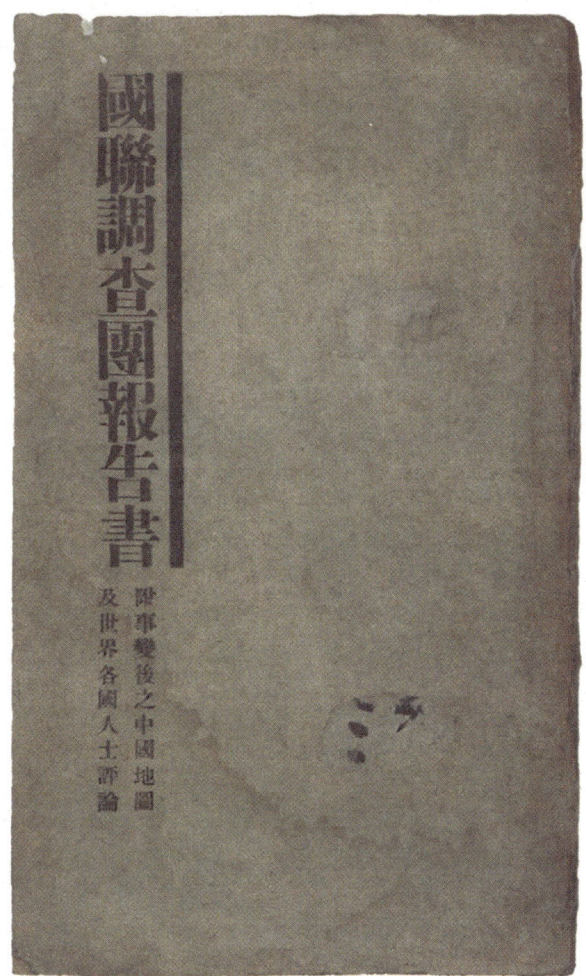

16 开本，14.8cm×24.6cm

中日问题研究社编辑，光明书局（上海）1932 年 10 月 21 日初版，同年 10 月 25 日再版，同年 11 月 5 日三版。小序 1 页，地图 1 页，照片 1 页，目录 2 页，正文及附录共 288 页。

《国联调查团报告书》

  此书如书名所示，乃国际联盟调查团对日本侵占中国东三省事端的调查报告书。

  国际联盟（简称国联）是第一次世界大战以后成立的国际组织。1919 年 4 月，参加巴黎和会的国家签署《国际联盟盟约》（列为《凡尔赛和约》的第一部分）。1920 年 1 月，随着《凡尔赛和约》的生效，国联正式成立，总部设在瑞士日内瓦，先后加入的有 63 个国家，中国为成员国之一。国联以"增进国际间合作并保持和平和安全"为宗旨，但实际上国联为英法等少数国家所操纵。日本和德国为放手侵略别国，分别于 1933 年 3 月和 1933 年 10 月退出国联。随着第二次世界大战的爆发，国联名存实亡，1946 年 4 月正式解散。

  日本侵略东三省以后，蒋介石采取不抵抗政策，期望国联来裁决。该报告书共十章，十六七万言，1932 年 9 月 4 日调查团各委员在北平签字，10 月 2 日在中国南京、日本东京和瑞士日内瓦同时公布。此书除载报告全文外，还附有报告公布后中国、日本及世界各国之声明及评论。它对于了解九一八事变发生的背景和过程、东三省沦陷状况以及日本的狡辩和我国的反驳等，具有重要史料价值。

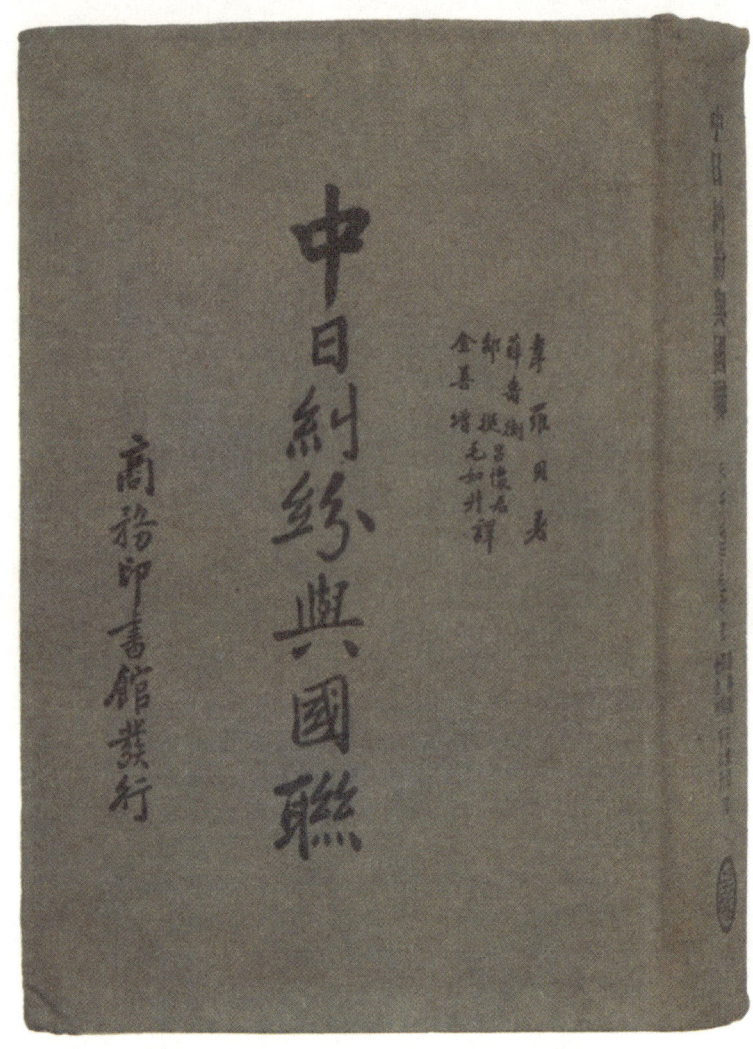

大 32 开本精装本，15.7cm×22.7cm

[美]韦罗贝著，吕怀君等译，商务印书馆 1937 年 2 月初版，同年 3 月再版。序 3 篇 3 页，例言 1 页，作者自序 4 页，参考书介绍 4 页，目录 25 页，正文及附录共 704 页。

《中日纠纷与国联》

　　这里所说的中日纠纷，是指中日两国围绕九一八事变而引起的纠纷；其所说的国联，即国际联盟（又称国际联合会）。

　　九一八事变发生的次日，即 1931 年 9 月 19 日，国民党政府电令中国驻国联代表提出反对日本侵华申诉。国联经过多次讨论研究后，决定于 1932 年 2 月派遣由李顿爵士为团长的调查团，赴中国就日本侵略东北一事进行实地调查。10 月 2 日，国联公布《国联调查团报告书》（又称《李顿报告书》），其中确认日本侵略中国东北，制造伪满洲国的事实，但又认为"中国政局不稳"，需要"承认日本在满洲之利益"，提出对中国东北实行"国际共管"的主张，要求东北政治、财政、经济均由外国人组成的"顾问会议"来控制，其中日本占重要比例，等等。此报告公布后，国内舆论普遍认为其偏袒日本侵略行径，表示强烈不满；但蒋介石、汪精卫表示"原则接受"，并称赞其"明白公允"。然而，即使这样一个严重损害中国主权及各种相关权益的报告书，当国际联合会准备举行大会通过时，日本不仅强烈反对，还于 1933 年 3 月

宣布正式退出国联。至此，国联对日本侵华事件的调解宣告失败。

此书即是记叙和探讨这次事件纠纷过程及相关问题的权威专著。全书分两编，第一编共20章，专叙九一八事变主要事实、中国向国联提出申诉之经过、国联调查团赴东北调查情况及报告书内容、国联大会讨论报告书时中日及其他各国代表的发言态度等；第二编共九章，探讨由这次中日争端而引起的国际法、国联权限及国际秩序等重要问题。作者韦罗贝曾多年被国民政府聘为顾问，写作此书时仍担任中国驻美使馆顾问，是西方研究中国问题的著名学者之一。他的著作受到中外学界及政界重视。这本《中日纠纷与国联》，更以内容精深翔实、持论客观公正受到欧美及国内各界好评。

此书由国民政府两位外交界重量级人士顾维钧（曾任国民政府外交部部长，时任中国驻法国大使）、郭泰祺（曾任外交部政务次长，时任中国驻英国大使）作序，充分肯定作者研究问题的科学态度和该书的重要史料价值。

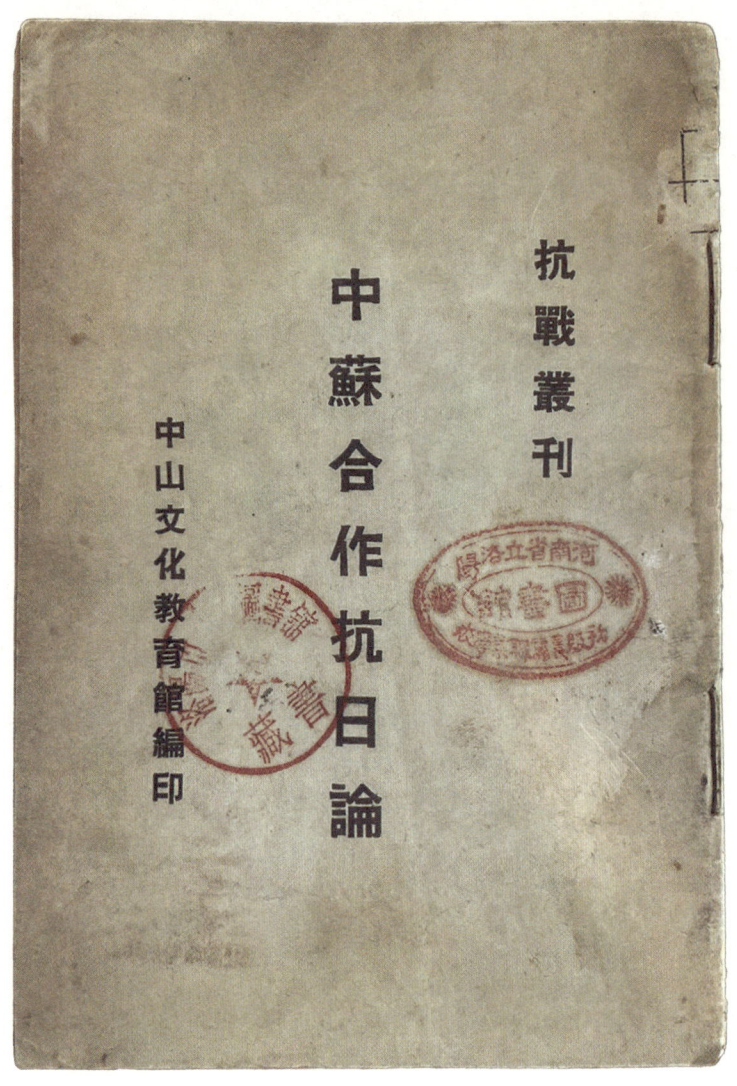

32 开本，12.3cm×17.4cm

严继光著，中山文化教育馆（南京）1937年10月初版。抗战丛刊缘起4页，正文27页，版权页1页。

《中苏合作抗日论》

1937年8月21日，中国与苏联在南京签订互《中苏互不侵犯条约》，同月双方同时公布这份条约。中、苏、日三国互为近邻，近代以来关系一直极为复杂。在日本大举侵略中国之际，中苏签订该条约意义重大。作者认为："这条约的缔结，结束双方过去的种种误会，展开两国现在和将来的亲善关系，其影响于远东大局以及世界和平，殊非浅鲜，这是毫无疑义的。现在一般人所注意的，就是在这条约缔结以后，中苏两国是否应再进一步从事合作抗日。"此书从世界大势，远东局势，中苏两国各自利益等多个方面，分析中、苏两国合作抗战的可能性和重要作用，对宣传抗战、激发多方力量积极抗战颇有意义。

严继光（1894—1970），云南大理人。1920年获美国斯坦福大学历史学学士学位。历任云南外交司秘书、国民政府实业部司长、上海大夏大学史地系主任、中山文化教育馆研究部组长、云南大学教授。1949年云南解放后退职，后被云南省政府聘为文史专员。

32 开本，13.2cm×18.6cm

甘介侯著，前进社（上海）1938 年 1 月初版。目录 1 页，正文及附录共 48 页，版权页 1 页。

《抗战中军事外交的转变》

  此书正文分为六个部分：一是"日本为什么要侵略中国"，二是"卢沟桥事变何以突于七七发生"，三是"发动全面抗战"，四是"抗战中军事外交的进程"，五是"抗战中军事外交的转变"，六是"看了东战场判断北战场"。另有附录"郑州的惨案"。书中除对日本侵略中国的野心和目的作揭露和剖析外，侧重谈论抗战全面爆发后我国军事外交的一系列变化，包括德国的调停、《中苏互不侵犯条约》的签订等，说明抗战在形成统一战线以后，必将取得最后的胜利。

  作者甘介侯（1896 — 1984），江苏宝山人，毕业于清华大学，后赴美国留学，先入威斯康辛大学，继入哈佛大学，获哲学博士学位。1926 年回国后任国民政府外交部秘书，一度代理外交部部长；1928 年后任第一方面军外交处处长，第四集团军外交处处长。1932 年 1 月任南京国民政府外交部常务次长。珍珠港事件发生后，甘介侯去香港，汪精卫约其出任伪职遭到拒绝，被日、汪软禁于香港，后化装逃走。1949 年李宗仁出任代总统，甘介侯作为总统私人代表赴美，接洽李宗仁和杜鲁门晤面，后留美任新泽西州大学教授，1984 年 11 月 10 日在纽约病逝，终年 88 岁。

32 开本，13cm×19cm

樊仲云著，商务印书馆（长沙）1937年12月初版，1938年2月三版。扉页1页，丛书发刊旨趣2页，目次2页，正文48页，版权页1页。

《抗战与国际形势》

  此书共分五章：第一章为"日本的大陆政策"，介绍其经历的三个阶段、第一次世界大战的祸首、国际协调主义的破灭、未来大战的祸首；第二章为"美国的门户开放主义"，谈论美日对立的由来、1921年底举行的华府会议、美国不承认日本侵华所得权利等；第三章为"英国的势力均衡主义"，解读英日同盟、同盟的解除、英国对日态度的转变等；第四章为"苏俄的和平外交"，叙述世界革命学说的失败、新经济政策的时代、五年经济建设计划等；第五章为"中国的立场"，讲解中国进入全国抗战时期，日本本身随着战场扩大、战线拉长，加上占领东三省后侵害了苏联的利益等一系列外部矛盾，只要中国毫不动摇地坚持抗战到底，就一定会取得胜利。

  该书列入商务印书馆的"抗战小丛书"之一出版。

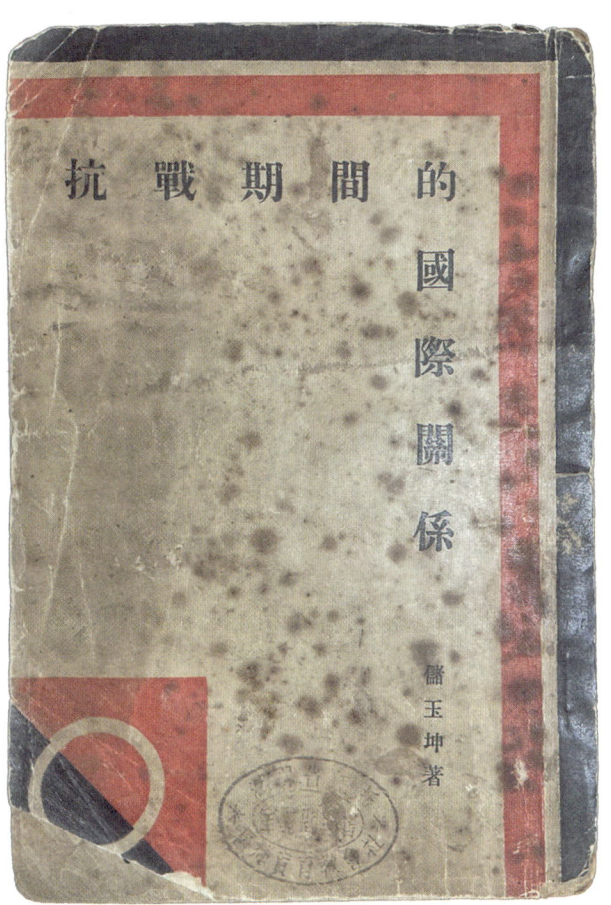

32 开本，12.8cm×18cm

储玉坤著，大公报代办部（香港）1938年10月初版。扉页1页，序2页，目录4页，正文161页，版权页1页。

《抗战期间的国际关系》

作者在序中说："日本帝国主义侵略中国而导成的远东烽火与国际形势的关系，可以从两个方面去观察：从其对于世界的影响而言，即使远东烽火不蔓延而为世界的燎原野火，成为人类空前的浩劫，至少要使世界各国蒙受到不利的影响；同样，世界形势的变化，也要有形无形的影响到中日战争的前途。换言之，国际形势的好转，也是中国抗战获得胜利的因素之一。"

此书分为两编：第一编为"远东之部"，主要谈论列强在华利益的危机、英国将如何维护其远东利益、国联应立即对日实施经济制裁、英美合作与远东、中英关系与远东和平、中苏关系之展望、中苏互不侵犯条约之剖析、德国承认伪满、德国召回在华顾问等；第二编为"欧美之部"，主要谈论英国能否维持欧洲和平、英美合作与世界和平、德奥合并与公民投票、英国国防计划、战争威胁下的捷克、粉碎德国的迷梦、波兰外交的批判、英国外交的转变、英法协商与世界和平、美国新政的检讨、美国应立即废弃中立法、苏联选举成功的意义等。

此书作者储玉坤（1912—？）是当时英商报纸《文汇报》的记者，书中所收文字皆作者在该报上发表的社论或言论性文字，既有即时性，又有针对性，留下了当时人如何看待国际形势与抗战关系的史料。

32 开本，13cm×18.4cm

[苏] 列明著，孙冶方译，黎民书局（汉口）1938年3月初版。扉页1页，目次1页，前言10页，正文64页，版权页1页。

《中国抗战与国际关系》

　　此书原为苏联学者列明刊登在1937年底《太平洋》季刊三、四期合刊上的一篇论文。孙冶方说，他之所以将此文翻译介绍给中国读者，是因为"第一，作者这篇文章不是分析当前国际间的某一事件，而是说明九一八事变以来，日本的整国国际形势的演变经过，所以时间性较长久；第二，作者对于国际关系的某些预测，直到最近才从事实上得到了证实，所以我们在今天来读这篇论文，非但不觉得它过时，而且反可以看到作者的'料事如神'"。

　　此书除孙冶方写的前言是"对于最近国际间几件重要事件的分析"以外，正文分为四个部分：一是"日本侵略中国第一阶段的国际形势"，二是"日本侵略中国与列强利益的矛盾"，三是"列强应付日本侵略中国的政策"，四是"日本的孤立与中国抗战前途"。书中通过对大量国际形势变动及趋势的评述，说明中国抗战只要坚持到底，日本帝国主义必败无疑。

32 开本，13cm×18.7cm

[美] 卡尔·克洛著，陈庚孙译，黎明书局（汉口）1938 年 6 月初版。扉页 1 页，目次 3 页，著者序 2 页，年表 3 页，正文 89 页，版权页 1 页。

《我为中国人说话》

  作者卡尔·克洛是美国新闻记者，长期在中国及日本采访报道，对中日关系深有研究。此书如原标题《我为中国人说话——三十年来日本侵华实录》所示，乃记叙自袁世凯称帝至七七事变时期，日本采用种种手段掠夺中国资源和侵略中国领土的事实。

  此书主要内容有："二十一条"的提出、内容、后果，日本侵华政策的修正，日本助长中国内乱的手段，日本宣传的阴谋，欧战时日本的亲德态度，天皇——日本军阀的傀儡，出尔反尔地缔结条约，日本军阀的新花样，沈阳事变的前因，制造沈阳事变的准备，淞沪之战与海陆军的冲突，日军侵沪的后果，日军在华的丑态，中国建设事业的猛进，日本军阀的破坏，西安事变与中国民气的表现，华北事变前的世界政治形态，卢沟桥事变，永无止境的侵略等。该书所述每一事件，均言必有据，书末附有文献来源，是研究日本长期侵华的难得资料。

论苏德战争及其他

周恩来 著

青鸟出版社出版

32 开本，12.8cm×18cm

周恩来著，青岛出版社1941年8月2日出版。扉页1页，目录1页，正文及附录共43页，版权页1页。

《论苏德战争及其他》

此书正文为周恩来1941年撰写的四篇文章，除第四篇《"七七"四年》前面已有介绍以外，其他三篇内容如下。

第一篇《论苏德战争及反法西斯的斗争》，是1941年6月29日苏德战争爆发一周之后，周恩来为《新华日报》撰写的社论。该文章阐述苏德战争的爆发，使世界反法西斯战争进入了新阶段，也给中国抗战带来巨大影响；中国共产党"运用我们站在东方反日本法西斯强盗的前线地位，联合东方一切反法西斯的人民民族和国家，结成更广大的反法西斯的国际统一战线，肃清一切反苏反共及对日妥协的有害思想，以打倒东方法西斯头子的日本强盗"。

第二篇《民族至上与国家至上》发表于1941年6月15日《新华日报》。周恩来在该文中指出，要与敌人作生死存亡决斗。政治上要建立革命各阶级联合的政权，经济上实行耕者有其田，保护民族工商业，扶助中小企业，资助内迁工厂，肃清贪官污吏，没收日伪财产和独占性大企业，反对少数极端谋私的分子和拥有特权的人。

第三篇《论敌寇两面政策》刊发于1941年6月8日《新华日报》。该文章指出："敌人于军事进攻之外，还使用政治进攻的法宝，企图以诱降和分化，来动摇我们抗战的意志，瓦解我们抗战的力量，以便利其征服中国，这就是敌人侵华的两面政策。""什么是针锋相对的政策？就是敌人以军事的进攻和'扫荡'来，我们以各线出击和破击战回答他。敌人以政治的诱降和分化来，我们以反对投降和巩固团结回答他。敌人以军事政治双管齐下来进攻我们，我们便以团结抗战来回答他。"

社運叢書之九

國際勞工組織與援華運動

中央社會部印發

32 开本，12.7cm×18.2cm

朱学范编著，中央社会部 1940 年 11 月初版。目次 4 页，正文 76 页，版权页 1 页。

《国际劳工组织与援华运动》

国际劳工组织有三个，其一为国际劳工大会，其二为国际工会联合会，其三为国际运输总工会。其组织之宗旨都在团结国际工人力量，推动国际工人合作，以促进各国劳工生活及待遇的改善，而反对侵略，维护正义，为各国劳工之共同立场。自我国抗战全面爆发后，1938 年和 1939 年的第二十四届、二十五届国际劳工大会对援华问题，均通过了具体的决议。国际工会联合会及国际运输总工会亦采取切实行动，号召各国劳工发起抵制日货、罢运军需用品赴日等援华活动，这些都是对我国抗战的可贵支持和帮助。

此书即分别介绍国际劳工大会、国际工会联合会及国际运输总工会的组织概况，我国历年参加其活动的情形和有关抗战问题的提案，以及这些组织声援我国抗战所形成的决议案等，最后就如何发挥中国劳动协会团结全国工人参与和支持抗战等，提出了切实可行的意见。

作者朱学范（1905 — 1996），上海金山人，早年肄业于上海圣芳济书院。1924 年考取上海邮局邮务生，后任全国邮务工会常委。1938 年在汉口发起组织中国工人抗敌总会筹备委员会，后任国际工会联合会理事、中国劳动协会理事长。1944 年当选国际劳工组织理事会理事，次年出席世界工会联合会成立大会，当选为世界工会联合会副主席。1948 年 1 月在香港参与组织中国国民党革命委员会并任组织工作委员会主任，同年 2 月到达东北解放区，8 月参加第六次全国劳工大会，后以中华全国总工会代表的身份参加中国人民政治协商会议第一届全体会议。中华人民共和国成立后，历任邮电部部长、中华全国总工会副主席、全国政协常委、全国人大常委会副委员长、民革中央主席等。

此书版权页上无定价，并注明"如须翻印须先经本部许可"的字样。该书当属非卖品，应为朱学范主持的中国劳动协会之中央社会部印发的宣传材料。

32开本，12.3cm×17.3cm

胡愈之著，生活书店1937年12月初版。扉页1页，目次2页，正文及附录共140页。

《抗战与外交》

此书认为，中国近百年来备受列强欺凌，固然在于自己国力孱弱，但没有确定的外交政策也是不可忽视的因素。如九一八事变发生后，中国采取不抵抗政策，而打算依赖国际联盟来解决日本入侵问题。"后来发现被帝国主义操纵的国联，并不能帮助中国夺回东北三省，于是在外交上竟至于手足无措，甚至连抵抗侵略收复失地这一点民族自信力都完全失掉，以至竟有许多人提出'敌乎友乎'的问题。一个国家，对于直接侵略的国家为敌为友，都没有一致的认识，又从哪里去谈外交国策？"

由此出发，作者提出：随着抗战深入而发生的国际形势变化，政府应充分运用外交手段来争取国际支援，打败日本侵略者。书中对怎样运用日内瓦外交、怎样发挥苏联对日本的牵制作用、怎样获得美英的同情和帮助等问题，都作了自己的分析和阐发。

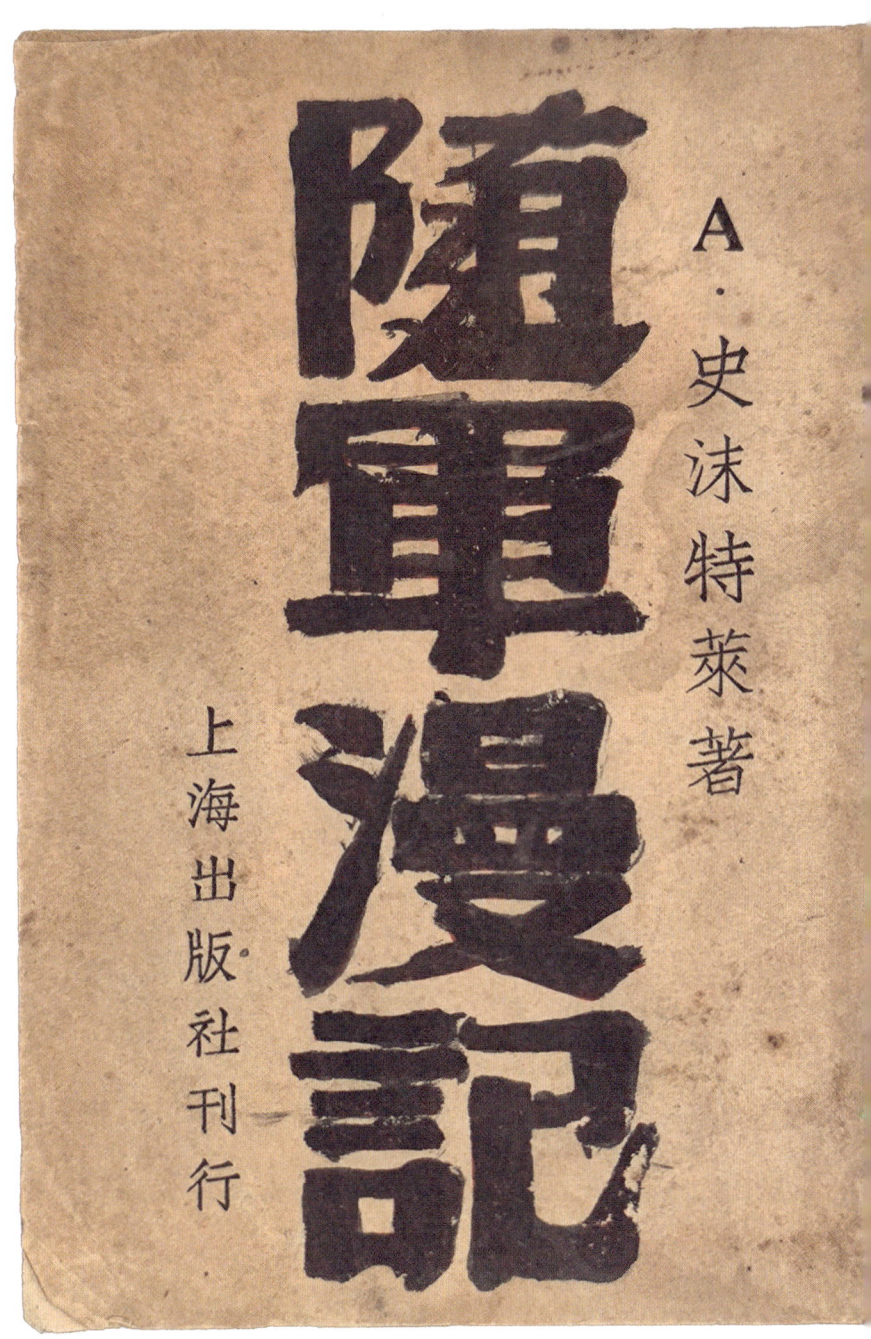

32 开本，12cm×17.1cm

[美]A. 史沫特莱著 朱田 译，上海出版社1945年11月出版。扉页1页，正文80页，版权页1页。

《随军漫记》

以日记的形式，记载了 A. 史沫特莱 1937 年 8 月 19 日从延安出发，到 1938 年 1 月 9 日到达汉口的全部过程，作者以对中国的深情、忠于革命理想的原则立场，客观地叙述自己在中国的见闻和经历。1937 年，A. 史沫特莱跟随八路军在山西前线进行采访，把这段经历写成了此书。这部书是一部难得的历史记录。

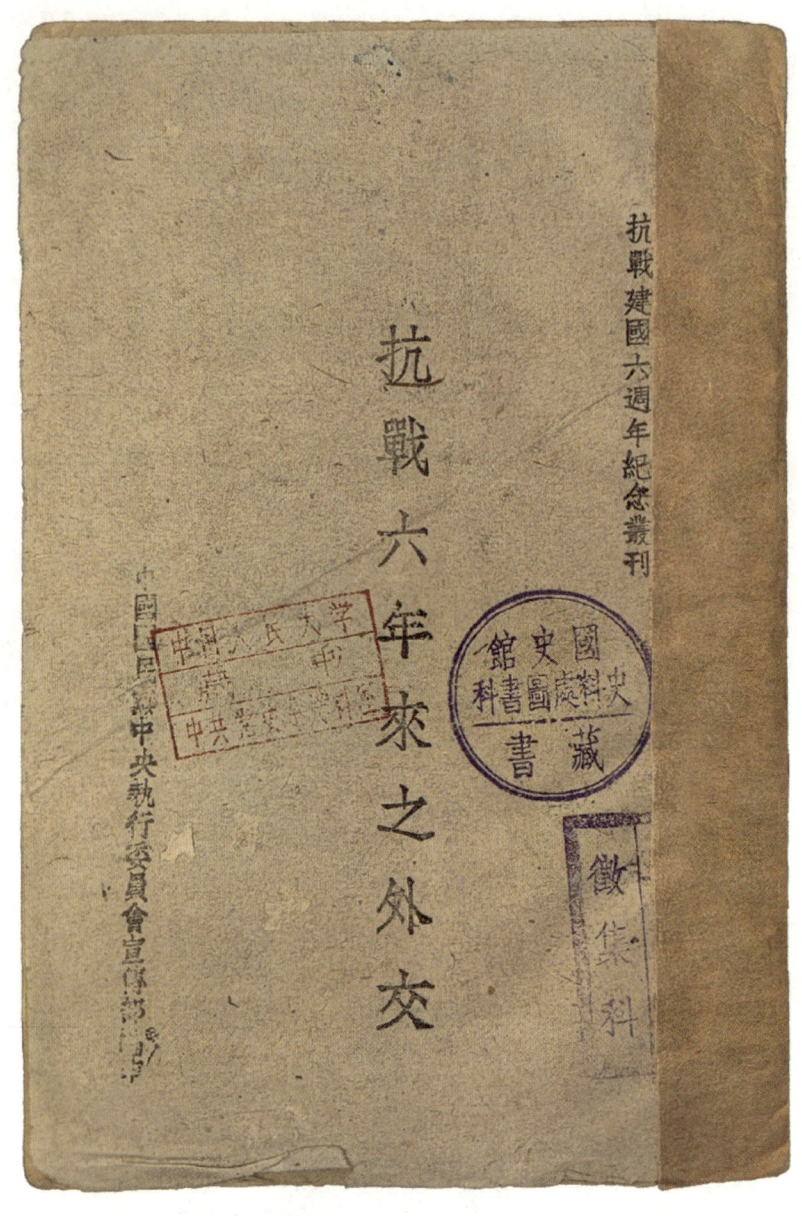

32 开本，11.9cm×18cm

中国国民党中央执行委员会宣传部编著，1943年7月初版。扉页1页，正文23页，版权页1页。

《抗战六年来之外交》

　　此书以大事记的形式，记叙全民族抗战以来中国与国际联盟及世界各国的交往。国联对日本侵略东三省的裁决过程、结果及反响，我国政界、文化界等各界人士在重要国际场合的活动、谈判、演讲，七七事变等抗战重大事件在国际上的影响，世界各国对我国抗战的声援、支持和援助等，该书均依时间顺序一一载述。该书结语写道："凡上所述，乃我抗战六年来之外交梗概，然亦可从而推见正义与和平终为文明人类所愿拥护之真理。我国之所以能于波谲云诡国际局势中，本'以不变应万变'之宗旨，获得大多数国家之同情与援助者，固属得道多助，而我中华民族有真知灼见毅力坚强之领袖实有以致之。"

32开本，12.8cm×17.5cm

胡秋原著，中国文化服务社1943年12月渝初版，1946年7月沪二版。自序3页，目次8页，正文及附录293页，版权页1页。

《近百年来中外关系》

  此书叙述近百年来中外关系，重在说明百年耻辱之由来与经过。与同类著作相比，它有三点值得注意：一、由于较为晚出，对九一八事变至七七事变的国际形势与我对日方针、对抗战以来中国外交及争取国际支持的情况，均有清晰说明；二、全书共15章，除第一章"导论"和第15章"结论"外，每章后都有专节评论，对所叙之事发表自己的看法，总结经验教训，颇有《东莱博议》之风仪；三、作者认为中国对外关系的根本问题在于解决日本，因而应与西方民主国家加强合作以制日。全书叙说简明，但要点和事件的关联及来龙去脉交代清楚，对事件所寓含的意义及教训时有独到检视和评论，或可谓是一部史与论结合较好的专题史著。

  作者胡秋原（1910—2004），湖北黄陂人，中学毕业后入武昌中华大学。1928年入复旦大学中文系，次年赴日本早稻田大学经济部留学。1931年暑假回国后在上海创办《文化评论》。1933年任《国民日报》社社长。1934年赴英国，后到苏联和美国。抗战全面爆发后，回国赴武汉接办《时代日报》，不久到重庆创办《祖国》《民主政治》杂志。1939年任国防最高委员会秘书。1945年任《中央日报》副总主笔。抗战胜利后继任《东南日报》总主笔，兼暨南大学、复旦大学教授。1949年赴香港，任《香港时报》主笔。1951年去台湾，任中央研究院近代史所研究员、台湾师范大学教授等。

32 开本，12cm×18.3cm

抗战日报社1944年10月出版。前言1页，目录2页，代序及正文共80页。

《盟邦人士的诤言》

此书收录国外人士谈论中国抗战，尤其是谈论中国共产党领导的八路军、新四军进行的抗战，以及对抗日根据地建设情况的采访报道和分析评论。其内容有T·A·毕生的《论中国在联合战争中的地位》，罗果夫的《对中国政府之批评》，美国《新共和国》杂志的《远东的混乱》，M·史蒂华的《胜利须在中国争取》，R·S的《你以为如何在延安设立美国领事馆》，I·K·罗辛格的《中国军队的实情》，F·V·费尔特的《中国内部的危机》，纽约时报的《中国的内争》，美亚杂志的《中国为民主而奋斗和目前的政治危机》，纽约时报的《中共领导下的军队是强大的》，《美国旧金山电台广播延安近况》，美亚杂志的《东江游击纵队与盟国在太平洋的战略》，美亚杂志的《作为反攻基地的中国游击区》，E·史诺的《六千万被遗忘掉了的同盟者》等。

该书代序指出：“近年来国民党当局对'国际宣传'的方针不外两端：一是粉饰太平，掩盖当局消极抗战，专制独裁的误国政策；二是钳制舆论，封锁全国人民要求加强团结抗战、实行民主政治的呼声，而对于共产党、八路军、新四军和敌后八千万人民的抗战业绩与伟大建树，则更竭尽其诋毁污蔑的能事。可是不管国民党统治人士在这方面多么努力，英美等国反法西斯人士的敏锐目光，仍能透过重重封锁，摄取抗战中国的真相，……"此书所汇集材料，就充分说明这一点。

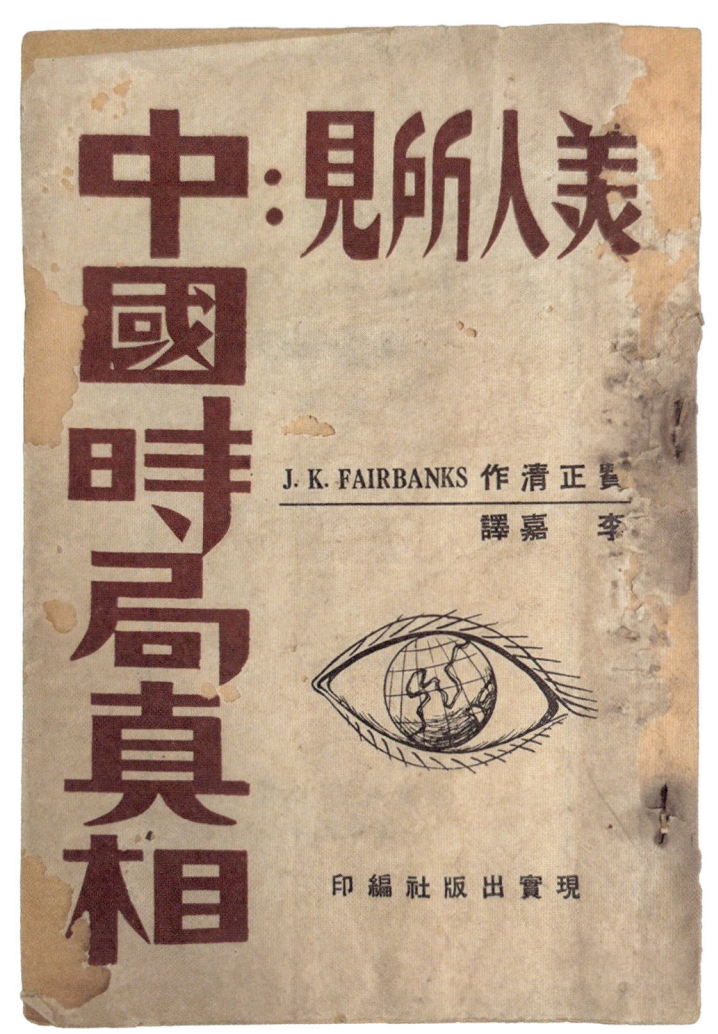

32 开本，12.8cm×18.4cm

[美] 费正清著，李嘉译，现实出版社 1946 年 10 月出版。扉页 1 页，版权页 1 页，目次 1 页，正文 23 页。

《美人所见：中国时局真相》

  此书作者费正清 (1907 — 1991)，是美国研究中国问题的专家、国际汉学泰斗、哈佛大学东亚研究中心创始人，有美国"中国学研究的奠基人"之称。他于 1929 年毕业于哈佛大学，1932 年来华研究中国近代史并在清华大学、燕京大学兼课，1941 年在美国战略情报局任高级职员。1942 年在中国重庆美国驻华大使馆任特别助理兼新闻处主任，后为驻华美国情报处处长。1948 年起任哈佛大学教授，1959 年任亚洲研究协会主席。1973 年起兼任东亚研究理事会主席，长期坚持以历史因素解释中国的现实改革与变迁，在美英等国家产生广泛影响。 此书共五个部分：一是"错误的美国对华政策支持了反动的中国政权"，二是"封建的遗毒"，三是"共产党的政治资本"，四是"国民党变成保守党了"，五是"美国可否与中国共产党握手"。此书对美国长期以来的对华政策进行反思，认为美国政府所尽力支持国民党政府并不能完全代表人民的利益，中国的时局的真相是共产党及民主同盟等政治力量更具有面向未来的积极意义。

⑧ 得道多助：战时中国外交

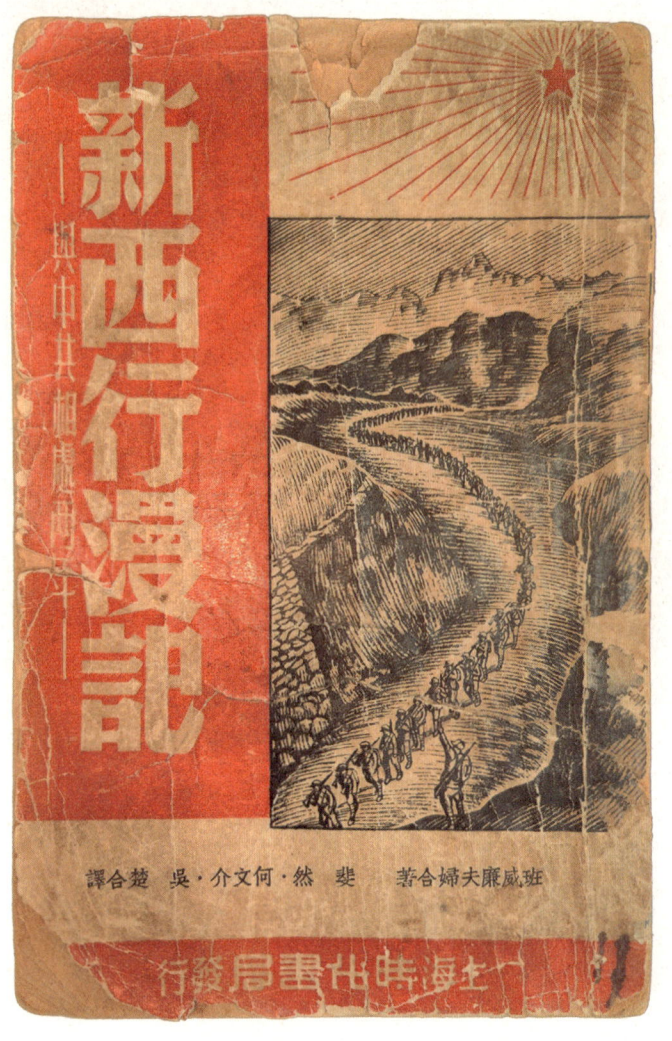

大 32 开本，14.8cm × 21.8cm

[英] 班威廉夫妇著，斐然、何文介、吴楚译，上海时代书局印行，出版时间约在 1949 年。扉页 1 页，原序 2 页，译序 2 页，目录 2 页，正文及附录共 325 页。

《新西行漫记——与中共相处两年》

  此书作者班威廉是一位英国物理学家，他和妻子在中国工作和生活有 15 年之久，其中在北京七年，有四年半在日本占领统治之下，有两年游历中国共产党创建的抗日根据地，最后一年是在国民党的战时首都重庆。此书原名《与中共相处两年》，译者增加了《新西行漫记》的主标题，如其在译序中所说，主要是考虑作者所写事情主要发生在 1942 年至 1943 年，时间上正好与斯诺的《西行漫记》和斯诺的妻子所写的《续西行漫记》相承接。

  此书正文分为 20 章，各章标题如下：沙漠中的一片绿洲，黄祸，逃亡者，游击战区，到总司令部去的路上，游击队员读大学课程，黄龙与章鱼之门，笔、解剖刀、剑，农村的爱国者，边区人民政府，牧羊童，日军的攻势，穿过敌军前线，黄河游击队根据地，延安途中见闻，延安日记，国民党对我们的欢迎礼，一九四四年的重庆，自由中国的大学生活，返国之后回首往昔。附录为《一本关于中国的书》。作者写作此书极为严谨，均写自己亲历、亲见之事，多能以小见大反映抗日根据地的情况，预示中国未来的前景。

九

匕首投枪

战时中国文化

32开本，13cm×18.5cm

中国剧作者协会会员集体创作，戏剧时代出版社1937年出版。扉页1页，启事1页，代序2页，目次3页，正文及附录共115页。

《保卫卢沟桥》

此书是中国剧作者协会在七七事变发生后立即组织起来，集体创作的一部三幕剧。第一幕为"暴风雨的前夕"，第二幕为"卢沟桥是我们的坟墓"，第三幕为"全民的抗战"。其代序中说："我们有笔的时候用笔，有嘴的时候用嘴，到嘴笔都来不及用的时候，便势将以血肉和敌人相搏于战场。我们不甘心做奴隶，我们愿以鲜血向敌人保证我们民族的永存。《保卫卢沟桥》是我们在战时工作的开始，我们热烈的希望这个剧本能够广泛的上演于前后方，我们更希望看过这个戏的观众，能和我们——和剧中所有的民众士官们相共鸣，高呼：保卫卢沟桥！保卫华北！保卫祖国！一切不愿作奴隶的人们，起来呀！"

此剧情感充沛，情节展现得慷慨激昂，具有强烈的感染力。

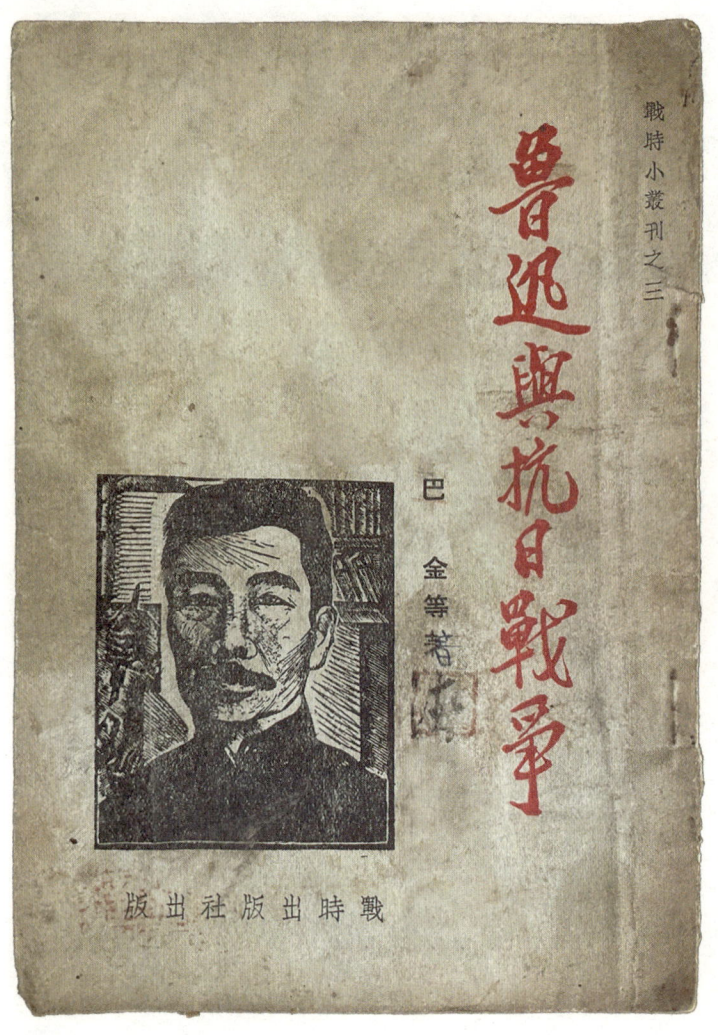

32 开本，13cm×18.3cm

巴金等著，战时出版社出版。扉页1页，目次1页，正文85页。

《鲁迅与抗日战争》

　　鲁迅是中国现代文学的奠基人之一，新文化运动的重要参与者，文学家、思想家、革命家。他同时在美术、书法等领域有所建树，是坚定的民主战士。毛泽东对鲁迅作出了高度评价："鲁迅是中国文化革命的主将，他不但是伟大的文学家，而且是伟大的思想家和伟大的革命家。鲁迅的骨头是最硬的，他没有丝毫的奴颜和媚骨，这是殖民地半殖民地人民最可宝贵的性格。鲁迅是在文化战线上，代表全民族的大多数，向着敌人冲锋陷阵的最正确、最勇敢、最坚决、最忠实、最热忱的空前的民族英雄。鲁迅的方向，就是中华民族新文化的方向。"

　　鲁迅逝世一周年（1937年10月19日）之际，正值抗战烽火炽烈燃烧之时，文化界人士纷纷撰文纪念鲁迅，抒发像鲁迅那样对敌人绝不屈服，英勇顽强的抗战情怀。此书便是这些文章的辑集，有景宋（许广平）的《鲁迅与抗日战争》、冯雪峰的《鲁迅与抗日民族统一战线》、郭沫若的《鲁迅并没有死》、巴金的《深的怀念》、郑振铎的《怀冲锋的老战士鲁迅先生》、艾芜的《抗战期中纪念鲁迅》、孔另境的《纪念我们的老战士——鲁迅先生》、金性尧的《鲁

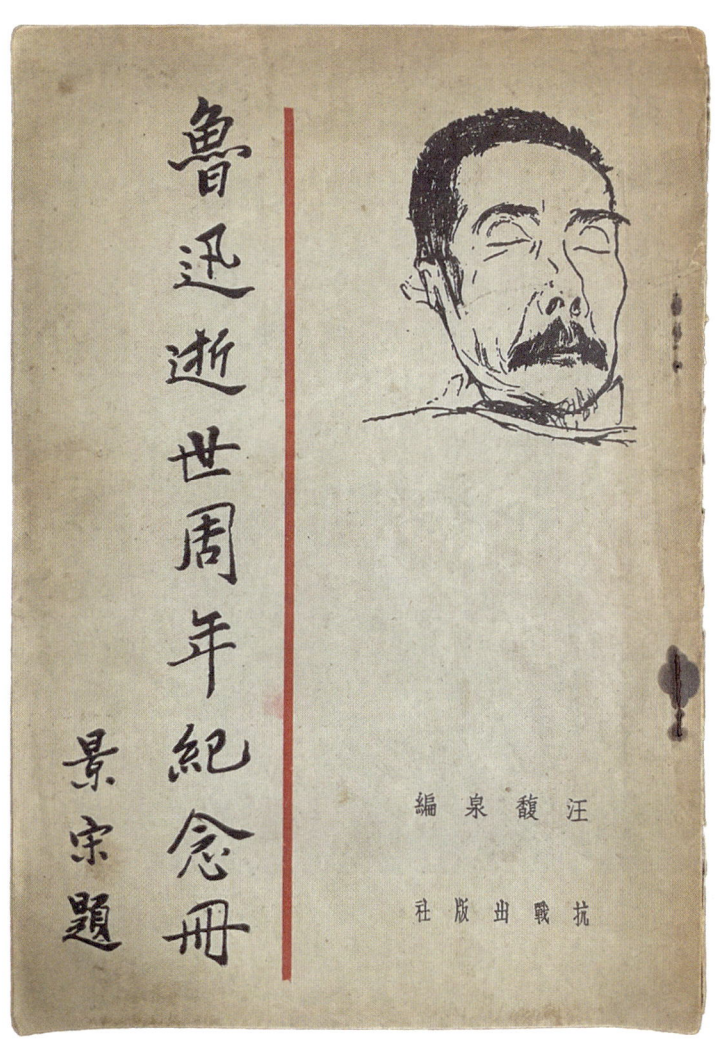

32开本，13cm×18cm

汪馥泉编，抗战出版社1937年10月25日出版。扉页1页，版权页1页，目次2页，正文58页。

迅先生的被禁作品》等。这些作品曾在当时的《救亡日报》《烽火》《宇宙风》《大公报》《神州日报》等报刊发表。

  1937年10月25日，抗战出版社还出版了一本由汪馥泉编辑、景宋（许广平）题写书名的《鲁迅逝世周年纪念册》。此书所收文章与上书有重合，但也有一些不同，如周建人的《鲁迅先生小的时候》、冯雪峰的《一种误会》、阿英的《鲁迅书话》等文章便是《鲁迅与抗日战争》所没有的。

  《鲁迅逝世周年纪念册》的编者汪馥泉（1900—1959），浙江余杭（今属杭州）人，是五四运动在浙江的中心人物之一，原东北人民大学中文系教授兼图书馆馆长。20世纪30年代初，汪馥泉先后在上海公学、复旦大学任教，抗战爆发后任《救亡日报》编委、《大公》周刊编辑、《学术》杂志主编等职。他为人正直，编辑出版过众多报刊，以文无媚词、内容充实深受知识界和广大群众好评。

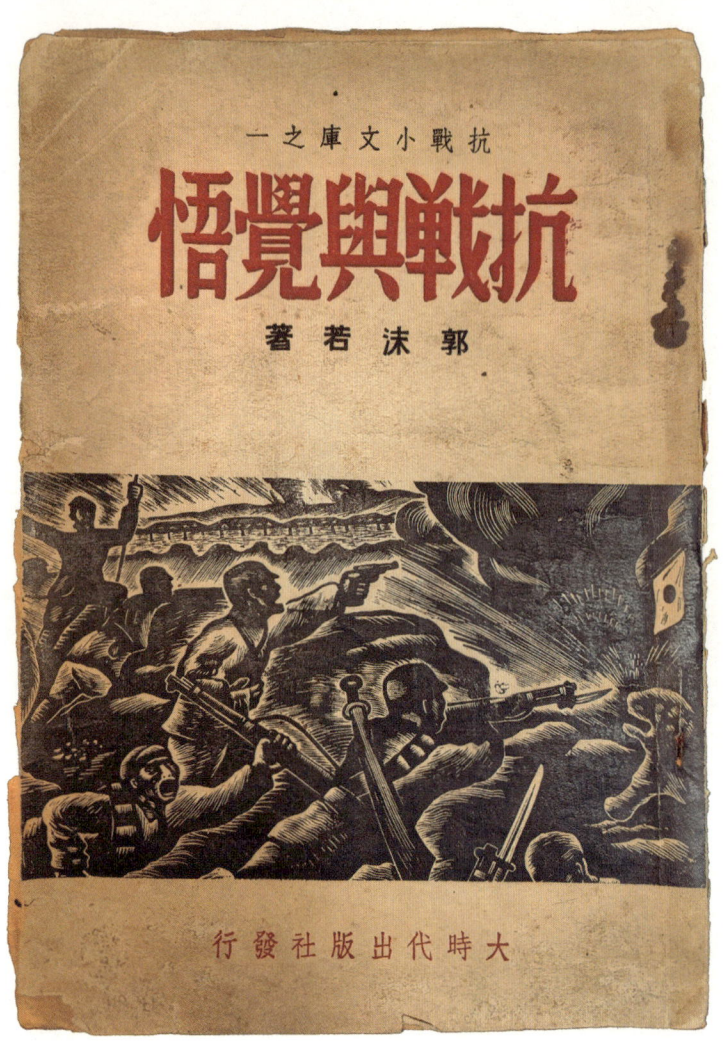

32 开本，13cm×18.4cm

郭沫若著，大时代出版社1937年10月初版并再版。扉页1页，版权页1页，代序1页，目录2页，正文84页。

《抗战与觉悟》

  1937年卢沟桥事变爆发，全民族抗战的战火燃起后，郭沫若于7月25日离开日本回国。他在回国途中写了多首诗，其中较为著名的有两首。其一《黄海舟中》："此来拼得一家哭，今往还将遍地哀。四十六年余一死，鸿毛泰岱早安排。"其二《归国杂吟（之二）》："又当投笔请缨时，别妇抛雏断藕丝。去国十年余泪血，登舟三宿见旌旗。欣将残骨埋诸夏，哭吐精诚赋此诗。四万万人齐蹈厉，同心同德一戎衣。"这两首诗充满爱国激情和大义凛然的气概，在报纸上发表后，引起很大的社会反响。郭沫若手书放在目录前，作为此书的代序。

  此书收录郭沫若1937年7月至9月所发表的抗战文章：《我们为什么抗战》《抗战与觉悟》《全面抗战的再认识》《理性与兽性之战》《忠告日本政治家》《由日本回来了》《到浦东去来》《前线归来》《希望不要下雨》《不要怕死》《由"有感"说到气节》《"侵略日本"的两种姿态》。从版权页看，该书于1937年10月出版，当月就再版，可见其当时受欢迎程度之高。

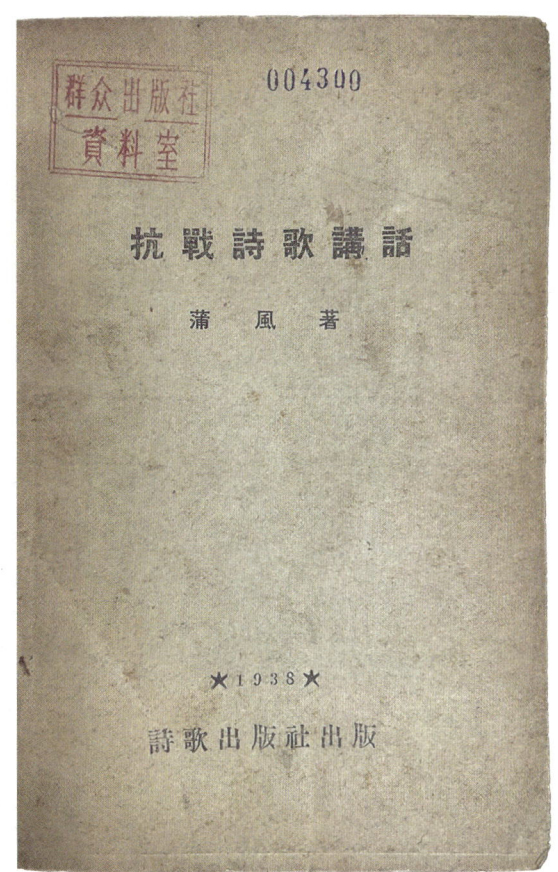

32 开本，13cm×18.2cm

蒲风著，诗歌出版社（广州）1938年4月15日初版。扉页1页，写在前面2页，目次2页，正文73页，版权页1页。

《抗战诗歌讲话》

　　作者蒲风（1911—1942），原名黄日华，广东省梅县人。1927年加入中国共产主义青年团，1930年加入中国共产党，1932年在上海中国公学求学时，参与发起组织中国诗歌会，主编《中国诗坛》杂志，致力于新诗歌运动。1937年任厦门文化界抗敌后援会执行委员，1940年10月到皖南参加新四军，在军部从事文化工作。1941年1月皖南事变后，在新四军第二师和淮南津浦路东"总文抗"工作，1942年8月13日在安徽省天长县逝世。著有诗集《茫茫夜》《抗战三部曲》《街头诗选》《取火者颂集》等15部，是一位以笔为枪、以诗为火的革命斗士，现代文学史上的著名诗人，为我国革命新诗的发展作出了杰出的贡献。

　　此书是蒲风的诗论集，收有他在抗战前后所写的诗论文章，主要有：《现阶段的诗人任务》，谈论诗人应担起国防的任务来，创造清新易懂的新形式，并投进集团和组织生活里去；《关于前线上的诗歌写作》，谈论诗歌创作必须满怀激情，必须大众化、内容与形式的多样统一、表现具体化、抒情单纯化，街头诗要做到简短有力等；《关于抒情诗写作法的意见》，谈论真实性的更深发掘，由单纯到具体，扫除观念的机械的公式化，由实际生活中建立新形式，伟大雄浑的想象及想象的形容等；《目前的诗歌大众化诸问题》，谈论五七言定形律非大众形式，时调小曲非革命形式，活泼的歌谣形式，创造新形式等；《诗歌大众化的再认识》，谈论国防文学与诗歌大众化，我们面对着大众，新形式的建立等。

　　此书流传较少，许多研究蒲风的论文及专著都未见提及。

32 开本，14.5cm×19.8cm

冯玉祥著，一辑三户图书印刷社（汉口）1938年3月初版。扉页1页，版权页1页，目录6页，序（一）2页，序（二）4页，自序3页，正文197页。二辑三户图书印刷社（桂林）1939年4月初版。扉页1页，序2页，目录6页，正文129页。

《抗战诗歌集》（一、二辑）

作者冯玉祥（1882—1948），祖籍安徽巢湖，自幼在直隶保定（今河北保定）长大，著名抗日爱国将军。九一八事变后出任察哈尔抗日同盟军总司令，卢沟桥事变发生后相继任第三战区、第六战区司令长官。他以军事委员会副委员长的身份，呼吁团结抗战。抗战胜利后坚持反内战，发起组织中国国民党革命委员会。1948年7月应中共中央邀请参加中国人民政治协商会议筹备工作，后因轮船失火在黑海遇难。

冯玉祥虽行伍出身，但热爱文化，创作了大量语言质朴、情感真挚的诗歌，内容涵盖军旅生活、抗日救国、民生关怀等主题。他曾在公开场合说："我的诗，粗俗到家了，和雅人们的雅诗比不了。我是个大头兵，把兵字上下拆开，就是丘字和八字，我写的诗就是'丘八诗'"，由此他得了一个"丘八诗人"的雅号。但他的诗强调"有感而发"，即兴赋诗，记录所见所闻所感，因而其诗有很强的现实感和针对性，具有"诗史"性质。

此两本诗歌集，便是他抗战诗歌的汇编。其特点如何容在第一辑的序中所说："冯先生

作诗,同他作别的工作一样,是以抗战救国为目的。他不歌咏风花雪月,也不抒发个人的烦恼哀愁;他所写的多半是抗战中的悲壮的事迹与忠烈的人物。他的诗没有一首言之无物,更没有一首是消极悲观的;句句是实,行行激壮,每一首都能使人兴奋,使人感动。如果我们承认战时需要诗歌,这些诗歌就是最需要的。如果我们承认战争不单靠有形的物质的力量,还需要无形的精神的力量,便没法否认这部诗集的效用。"吴组缃在序中也说道:"在他军事政务的百忙之中,仍常常抽空写作诗歌,一方面抒发他自己的所见所感,一方面希望作为同胞们的精神食粮。细读这里收集的八十首诗,觉得有四个不可漠视的特点:一是文字朴实,二是形式通俗,三是满带热烈浓厚的感情,四是说的都是具体而浅近的事情。"他的诗作对于当时的人们来说,就是一仓富有营养而又易于咀嚼消化的精神食粮。

1939年4月25日,冯玉祥在湖北宜昌城内视察。他不惧日机低空盘旋,登上了江边的大南门城楼,来到城头关帝楼春秋阁,触景生情,写下《春秋阁》一诗:

> 春秋阁上读春秋,关公旧舍已不留。
> 后人建阁表崇慕,大忠大义万古流。
> 我为抗倭到此地,注目江水思贤侯。
> 盼我同胞矢忠勇,效法先贤报国仇。

随后,冯玉祥亲自扛来一棵树,放在大家面前,陪同的将士看了,一时不解其意。冯玉祥以树为题,又赋诗一首:"鸟爱巢,不爱树。树一倒,没法住。人爱家,不爱国,国若破,家无着,看你怎样去生活!"官兵们听后深受启发,精神为之振奋。冯玉祥的抗战诗歌,极富鼓动性和教育性,对于广大民众坚定抗战信心、焕发抗战热情,起到很好的鼓舞和激励作用。

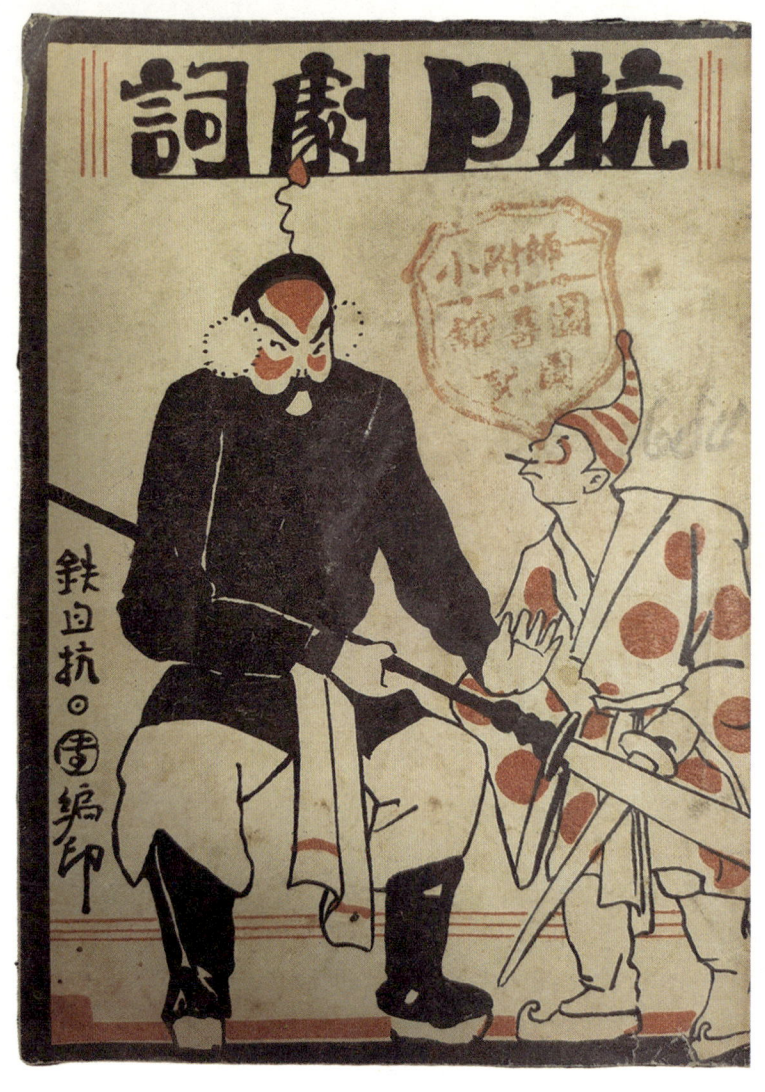

小 32 开本，10.8cm×15cm

铁血抗日团编印，印制时间不详。正文 13 页。

《抗日剧词》

这是一本汇集民间抗日唱词的小册子，其中有《骂贼》《战朝阳》《从戎》《马占山回国抗日》四个抗日短剧唱词。如《从戎》，讲述一个青年学生从军抗日的小故事，青年学生戎装登场，拔刀起舞，张口唱道："在山海关前肝胆碎！拔出雁翎刀……斜披了战时袍……可怜我……堂堂华胄……血溅尘埃……好不伤悲！恨岛夷乃是那无良之辈，林木贼带人马耀武扬威，恃强权吞并我三省地位，只害得众同胞万劫不回。"再如《马占山回国抗日》，一人饰马占山挥泪登场唱道："我那最不幸的祖国吓……叹祖国，遭不幸，强邻压境。丧失了，好河山，何等伤情！远望着，榆关前，珠泪难忍。见愁云，和惨雾，刀割我心！望南天不由人珠泪滚滚……"

此类唱词多一人表演，常在街头、茶馆和劳动间歇时间演唱，是宣传抗日轻便易行的艺术，也是深受群众欢迎的一种艺术形式。

16开本，14.5cm×22cm

江西省妇女生活改进会编，江西省战时民众组训委员会1939年5月9日初版。妇女组训丛书发刊词1页，目录4页，正文106页，版权页1页。

《农村妇女抗战常识图说》

此书是"妇女组训丛书"的一种。该丛书发刊词说："中国的抗战是全民的抗战，我们相信惟有全民动员坚持抗战方能取得最后胜利，妇女占全民之半数，我们站在妇女工作者的立场上相信只有训练妇女、组织妇女才能发动妇女以致于全面抗战。"

该书除绪言以外，共有五个部分：一为"公民常识"，包括国家和政体、我国的地理和历史、敌人的侵略、敌人的残暴、我们的民族英雄、我们怎样抗战等内容；二为"卫生常识"，包括个人卫生、环境卫生、经期和孕妇卫生、婴儿卫生、疾病预防和护理等内容；三为"救护常识"，包括消毒和换药、绷带止血、骨折与搬运、人工呼吸、烫伤急救、防空与防毒等内容；四为"生计常识"，包括提倡地方工业、怎样组织合作社、合作社的种类、怎样做肥皂、家畜与防疫、改良耕作、稻麦选种等内容；五为"唱歌"，列举了《打倒日本歌》《送郎上前线》《壮丁歌》《心头恨》《义勇军进行曲》《慰劳伤兵歌》等歌词。

此书是江西省妇女生活改进会为培训各县市妇女队班长所编写的教材。

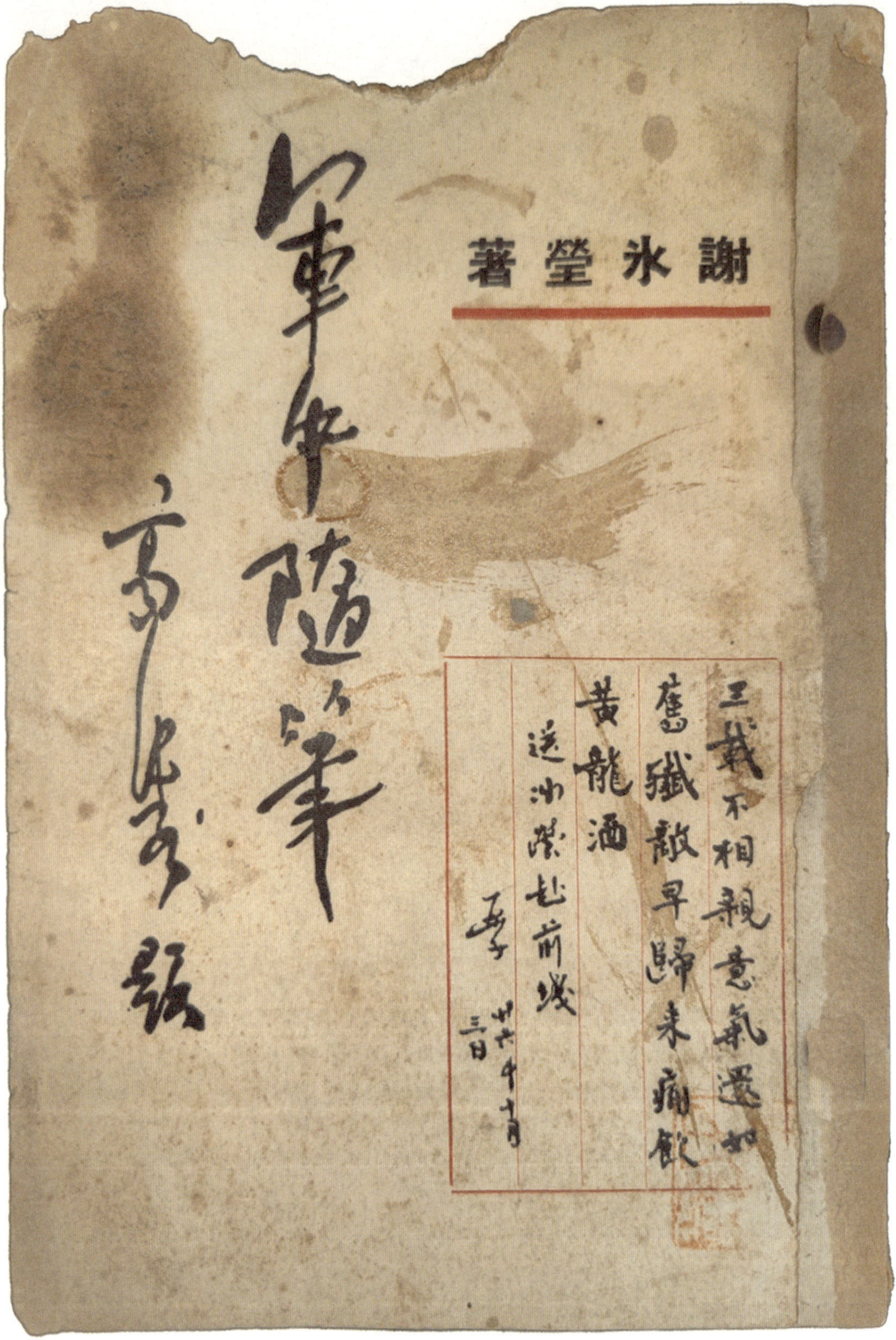

謝冰瑩 著

軍中隨筆

三載不相親 意氣還如
舊 殲敵早歸來 痛飲
黃龍酒
送沙茨赴前線
莹 廿六年十月
三日

32 开本，12.5cm×18.4cm

谢冰莹著，阿英编辑，抗战出版部1938年1月再版。扉页1页，目录1页，照片1页，正文及附录共66页，版权页1页。

《军中随笔》

作者谢冰莹（1906—2000），原名谢鸣岗，出生于湖南省新化县铎山镇（今属冷水江市），1926年考入武汉中央军事政治学校（黄埔军校武汉分校），经过短期训练，便到北伐前线参战。1935年就读于日本早稻田大学研究院。七七事变爆发后，她为救祖国危亡愤而返国，组织"湖南妇女战地服务团"，自任团长奔赴前线工作，写下《抗战日记》等作品。她是中国近代史上第一个女兵，也是中国历史上第一个女兵作家。1948年赴台湾任台湾省立师范学院（后改为师范大学）教授。

此书收入十篇战地随笔，包括《不做俘虏的战士》《前方的汉奸》《伟大的战士》《中国人不打中国人》《往那里逃》《血的故事》《血战三日记》《战地情书》《战地之夜》《晚间的来客》，均是作者亲历抗战一线的写真记录，形象具体，文字流畅，笔端多带感情，颇为动人。

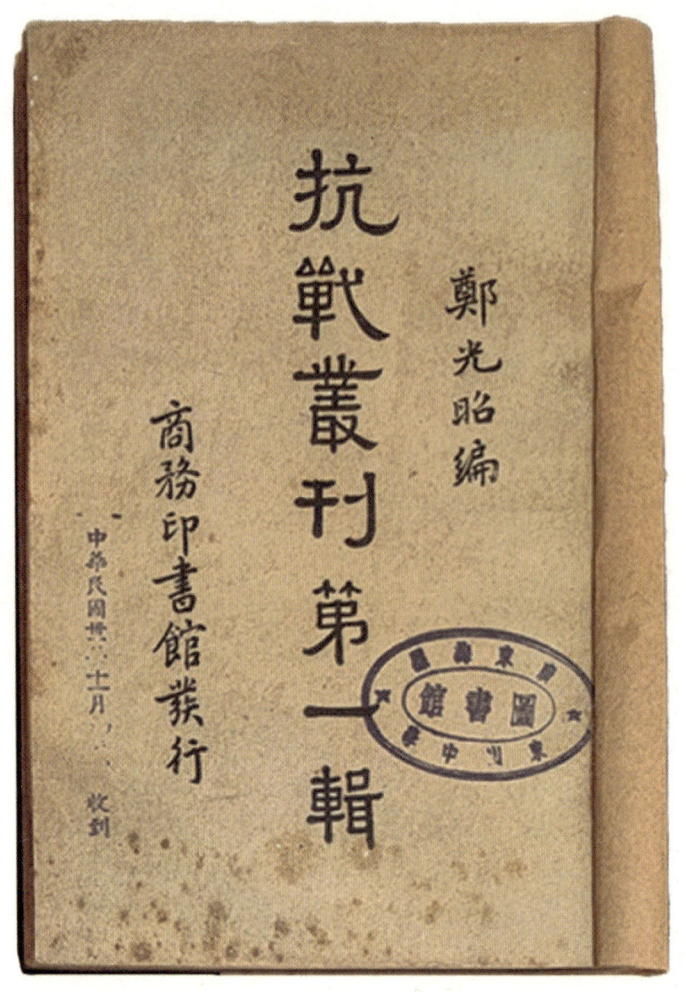

32 开本，13cm×19cm

郑光昭编，商务印书馆1938年2月至8月出版。扉页1页，导言3页，目次4页，正文200页左右，版权页1页。

《抗战丛刊》（第一辑）

抗战是关系中国命运的大事，也是牵动全国人民心弦的大事。编者在第一辑的导言中说："我军在前线到底是怎样作战的呢？他们抵御强敌的智谋勇敢又是如何运用的呢？这实是我们深切盼知之事。不过这许多我们所欲深知的事，虽然分载在各报纸及杂志上，只可惜另星而不集中，既苦不能窥全豹，又难于汇齐保存。因此编者就决定一个系统，将许多分散在各报章的记述前线将士作战的短文，搜集起来，加以整理，完成了这本小册子，以适应读者的要求。"

本着这样的宗旨，《抗战丛刊》（第一辑）选编了30余篇战地通讯和报道，主要有《罗店争夺战》《罗店之役》《蔡丙炎将军血战罗店殉国记》《右翼鏖战记》《血战东林寺》《陈家行血战十日记》《闸北孤军》《苏州河鏖战一周记》《淞滨之战》《浦东的一夜》《在火线上》《战场一角的鏖战》《四川军队上了火线》《偷渡之夜》《靶子路巷战目击记》《一篇血写的小说》《忆我们的旅长》《血战居庸关》《大战平型关》《津浦线血战记》《漳河线的防御战》《姚子青烈士》《一个伤兵的自述》等。

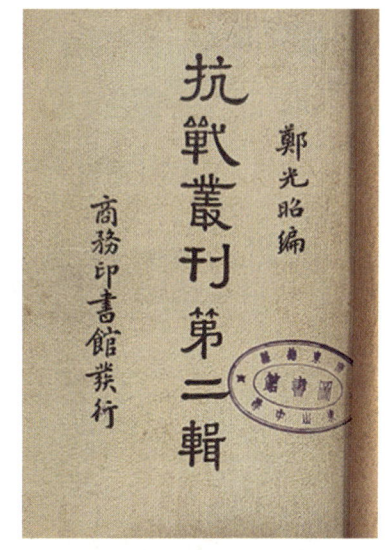

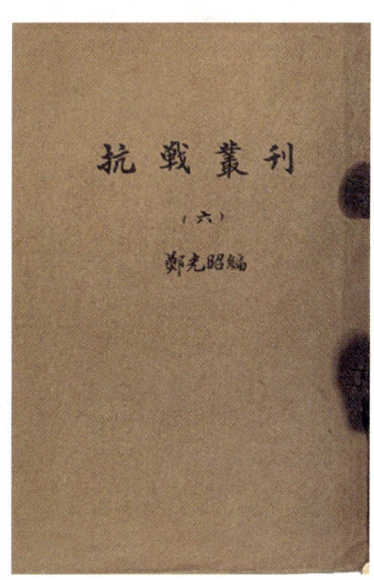

  编者对报刊上战地通讯和战地特写等，一方面按可以印证信任者和时间地点加以整理选录；另一方面对选录者附加题解，分段并加小标题，删削其中的虚言赘语，使其更精炼好读。如第一篇《罗店争夺战》，其标题下就有小字注释："罗店是一镇名，属宝山县，滨长江口，地势冲要，为军事所必争。本文详述敌我两军在此地的猛烈战况。"

  由于丛刊编辑用心，甫一面世，便成为畅销书。郑光昭受到鼓励，在短短半年多时间里，又连续编了五本，合计有六本《抗战丛刊》出版。在那个血与火的战争岁月，出版人也是以顽强拼搏的精神，为宣传抗战、鼓舞民族精神而奉献自己的力量。

32 开本，13cm×19cm

王新常著，商务印书馆（长沙）1938 年 1 月初版。扉页 1 页，抗战小丛书发刊旨趣 2 页，目次 1 页，正文 47 页，版权页 1 页。

《抗战与新闻事业》

此书为中国文化建设协会主编、商务印书馆出版的"抗战小丛书"之一。

作者谈论新闻的重要性，引述黄天鹏《新闻事业概论》里的所说：新闻是"社会的耳目，国民的喉舌，人群的明镜，文坛的霸王，未来的灯光，现在的食粮"。他认为再加上"社会教育的利器，精神国防的基石，保卫民族的先锋，抵抗侵略的前卫"等，也并无不当。

此书共五个部分：一为"引言"，说明新闻事业在伟大抗战中的重大使命；二为"新闻事业者应有的认识"，谈论新闻工作者在推进抗战进程中所担负的崇高责任；三为"如何造成抗战高于一切的舆论"，谈论如何造成上下一致和抗战到底的意志；四为"力求报纸的大众化"，谈论使报纸新闻在唤起民众参加抗战方面发挥重要作用；五为"结论"。

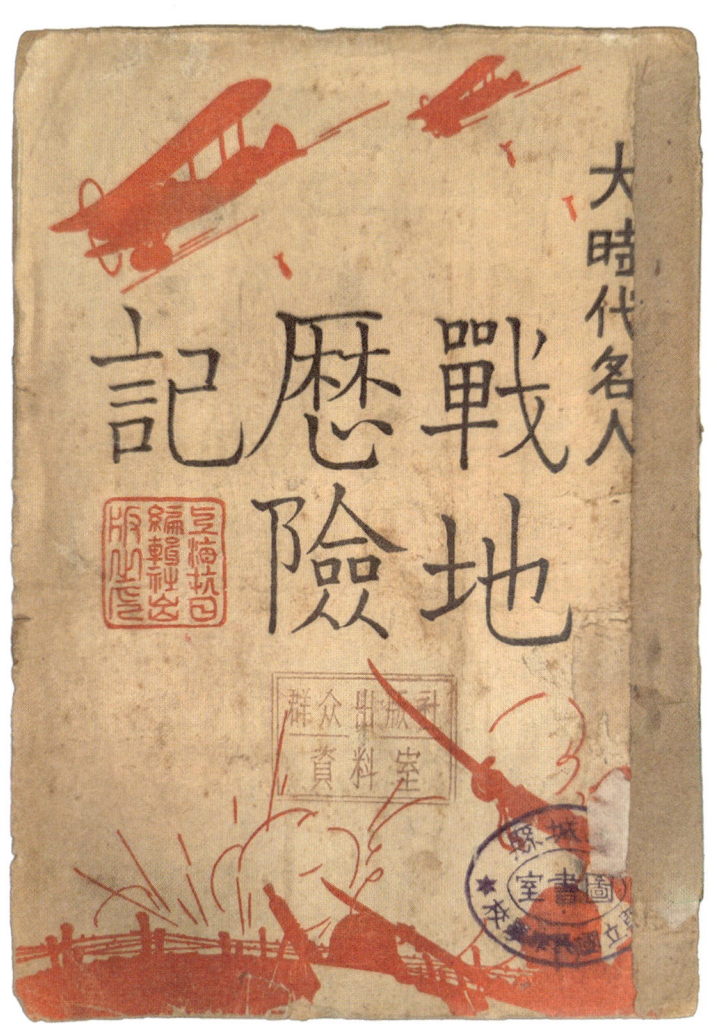

32 开本,13cm×18.5cm

陆佳编,上海抗日编辑社1938年3月出版。目次2页,正文及附录共60页,版权页1页。

《大时代名人战地历险记》

　　1932年1月,上海曾上演一部电影《战地历险记》,讲述战争岁月里的爱情故事,导演为张石川,胡蝶、郑小秋、龚稼农、胡萍等主演,在当时颇有影响。此书似乎套用其名,前面加上"大时代名人"几字,也有故弄玄虚之嫌,因为所谓"大时代"即当时时代也;所谓"名人"即当时几位文人及记者也。

　　此书的正文分为九个部分:一为"夜走宣城",二为"退出宣城",三为"湾沚夜袭",四为"返芜湖的最后列车",五为"无限伤心历战区",六为"信阳与前线",七为"淮河血战(其小标题为:'一切都向好处转''反省与同情''小蚌埠的胜利''白刃战')",八为"广阳之役",九为"惊破敌胆的淮民武装"。全书记叙几位文人穿过当时新四军与日寇敌伪军交错地带的所见所闻,表现共产党领导下的民间抗日武装可歌可泣的英勇杀敌的事迹,反映战乱中平民百姓颠沛流离的苦难生活。作者描写较为具体,文笔生动,是了解当时皖南、皖北及河南信阳一带战时状况及百姓生活的文字记录。

第四十一號 女童軍

抗戰建國連環圖畫第一集

中華平民教育促進會出版

小 32 开本，13cm×15.3cm

诸述初编，李润生绘图，中华平民教育促进会 1939 年 7 月出版。正文 18 页，版权页 1 页。

《第四十一号女童军》

  此书以连环画的形式，展现淞沪会战时一位名叫杨惠敏的高中女毕业生，满腔热血加入中国童子军战时服务团，冒着敌人的枪林弹雨，为四行仓库抵御敌人的守军四处联系运送物资，并送去一面旗帜的感人故事。

  1937 年 10 月 27 日晨 2 时，中国守军第七十二军第八十八师第五二四团中校团副谢晋元奉命带领一个营的兵力，进入苏州河北岸的四行仓库，作为掩护部队撤退之所。杨惠敏得知他们需要粮食、弹药和擦枪油，便在天亮后骑着一辆脚踏车，一个人到上海市商会去找会长王晓籁，但商会会长不相信一个女童子军的消息。27 日晚上杨惠敏再次穿过新垃圾桥，来到桥东的茶叶大楼，找到万国商团里电话机管理人，在其帮助下修通四行仓库的电话机。在天快亮的时候，杨惠敏"把事先抄好的市商会电话号码包好，丢进四行仓库，叫他们直接打电话向市商会求援"。在收到孤军电话后，市商会成功将物资送达四行仓库。在随后的庆功会上，杨惠敏提出四行仓库上应该要悬挂一面象征民族精神的国旗，大家非常赞同，立即定制一面 12 尺见方的国旗。杨惠敏又自告奋勇，接受向孤军送国旗的任务，入夜后冒着生命危险潜入四行仓库。

  1937 年 10 月 29 日晨，一面国旗在四行仓库楼顶升起，在遍布着侵略者旗帜的上海，这面旗帜格外醒目。半个租界的群众都疯狂了，苏州河畔挤满了观旗的人群，连许多外国人也为之动容。一名英租界的军官甚至在河畔集合部队，下令部队举枪向这面国旗致敬。

  《第四十一号女童军》的书名，乃是由于杨惠敏参加中国童子军战时服务团时，她的臂章是第四十一号。杨惠敏出生在镇江丹徒的长山村，幼年时，其父亲进城担任镇江润州中学传达室的校工，她也随父亲在这所学校就读。润州中学是当时传教士兴办的洋学堂，1938 年获得诺贝尔文学奖的美国女作家赛珍珠曾在此任教。当时各大媒体，对杨惠敏的事迹多有报道。后来，她还作为中国青年代表，参加了在美国举行的"第二届世界青年和平大会"。

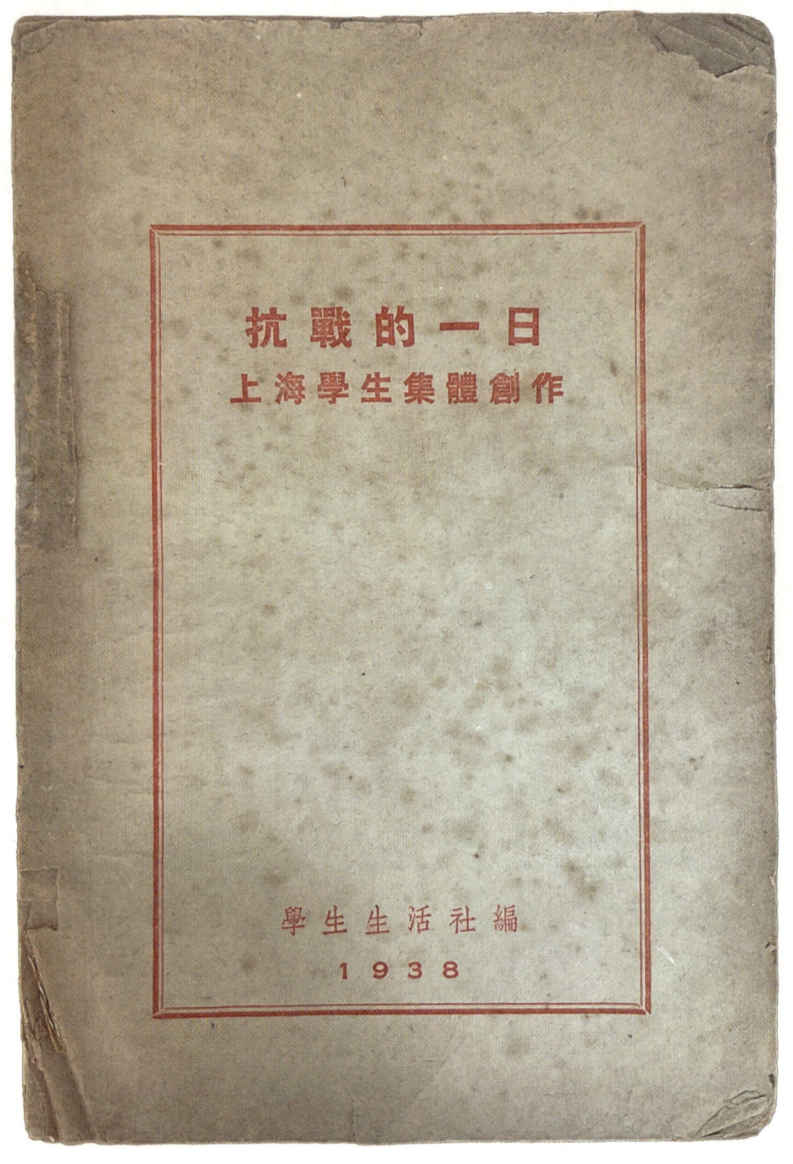

32 开本，13cm×18.4cm

上海学生集体创作，学生生活社1938年5月编印出版。扉页1页，前记2页，目次2页，正文127页。

《抗战的一日》

七七事变，尤其是八一三淞沪会战开始后，上海学生各处不同位置、面临不同社会状况，记下他们所见所闻，名之为《上海的一日》。此书共收31位学生的作品，主要有风的《沪战爆发的时候》、力之的《八月十三日》、念萍的《八·一四》、激流的《在□□救护院中》、烈阳的《出发演剧——九月十八日》、萍燕的《咆哮的群众》、何敏的《宁海舰的沉没》、芜宁的《武汉的一日》、无名的《逃难》、雷英的《再见了，故乡！》、锋的《轰炸的一日》、元卿的《祖国的青年们，起来！》、刚中的《伤兵残废医院慰问记》、孙萍的《期待着这样的一天》等。这些作品基本都是小视角，以自己亲见亲历之事，真实感人地表现了战时民众的具体生存状况，以及同仇敌忾讨伐日本侵略者的愤怒情绪。

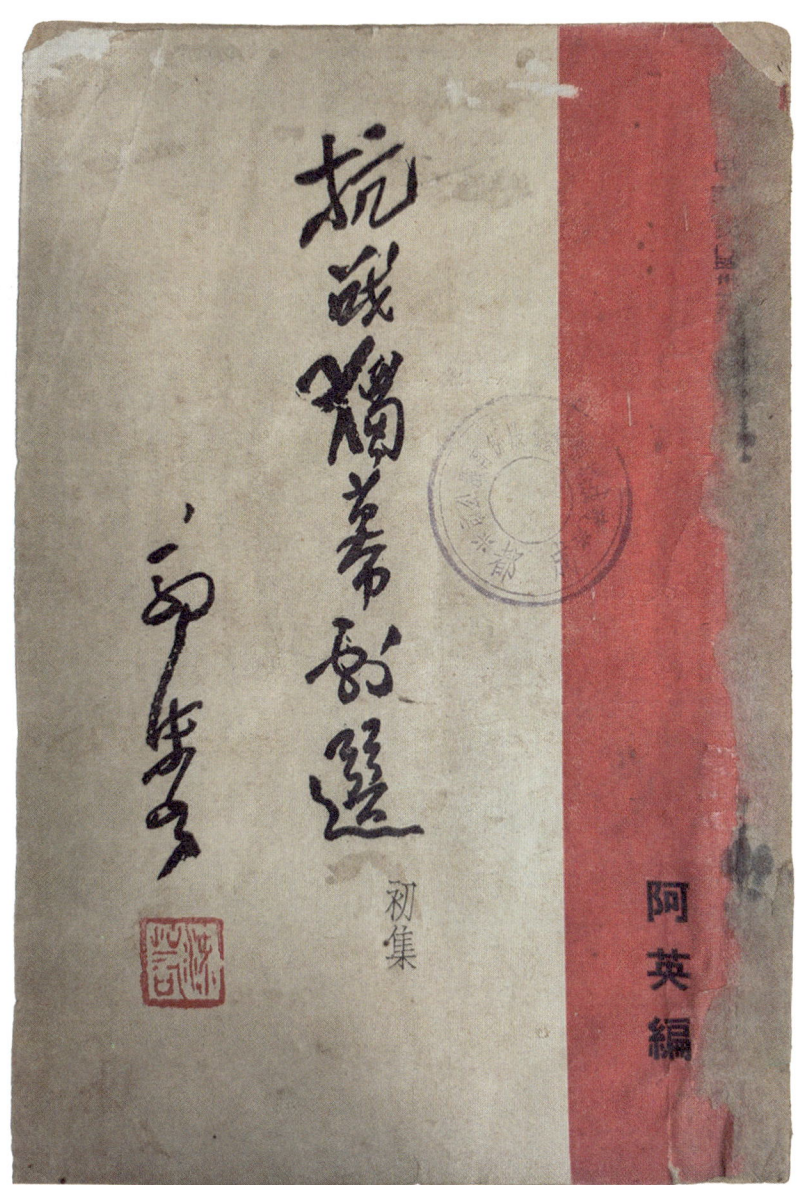

32 开本，13cm×18.5cm

阿英编，大众出版社1938年1月初版，同年5月四版。扉页1页，版权页1页，编例2页，目次2页，正文及附录共128页。

《抗战独幕剧选》（初集）

  此书收录九部独幕剧：夏衍的《咱们要反攻》、尤兢的《我们打冲锋》、凌鹤的《到前线去》、沈西苓的《在烽火中》、陈白尘的《扫射》、姚时晓的《汉奸末路》、方岩的《专门造谣》、子幽的《开里弄会去》、夏蔡的《改良拾黄金》；另收两篇论述文章：欧阳予倩的《戏剧在抗战中》、田汉的《从民族战争谈到儿童剧》；最后是阿英编录的《淞沪战争戏剧初录》。

  阿英在编例中说："从淞沪战争爆发以后，陆续在报纸杂志上所发表取材于淞沪前后方的独幕剧，约近三十种。兹选出九篇编辑成册，以应各剧团需要，兼为战期学校讲授之用。"从1938年1月初版，5月即已经印至四版来看，该书在市场上是相当受欢迎的。

戰時小叢刊

抗戰的郭沫若

下 三 編

戰時出版社刊行

32开本，12.8cm×18.5.cm

丁三编，战时出版社出版，时间不详（约1938年底）。扉页1页，目次1页，正文及附录共123页。

《抗战的郭沫若》

　　郭沫若（1892—1978），中国新诗歌运动的奠基者，现代杰出的文学家、剧作家、历史学家、考古学家、古文字学家、思想家、书法家、政治家。

　　1937年全民族抗战爆发后，郭沫若只身一人乔装从日本回国。1937年底，上海、南京相继沦陷，郭沫若在周恩来的劝导下，出任国民政府军事委员会政治部第三厅厅长，负责宣传工作，成为进步文化界的一面旗帜。在他的领导下，第三厅接连开展"抗战扩大宣传周""抗战一周年纪念""七七献金"等活动，极大激发起民众的抗日热情。第三厅还组织成立10个抗敌演剧队、4个抗敌宣传队、漫画宣传队和孩子剧团，以及代管的中国电影制片厂，所辖文艺大军约2000人，陆续分赴前线和后方开展抗日宣传工作，取得显著成效。其次，第三厅还主持了全国慰劳总会的日常慰劳工作，将大量物资、医药用品和宣传印刷品送到前线，极大鼓舞了前线官兵的士气。此外，第三厅成立战地文化服务处，形成书报刊物发行网，宣传坚持抗战思想，并掩护中共湖北省委布置敌后游击战工作。同时，他们发挥日语、世界语专家作用，大量搜集情报，编译内部资料《对敌研究》，开展对日宣传和国际宣传工作。

　　此书分四编介绍全民族抗战初期郭沫若的言行和活动。第一编为"在广州"，记叙1937年秋郭沫若到广州受到文化界及各界人士欢迎的盛况以及郭沫若在广州的几次演讲，如《武装民众之必要》《纪念"一二·九"斗争的二周年（在学生纪念大会讲）》《我们有战胜日本的把握（在救亡呼声社讲）》等；第二编为"在汉口"，包括在汉口的访谈及演讲，如《武昌"广西学生军营"之讲演》《日寇之史的清算》等；第三编为"在长沙"，包括田汉在郭沫若到长沙的欢迎词，郭沫若在文化界抗敌协会的演讲，及其文章《对于文化人的希望》等；第四编为"最近言论"，汇集郭沫若当时发表的主要文章，如《国际形势与抗战前途》《日寇残酷心理之解剖》《再建我们的文化堡垒》《把精神武装起来》《把有限的个体生命融化进无限的民族生命里去》等。

　　鲁迅先生1936年逝世后，郭沫若成为当时思想文化界最有影响的代表性人物，此书介绍抗战时郭沫若的言行和活动，具有激励和鼓动更多人积极参与抗战的意义。

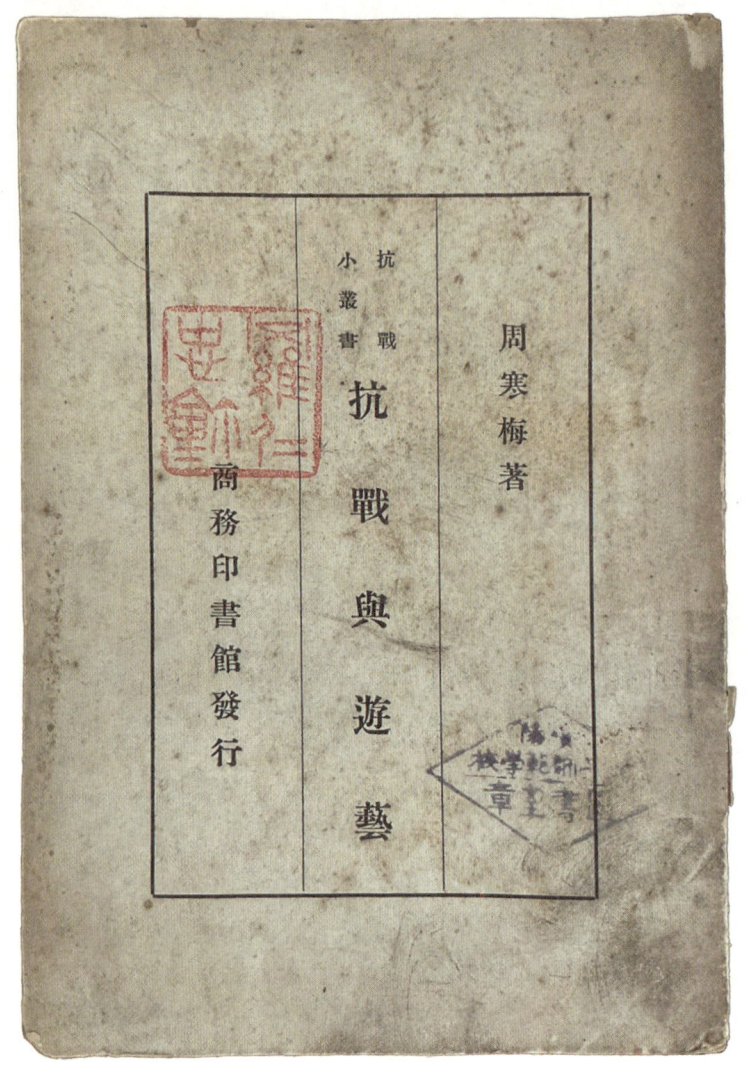

32 开本，13cm×18.8cm

周寒梅著，商务印书馆（长沙）1937年12月初版，1938年2月再版。扉页1页，目次1页，正文42页，版权页1页。

《抗战与游艺》

  此书所说的"游艺"，实际就是指通俗文艺。作者在后记中说："文化人在抗战期间唯一可以效劳的只是动员全国人民的精神力量，而动员全国人民的精神力量，必须深入一般水准以下的工农大众，并不在于一般喜唱高调投机取巧的自命为高等知识分子。而动员这广大的工农大众，大文豪大诗人悲壮慷慨的诗词歌赋是不中用的，反而是一般文化人向来所瞧不起的刘春山、江笑笑之流亚的歌唱，倒是可以左右群众思想的大权威。"

  全书就两章，第一章为"总论"，叙述文艺感发人心，摇荡性情的作用，说明动员全民抗战尤其需要文艺放下身段，走与工农兵相结合，走与劳苦大众相结合的道路。第二章为"怎样推进救亡游艺运动"，叙述游艺的种类、游艺团体的组织、救亡游艺的内容与形式、救亡游艺表现的方式等。此书强调，看似游乐活动的大众文艺，实际上具有很强的鼓动人心、打击敌人的作用。运用游艺手段做好抗战宣传是不可忽视的一项重要工作。

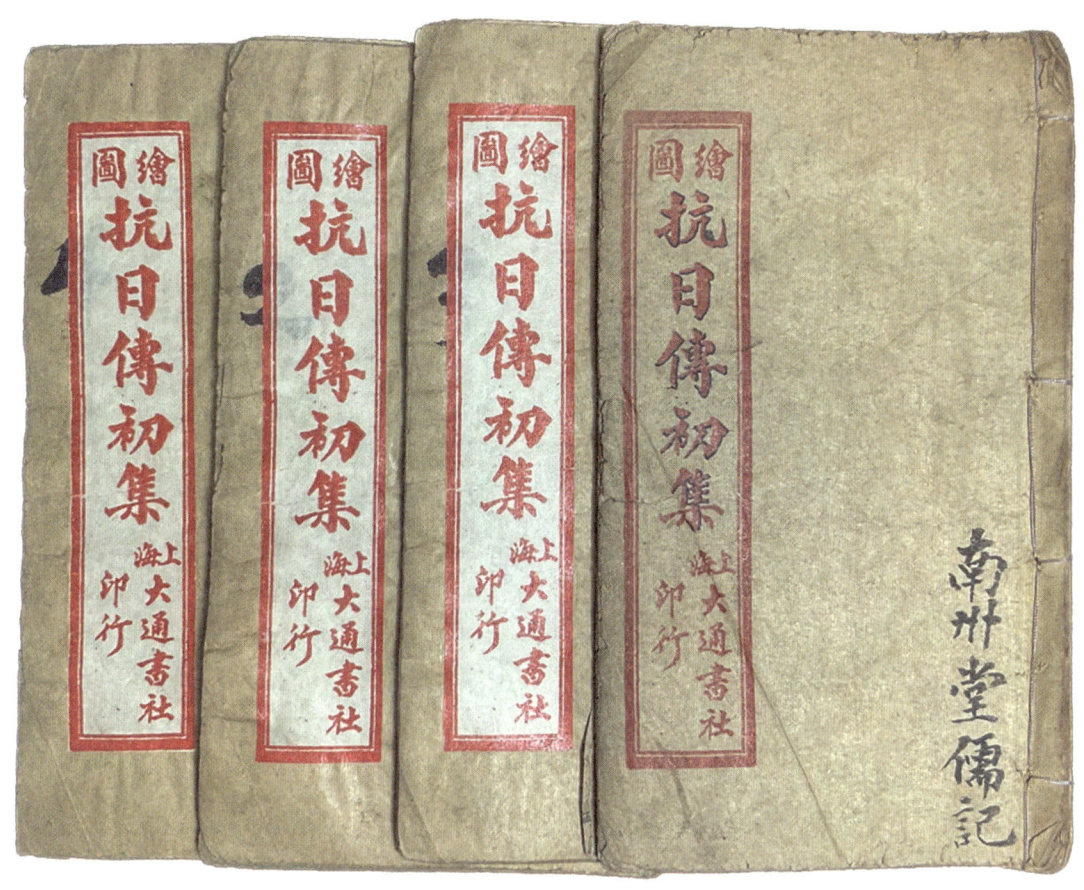

小 32 开本，10cm×17cm

上海大通书社印行，作者、出版时间不详。每册图 1 页，目录 1 页，正文 80 页。

《绘图抗日传初集》（四册）

　　此书以传统章回小说形式，叙述抗战初期淞沪大战时社会状况和日本侵略野心及手段，赞扬各地不畏强敌，奋起抗战的英勇事迹。从该书所叙述的内容看，其所描述的淞沪大战，应为日本占领东三省以后，于 1932 年 1 月 28 日又悍然进攻上海驻军，挑起一·二八事件。驻守上海的十九路军总指挥蒋光鼐、军长蔡廷锴受民愤影响，挺身而出，积极抗战。其部分回目标题为"上海市穷悲富乐，日本人大恨小愁""虹江路中日鏖战，天通庵两军冲锋""日军舰大批进口，十九军预备增兵""十九军决心抗日，日军队猛攻闸北"。该书可能原系茶馆里说书者的随口讲述，编写比较粗糙，印制也漫漶不清。

32 开本，13cm×18.6cm

仲子通著，商务印书馆（长沙）1937年12月初版，1938年3月五版。扉页1页，目次2页，正文62页，版权页1页。

《抗战与歌曲》

此书开卷语便是一首抗战歌："最后关头到，一切不顾了。没处逃，没处跑，只有拼死活，国家才得保。赴汤蹈火志不挠，为国伸天讨。杀贼荡寇，我将士大义昭昭，卫国死战，这才算举世英豪。听呀！听呀！杀敌的喊声像海倒，我们的战士勇如潮。四面八方，一齐向群寇扫。驱除残暴，伸张公道。民族之光被四表，领土主权复完好。丰功垂百世，浩气贯云霄。"

此书由两大部分组成。前半部分论述抗战与歌曲的关系，包括抗战与歌曲总论，抗战与国家的歌曲，抗战与教育的歌曲（其中又分抗战与小学生歌曲、与中学生歌曲、与大学生歌曲），抗战与民众的歌曲，抗战与军人的歌曲等内容。后半部分选载20余首歌曲，主要有《抗敌歌》《为国争光》《义勇军》《保卫大上海》《八一三战歌》《杀开血路》《中国空军歌》《长城谣》《募寒衣》《巷战歌》《国耻献词》《青年歌》《抗战进行曲》《打倒汉奸》《出征别母》等。此书出版仅三个月，就印至第五版，可见在当时比较受欢迎。

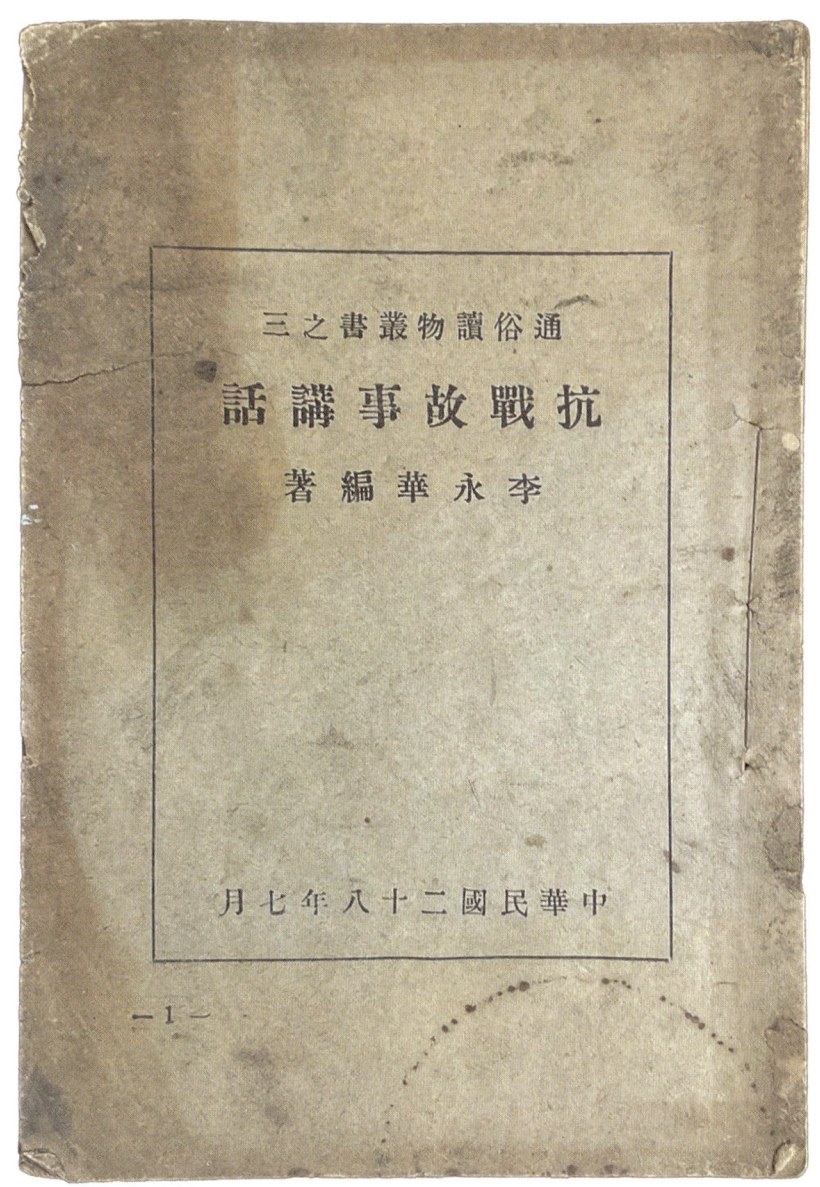

32 开本，13cm×18.4cm

李永华编著，通俗读物出版社 1939 年 7 月初版。扉页 1 页，版权页 1 页，序 2 页，目次 1 页，正文 41 页。

《抗战故事讲话》

此书收九篇抗战故事：《英勇的小战士》《神出鬼没的游击队》《三兵士》《敌机狂炸下的重庆》《水葬和火葬》《模范的妈妈》《老头儿号召军民合作》《王三误做汉奸送了命》《张子青一计杀敌》。故事编撰者在序中说："战争所创造的事实，往往比人们所幻想的故事还要奇怪些。现在，中华民族自由解放抗战烽火，普遍了全国足足有二年多了……多少可痛可恨，可歌可泣的奇迹在我们底周围不断地出现着，过去我们大家就想把这些事实收拾起来，再加以整理出了一本小册子。"现在这本小册子终于要和读者见面了，在这悲壮的七月与大家见面，自然更加有意义。

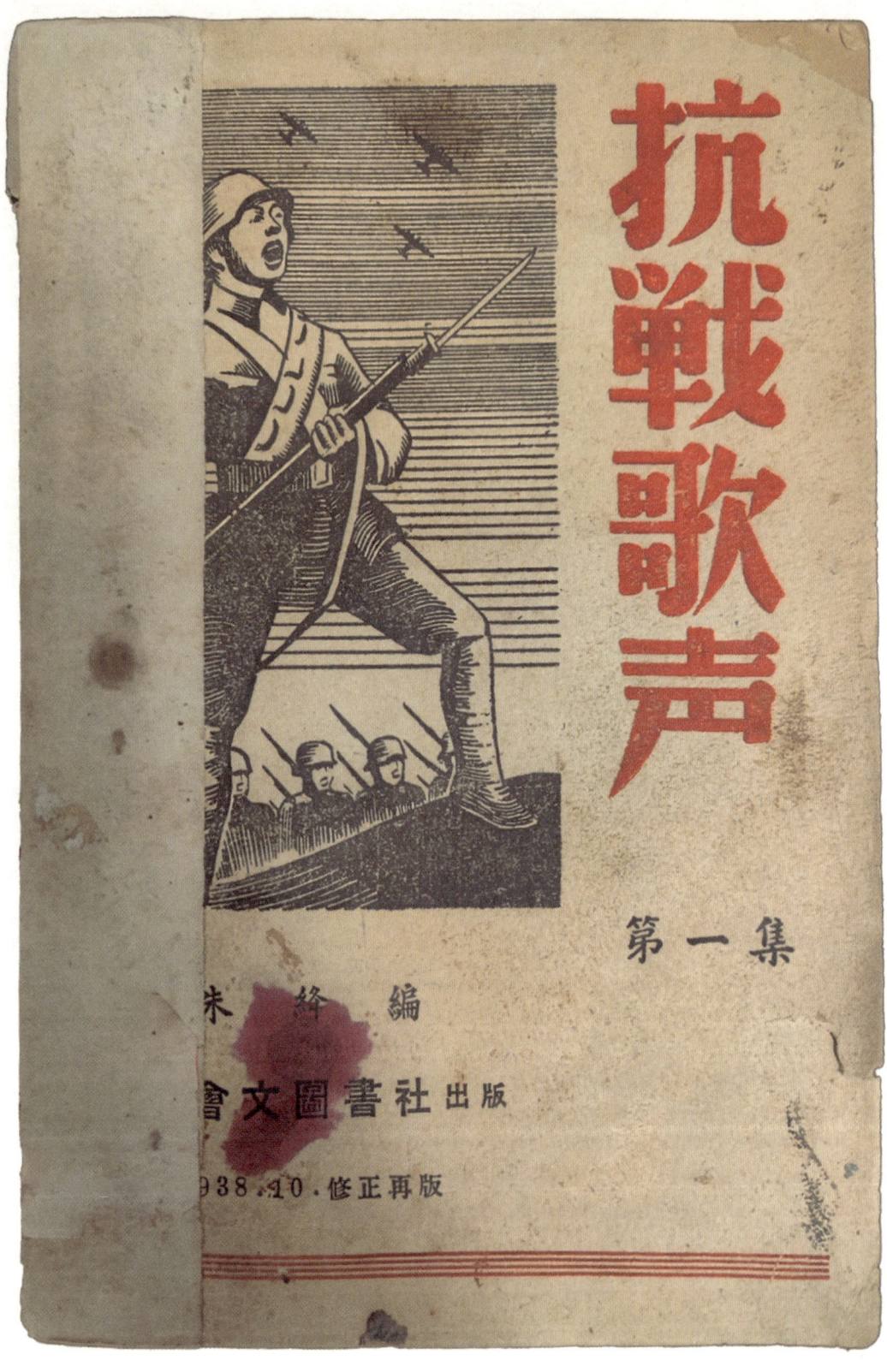

32 开本，12.6cm×18.4cm

朱绛编，会文图书社（浙江丽水）1938年6月初版，同年10月修正再版。扉页1页，版权页1页，目次6页，写在前面2页，正文180页。

《抗战歌声》（第一集）

  此书分十个部分收录150余首抗战歌曲：一为"一般歌声"，包括朱绛词、桂婉兰曲《保卫大浙江》（又名《保卫大中华》），周巍峙词曲《国共合作进行曲》，光未然词、冼星海曲《新中国》，朱绛词曲《抗战到底歌》，田汉词、星海曲《黄河之恋》等；二为"军人歌声"，包括聂耳词曲《义勇军进行曲》，吕骥词曲《民族解放先锋队队歌》，麦新词曲《大刀进行曲》，马可词曲《游击战歌》等；三为"工农歌声"，包括朱绛词、周巍峙曲《无产者之歌》，塞克词、星海曲《农民进行曲》，田汉词、张曙曲《筑堤歌》等；四为"青年歌声"，包括田汉词、星海曲《青年进行曲》，俯拾词、星海曲《前进吧，同学们！》等；五为"妇女歌声"，包括郭沫若词、麦新曲《中国妇女抗敌歌》，麦新词、星海曲《女工救国歌》等；六为"儿童歌声"，包括朱绛词曲《儿童抗战歌》，麦新词、星海曲《只怕不抵抗》等；七为"通俗歌声"，包括朱绛词曲《抗战四季调》，贺绿汀词曲《保家乡》等；八为"纪念歌声"，包括高雄词、吕骥曲《一二八纪念歌》、崔巍词、吕骥曲《新编九一八小调》等；九为"追悼歌声"，包括张庚词、吕骥曲《鲁迅先生挽歌》，田汉词、星海曲《追悼歌》等；十为"国外歌声"，包括《水兵歌》《团结歌》等。另有增页《抗日大学校歌》《陕北公学校歌》等。

  编者在写在前面中说道：随着抗战形势的进展，歌咏运动面积疾速扩大，从少数大城市扩大到广大农村；歌咏团体迅速增加，各种宣传队、歌咏队如雨后春笋般涌现；歌曲数量激增，配合抗战新形式的歌曲层出不穷。"这本歌曲集的出版，就是为着编选这些新的歌曲，提供给歌运工作者作为新的唱歌教材，提供给一般群众作为新的精神食粮的。"

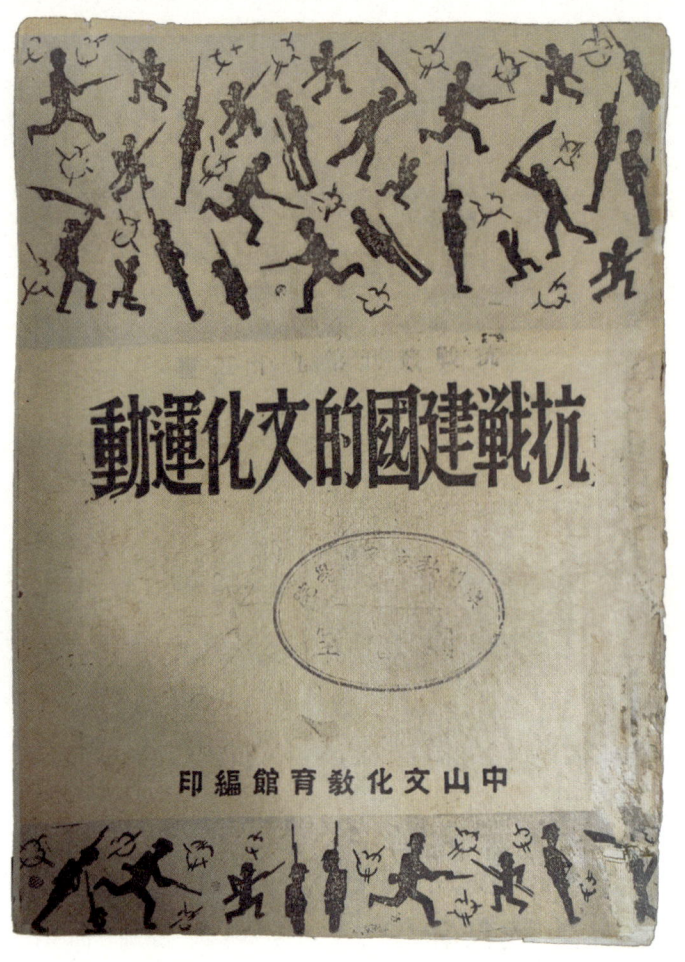

32 开本，12.5cm×16.9cm

侯外庐著，中山文化教育馆（重庆）1939 年 8 月初版。扉页 1 页，版权页 1 页，目录 1 页，正文 23 页。

《抗战建国的文化运动》

  此书共八节：一为"中国现阶段文化运动的号召"；二为"在落后的欧洲与先进的亚洲时期，中国文化运动一般"；三为"上向运动的中国文化之展开"；四为"资本主义的文化危机与中国的文化发展"；五为"人文主义的发展与衰落"；六为"团结于三民主义的文化实践"；七为"'精神胜物质''知难行易'的文化领导传统继承"；八为"中山先生文化运动的理想"。作者在书中多处引用马克思、恩格斯的论述分析抗战文化现象，是较早运用马克思主义解读中国历史文化的学者之一。

  作者侯外庐（1903—1987），山西平遥人，1923 年考入北京政法大学法律系。1924 年转入北京师范大学历史学专业，1927 年赴法国巴黎大学留学深造，1928 年加入中国共产党。1930 年回国，任哈尔滨法政大学经济学系教授。1931 年 9 月任北平大学法学院教授。1937 年在山西、陕西等地从事学术文化活动，并参与创办临汾民族革命大学。1938 年任职于中苏文化协会及中国学术工作者协会。1949 年出席中国人民政治协商会议第一届全体会议。1950 年 3 月任西北大学校长。1951 年任北京师范大学历史系主任。1954 年任中国科学院历史研究所二所副所长。1955 年当选为中国科学院学部委员。

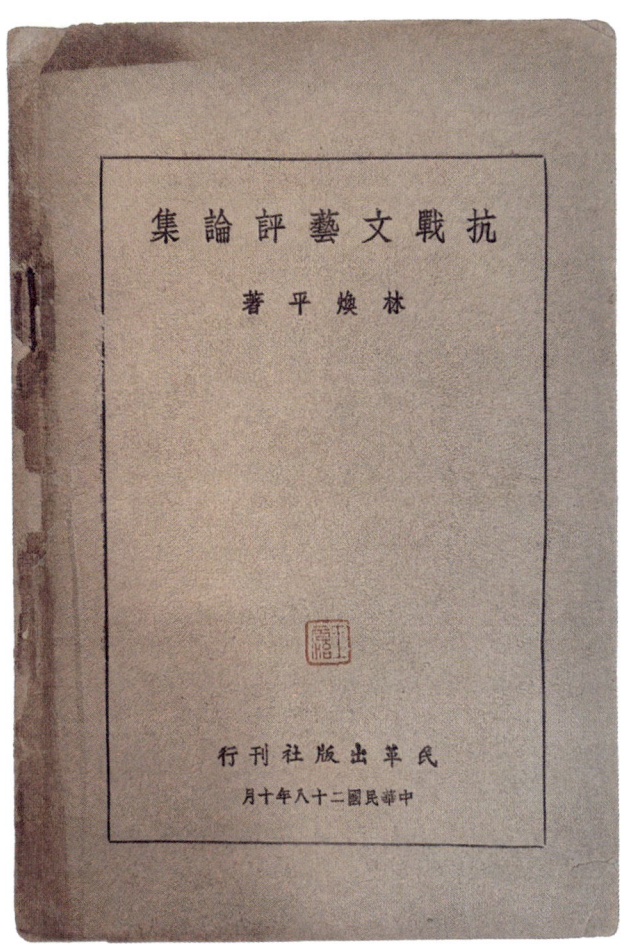

32 开本，12.5cm×18cm

林焕平著，民革出版社1939年10月初版。扉页1页，目次3页，正文165页，版权页1页。

《抗战文艺评论集》

  此书共五辑。第一辑为"抗战文艺的基本问题"，包括绪论、世界观与创作方法、创作技术的问题、抗战文艺的批评基准、形式问题、组织问题等内容；第二辑为"抗战文艺的实际问题"，包括作家的基础条件、论新文学与旧形式、街头剧的创作和演出方法、抗战文学与心理描写、论抗战诗的诸问题、关于剧本的单调等内容；第三辑为"一九三八年的我国文坛"，包括一九三八年的我国文艺评论界、我所见的本年几篇小说、一九三八年的几首诗等内容；第四辑为"一九三八年的日本文坛"，包括论一九三八年的日本文学界、日本文学的末运、日本文坛阴暗面、明治的作家从军与昭和的作家从军等内容；第五辑为"书报述评"，包括《抗战三部曲》读后感、从《抗战颂》得来的几个诗歌上的问题、评《打回老家去》、惟成功的作品才有艺术的效果、读《文艺阵地创刊号》等内容。

  林焕平（1911—2000），广东新宁（今台山）人，暨南大学肄业，1928年开始发表作品，1930年加入中国左翼作家联盟。1933年赴日本留学，任左联东京支盟书记。1937年后历任广州美专、广东国民大学香港分校、广西大学、大夏大学教授。1951年后任广西师范大学教授、中文系主任，广西文联主席等，是著名文艺理论家、教授。

32 开本，12.6cm×18.3cm

张天翼等著，出版机构、出版时间不详。目次1页，正文186页。

《抗战小说选》

此书收张天翼的《新生》、巴金的《某夫妇》、沈从文的《白魇》、靳以的《别人的故事》、鲁彦的《千家村》、王西彦的《两钱黄金》、罗洪的《鬼影》、艾芜的《野外》共八部中短篇小说。

这些作品虽然并非直接描写激烈的战斗，却较为深刻地刻画了战乱岁月对民众生活的深刻影响。如张天翼的《新生》，通过对主人翁李逸漠灰色人生和复杂情感的描写，真实反映抗日战争进入相持阶段后，知识分子所面临的"新生"境遇。

沈从文的《白魇》篇幅虽短，内涵却颇为丰富，文章开头就说"长住在乡下，不知不觉就过了五年"。然而，战乱下的乡下生活虽简单，但"简单生活中又似乎还另外有种并不十分简单的人事关系存在"。沈从文通过三重"并不十分简单的人事关系"，思考战乱烽火时代社会人生的弊病，以及个体生命的价值和写作的意义。

32开本，13.2cm×18.5cm

陈原、余荻等编，桂林新歌出版社出版，时间不详。总目录2页，歌曲总目录4页，告读者1页，序2页，正文236页。

《抗战歌曲选》

此书选取抗战新歌90首，包括启海词、冼星海曲《到敌人后方去》，沙旅词、郑律成曲《北方行》，桂涛声词、冼星海曲《在太行山上》，贺绿汀词曲《游击队歌》，集体作词、张曙曲《军民合作歌》，天兰词、吕骥曲《开荒》，常任侠词、张曙曲《爱护伤兵歌》，贺绿汀词曲《募寒衣》，老舍词、张曙曲《丈夫去当兵》，成仿吾词、吕骥曲《毕业上前线》，张曙词曲《我们要报仇》，沙梅词曲《打回东北去》，田汉词、张曙曲《赶豺狼》，光未然词、夏之秋曲《最后胜利是我们的》，锡舍词、贺绿汀曲《胜利进行曲》，陈尔东词、郑律成曲《黎明曲》，田汉词、张曙曲《洪波曲》，贺绿汀词曲《炮兵歌》，锡舍词、贺绿汀曲《空军歌》，聂耳词曲《义勇军进行曲》等著名歌曲。

编者认为："新音乐运动（特别是歌咏运动）从头就是民族解放运动中的一环，歌咏本身从头就成为民族解放的武器之一。"在抗战越发艰难和激烈的时刻，必须多方面地开展新音乐运动，必须把音乐和人民的生活斗争联结起来，鼓舞并组织他们更沉着地忍受一切苦难而勇猛地冲向敌人。

32 开本，13cm×18.2cm

韬奋著，韬奋出版社1941年8月初版，1946年10月再版。扉页1页，目录6页，序2页，正文及附录共256页，版权页1页。

《抗战以来》

邹韬奋（1895—1944），中国现代史上伟大的爱国者、卓越的文化战士、杰出的出版家和新闻记者。其祖籍为江西余江，1895年出生于福建永安。1922年在黄炎培等创办的中华职业教育社任编辑部主任，1926年接任《生活》周刊主编，以犀利之笔，力主正义舆论，抨击黑暗势力。1936年11月，国民党为扑灭抗日烈火，逮捕上海文化界救国会领导人沈钧儒、邹韬奋等七人，酿成"七君子事件"，遭到包括宋庆龄、何香凝等全国人民的强烈反对。邹韬奋出狱后辗转重庆、汉口、香港继续开展爱国救亡工作。1941年2月15日，第二届国民参政会第一次会议行将开幕之际，邹韬奋愤然辞去国民参政员之职，秘密离开重庆辗转至香港，决心"愿以光明磊落的辞职行动，唤起国人对于政治改革的深刻注意与推进"。邹韬奋到达香港后，为实现民主政治积极奔走呼喊，对于阴谋出卖国家，破坏抗战之恶势力，"则一息尚存，誓当与之奋斗到底"，展现了强烈的爱国主义精神和誓与恶势力斗争到底的大无畏气概。

此书收70余篇文章，多为邹韬奋流徙香港期间发表的评论时政的言论。其中附录三篇《我们对于国事的态度和主张》《我对于民主政治的信念》《我们需要怎样的民主政治？》，尤为集中反映了邹韬奋关于抗战时期如何通过政治改革，激发全民族抗战热情，打开抗战新局面的意见，在当时引起广泛注意和讨论。

32 开本，13cm×18cm

陈原、余狄编著，亚洲印书馆 1943 年 7 月初版。版权页 1 页，新版序 2 页，目录 4 页，正文及附录共 230 页。

《二期抗战新歌续集》

  编者在序言中说道："我们觉得：在目前是应该有长篇的叙事曲出现了。现实这样要求着。伟大的抗战已经进行了五年，有多少可歌可泣的英雄的事迹呵，而这甚适合于叙事曲的题材。"

  基于这样的认识和想法，此书重点选编了几首长篇的叙事曲：一为《黄河大合唱》（光未然作词，星海作曲）全部八段，包括《黄河船夫曲》（四部合唱）、《黄河颂》（男声独唱）、《黄河之水天上来》（朗诵）、《黄水谣》（民歌齐唱）、《河边对口曲》（二重对唱）、《黄河怨》（女声独唱）、《保卫黄河》（四部轮唱）、《怒吼吧黄河》（四部合唱）；二为《生产大合唱》（塞克作词、星海作曲）全部二幕，包括生产与抗战和农村小景；三为《新年大合唱》（天蓝作词、绿永改填、星海作曲）全部七个段落，该曲又名《九一八大合唱拔萃曲》。此外，该书还选编了一些民谣曲，如《卖花词》（女声独唱）、《出征歌》（齐唱）、《哥去当兵妹耕耘》（二部合唱）、《蒙古战歌》（民谣）等。此书所选，都是当时脍炙人口的经典歌曲。

抗戰八年木刻選集

WOODCUTS
OF WAR-TIME CHINA
1937-1945

中華全國木刻協會編選

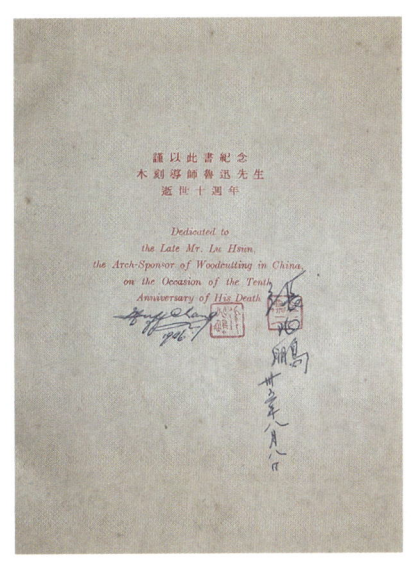

16开精装本，19.8cm×27cm

中华全国木刻协会编选，开明书店1946年9月初版。题词1页，扉页1页，版权页1页，序2页，中国新兴木刻的发生与成长2页，编后1页，目次3页，图版100页。

《抗战八年木刻选集（1937—1945）》

  此书精选全民族抗战八年中创作的木刻作品，包括陈烟桥的《鲁迅与高尔基》、李桦的《疏散》、王琦的《劈石》、古元的《离婚诉》、刘伦的《行军小憩》、陈叔亮的《印刷工》、力群的《劳动英雄》、王式廓的《开路》、罗工柳的《新窗花》、彦涵的《神兵的故事》、新波的《陀斯妥尔夫斯基像》、王流秋的《年节劳军》等100幅作品，可谓是抗战时期文艺界木刻创作的集大成者。

  书的扉页后有题词页，以中文和英文两种语言写着"谨以此书纪念木刻导师鲁迅先生逝世十周年"，以表达对中国现代木刻开拓者鲁迅先生深切的缅怀之情。书的图版前面有《中国新兴木刻的发生与成长》长文，较为全面地介绍了中国新兴木刻与传统木刻的区别及其发展过程。首版精装本封面题签是鲁迅先生的集字，采用凹印，中文套红，英文烫金，内页采用淡米黄色的道林纸，整本书开本阔大，印刷精美，堪称当时印制的精美书刊。

32 开精装本，12.5cm×17.7cm

施方穆主编，新流书店（广州）1947年9月初版。扉页1页，抗战前后序2页，目录5页，正文612页，版权页1页。

《抗战前后——名家短篇小说选》（上、下册）

编者在序中说："抗战前后的作品，只有抗战前后这个时代才能产生，同时这样的时代，也需要这样的作品来记录。抗战前后的作品有一个最大的特色，它为人民大众而写，它属于人民大众，它具有中国人民大众的品性。没有浪漫，没有拘谨，只有刻实和一种野火烧不尽，春风吹又生的永恒的热情。抗战前后有许多可歌可泣的故事，而且为血与汗与泪所渗透。记录这些故事的作者，有些便是故事里面的人物，至少他们都跳着同样的脉搏，为同样的热情燃烧着。""我们搜集这些作品的时候，仿佛抚摸着一块巨大的里程碑。它使我们回顾，也叫我们前瞻。因为这里面孕育着希望。"

此书共收入短篇小说约 50 篇，有老舍的《上任》《且说屋里》，巴金的《将军》《一个人的死》，郑振铎的《毁灭》，吴组缃的《樊家铺》《某日》，谢冰心的《冬儿姑娘》，沈起予的《妻的一周间》《难民船》，艾芜的《逃荒》《八百勇士》，茅盾的《赵先生想不通》《拟"浪花"》，张天翼的《出走以后》《新生》，叶绍钧的《一个小浪花》，施蛰存的《无题》，夏衍的《包身工》，沙汀的《苦难》《查灾》，丁玲的《一月二十三日》《团聚》等。

编选者施方穆(1917—？)，浙江鄞县人(今宁波人)。又名施若霖，曾任《申报》副刊主编，主编出版《八十家佳作集》，著有《中国语文漫话》《中国古代的医学家》等作品。

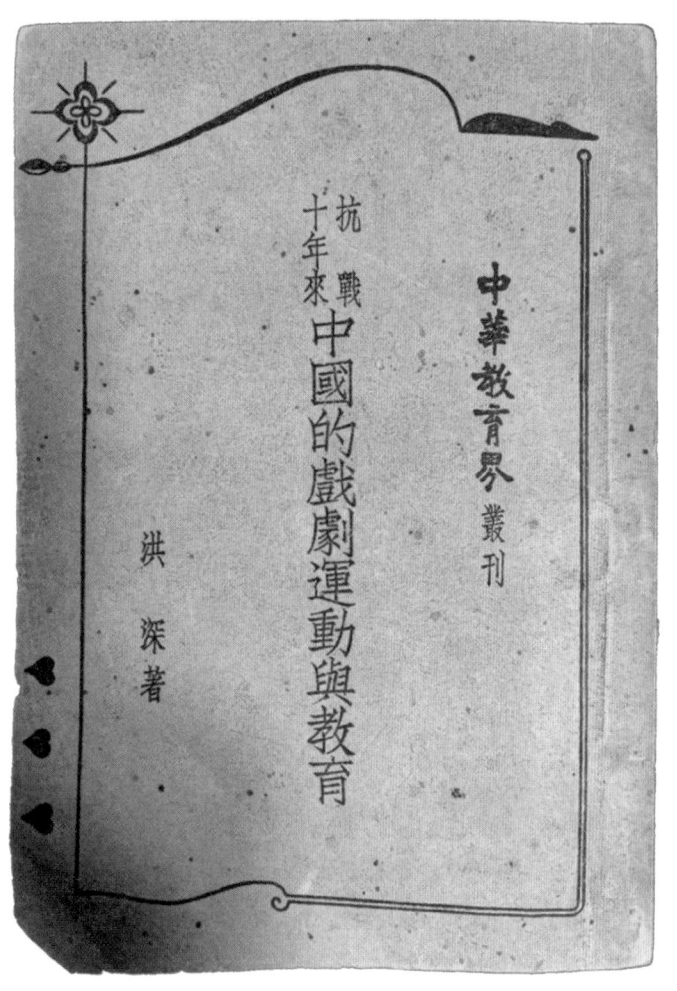

32 开本，12.8cm×18cm

洪深著，中华书局（上海）1948年10月出版。扉页1页，目次1页，正文及附录共182页，版权页1页。

《抗战十年来中国的戏剧运动与教育》

作者洪深（1894—1955），江苏省武进县人，早在清华大学就读工科时，就多才多艺，创作过独幕剧。从清华毕业后，赴美学习陶瓷工程，但他激愤于国内军阀混战，抱着改革人心、改革社会的志向，毅然放弃工科专业，到哈佛大学专攻戏剧和文学，决心做一个易卜生式向社会挑战的勇士，成为中国第一个系统学习西方戏剧的留学生。学习期间，创作了《红》《牛郎织女》《木兰从军》等英文剧。洪深一生创作电影剧本38部，创作与翻译话剧剧本55部，导演电影9部，导演话剧55部，著有影剧理论专著《洪深戏剧理论文集》《电影戏剧表演术》等12部。

此书是谈抗战时期中国的戏剧与教育发展的专著，其主要内容有：戏剧如何教育观众，戏剧服务抗战，"演戏宣传"与"巡回教育"，民间形式与地方戏，"旧剧的现代化"与秧歌，抗战戏剧的自我教育，抗战戏剧的自我批判等，另有附录顾仲彝撰写的《十年来的上海话剧运动》。该书对戏剧发挥教育民众、鼓动民众的教育功能阐述甚为有力，对抗战时期中国戏剧运动的发展梳理得较清晰。

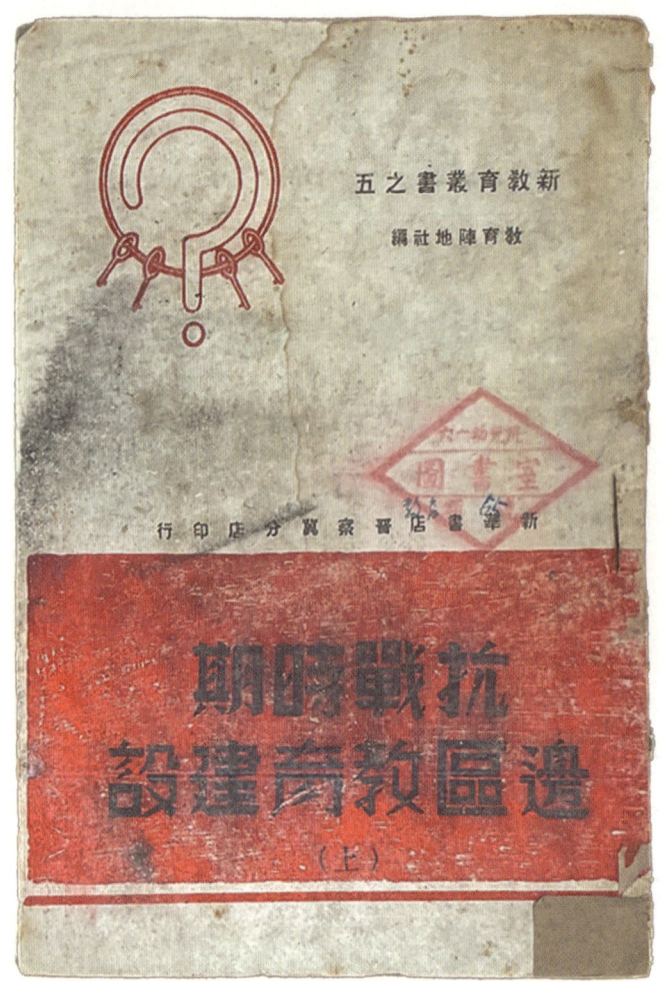

32开本，12.7cm × 18.3cm

教育阵地社编，新华书店晋察冀分店（张家口）1946年5月出版。扉页1页，前言1页，目录2页，两册正文共197页，版权页1页。

《抗战时期边区教育建设》（上、下册）

  此书梳理和总结抗战时期边区教育建设的过程和经验，共四大部分。一为"边区教育建设的道路"，主要谈论旧社会所留给我们的遗产，新民主主义文化的教育方针和政策，在艰苦的斗争中曲折前进，新文化教育的空前发展，迎接和平民主建设新时期的到来；二为"干部教育——中等专门教育"，主要谈论广泛团结教育知识分子、工农青年，培养抗日干部，中等学校的创办与发展，专门学校，民主、科学而艰苦的学习，为和平民主建设服务；三为"社会教育"，主要谈论八年来社会教育发展概况，与战争、生产、民主建设密切结合，今后的展望；四为"小学教育"，主要谈论八年来发展概况，在残酷斗争中巩固与发展，从实际出发与实际联系，在发扬自觉、自动、自治的基础上进行教育，培养了新型的小学教师。

  皑风在前言中说："抗战胜利，为迎接和平民主建设新时期的到来，全处同志，仅就所保存的残缺不完的材料，初步整理汇集成册，一以纪念文化教育战线上流血牺牲的英雄们；一以献给从事或关心文教工作的诸同志。这虽不是总结，但从这里可以吸取不少成功的经验，指导工作；也可以忆起走错了的许多弯路，足资警惕。"

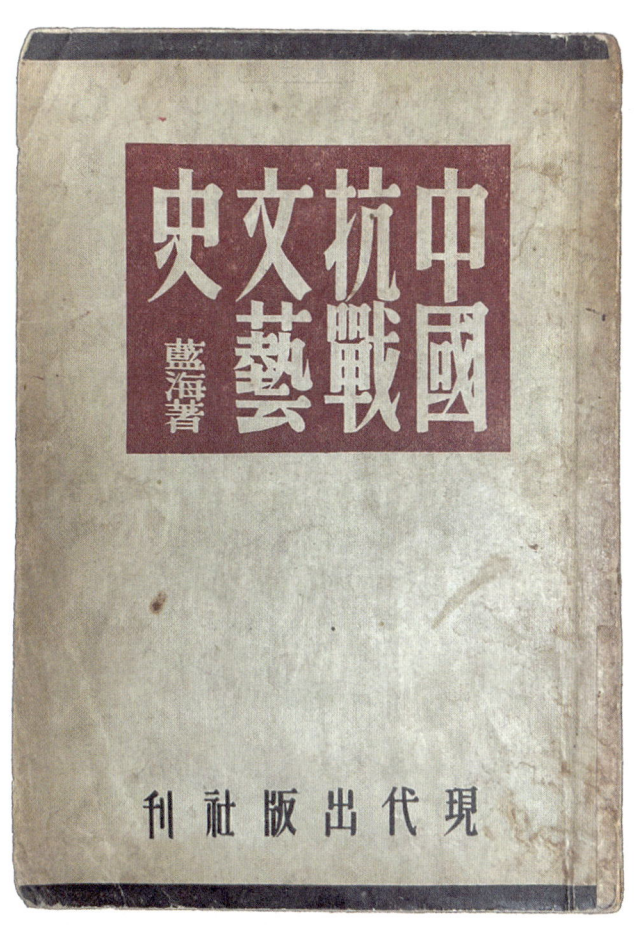

32 开本，12.8cm×18cm

蓝海著，现代出版社 1947 年 9 月初版。扉页 1 页，版权页 1 页，目录 3 页，正文及后记共 166 页。

《中国抗战文艺史》

  此书是我国第一部现代文学专史，共十章：一为"绪论"，二为"新文艺发展的路向"，三为"抗战文艺的动态和动向"，四为"通俗文艺与新型文艺"，五为"长足进展的报告文学"，六为"在生长中的小说"，七为"戏剧的高潮"，八为"在建立途中的诗歌"，九为"文艺理论的发展"，十为"后记"。该书不但保存许多珍贵的史料，而且以历史唯物主义的观点和方法，对史料和史实作比较和分析。在描述抗战文艺发展道路时，既写出文艺界的复杂性，又运用发展眼光看问题，指出文艺在内容上要塑造新时代的人民英雄形象，同时充分肯定活报剧、街头诗、朗诵诗等"新型文艺"大众化、通俗化的前途。该书力求以政治标准和艺术标准、内容与形式相统一的原则来评价作品：既肯定文艺为抗战服务、为人民服务的方向，又坚持反对概念化、公式化，指出"不仅要写出社会的现实性，而且要写出时代的真实性"，不乏参考价值。

  作者蓝海乃田仲济 (1907 — 2002)，山东潍县（今潍坊市）人，1930 年上海中国公学社会科学院毕业，1950 年任齐鲁大学教授兼中文系主任，1952 年至山东师范学院（今山东师范大学）中文系任教，曾任该校教务长、副校长，系我国现当代著名作家和评论家，现代文学学科和现代文学研究的奠基者和开拓者之一。

32 开本，12.2cm×16.8cm

瞿秋白著，海洋书屋（香港）1947年7月初版。扉页1页，版权页1页，目录1页，正文142页，后记1页。

《论中国文学革命》

  此书收瞿秋白撰写的有关现代文学的论文七篇：《鲁迅杂感选集序言》《学阀万岁！》《鬼门关以外的战争》《大众文艺的问题》《再论大众文艺答止敬》《我们是谁？》《欧化文艺和大众化》。冯乃超在后记中说："《鲁迅杂感选集序言》，分析了中国的知识分子——作家的发展过程，指出'五四'以来各个论争的意义和鲁迅先生在思想斗争史上的重要地位，总结了新文艺运动以来到一九三二年间的文艺思想斗争的经验。这一篇文章，成为中国文艺理论上的光辉瑰宝。其他各篇分析了'五四'文学革命的发展过程，指出了文学革命的狭隘性，从理论上解决了大众文艺的问题。"

  瞿秋白（1899—1935），生于江苏常州，中国共产党早期主要领导人之一，卓越的无产阶级革命家、文学家和宣传家，较早运用马克思主义解读中国革命文学的重要理论家之一。此书虽然出版于1947年，但所收文章全都发表于20世纪30年代早期，并产生广泛影响。

十

浴火重生

抗战胜利与恢复

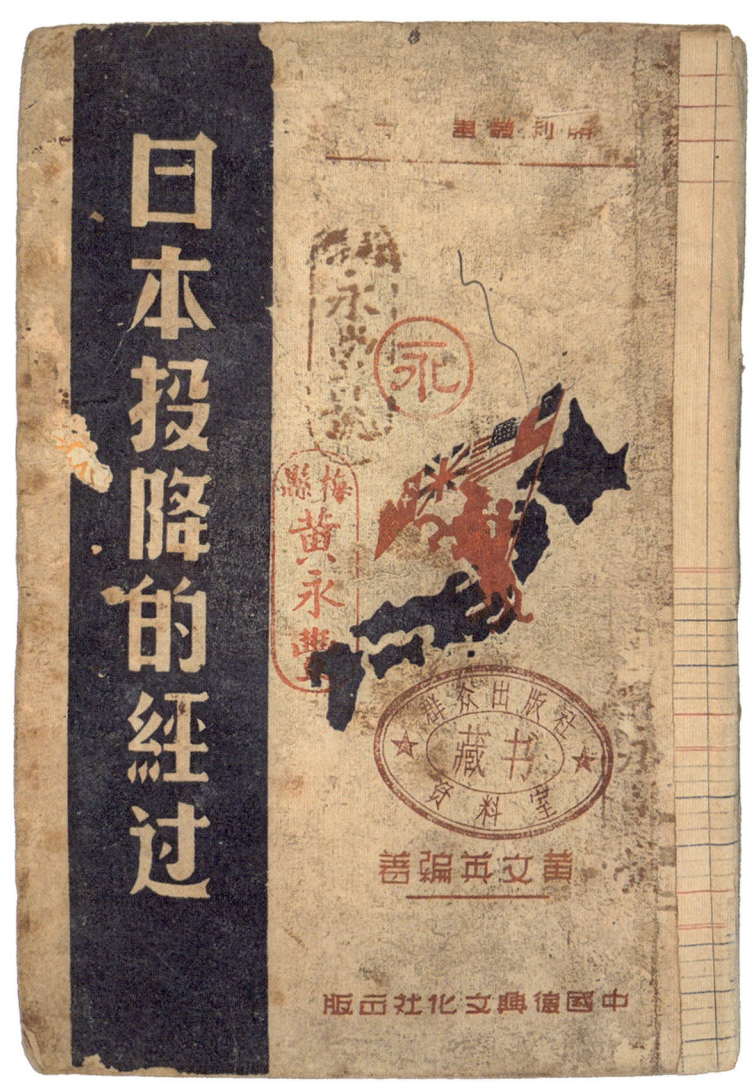

32 开本，12.9cm×18cm

黄文英编著，中国复兴文化社1945年10月初版。扉页1页，序2页，目录10页，正文及编后话共172页，版权页1页。

《日本投降的经过》

  此书除绪论和结语外，正文主要分为五个部分：一是"日本的命运与屈膝投降"，包括波茨坦会议对日本的影响，原子炸弹的神秘效用，苏联参战加速敌人的投降，日本接受无条件投降与敌阀末路，倭皇投降后亲向全国广播等；二是"麦帅辖区受降"；三是"中国战区受降"，包括中国各战区接受投降的经过、接受沦陷区行政管辖的权力，日本投降仪式在南京举行，第二方面军接收广州之经过，第一方面军接收越南之经过，北平与南浔接受投降，台湾的光复；四是"东南亚战区受降"，包括蒙巴顿将军为英受降代表接受星敌投降，缅敌投降之曲折等；五是"苏军之受降"。

  编后话中说：日寇无条件投降，"在此普天同庆、万众欢腾之余，编者以为不可无一专书，以资纪念，乃着手汇集《日本投降的经过》有关资料，编成本书，岂只纪念而已，简直可以当作民族复兴的'历史文献'阅读呢"。

十 浴火重生：抗战胜利与恢复

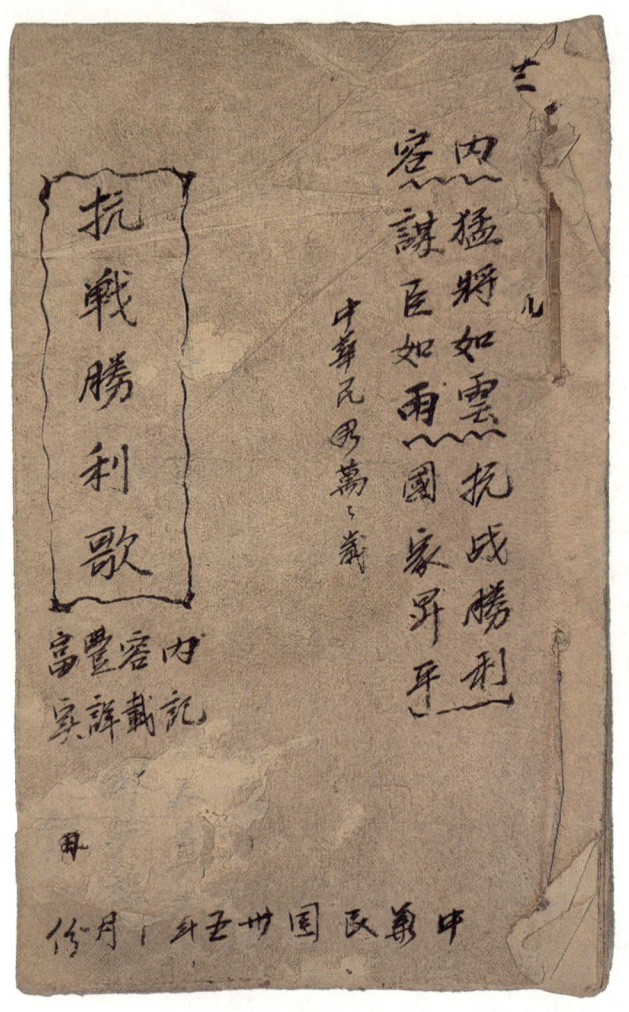

32开本，10.4cm×16.2cm

作者不详，手抄本，1946年10月抄录。16个筒子页。

《抗战胜利歌》

　　此书为手抄本，抄录民间自编传唱的《抗战胜利歌》和《中华胜利日本叹世情》两种唱词。《抗战胜利歌》从1894年甲午战争说起，叙说日本侵占宝岛台湾，再叙述1931年九一八事变日本侵占东三省引发局部抗战，继之叙述1937年七七事变引发全民族抗战，直至1945年8月日本战败投降、全民欢腾的过程和情形。《中华胜利日本叹世情》侧重叙述日寇侵略中国以及在东亚横行霸道的罪行，除在中国遭到顽强抵抗外，终至引发英国、法国在缅甸、老挝等地出兵，苏联向日本宣战，美国在日本广岛和长崎投放原子弹，致使第二次世界大战作恶者彻底失败。

　　此手抄本以七言一句、大体押韵的顺口溜形式，陈述历史事件，常带感情渲染和宣泄，堪称未经文人加工的典型的民间唱词。其语句虽有词不达意之处，也时有语法错误等毛病，间或还有错别字，但民间有此类唱本流传，说明抗战胜利乃老百姓心头多年的期盼，是民心所向、万众所望之事。当这一期望终于成为现实，自然情不自禁，自吟自唱，表达控制不住的心意也。

大32开本，14cm×20.2cm

叶云笙主编，邓杰逢、陈智亭编辑，《大光报》1945年9月19日出版。目录和版权共1页，序1页，正文及附录共33页。

《日本投降记》

此书正文分为四个部分：一是"日本必降论"，包括日本投降时间、苏联对日宣战加速日本投降等；二是"日本为何要投降？"，包括持续八年的大陆战争、日本国内的困局、原子弹的威力、苏联对日宣战等；三是"日本投降前后"，包括洽降经过、日人无意识的行动、东京签订降书、中国战区日军的投降、中国战区日军降书等；四是"现在日本"，包括日本的命运、东京与横须贺巡礼、略论管制日本等。最后附录《波茨坦公告》。

沈忾生在该书序中言："本书之作虽为急就之章，然于此侵略魁首之国家，其覆败之经过与原因，则既有以尽综合叙述之责，读者于欢腾胜利之余手此一册，于日本投降之因果能获了然，资为鉴戒，则本书之作，其亦已对国人为相当之贡献欤，是为序。"

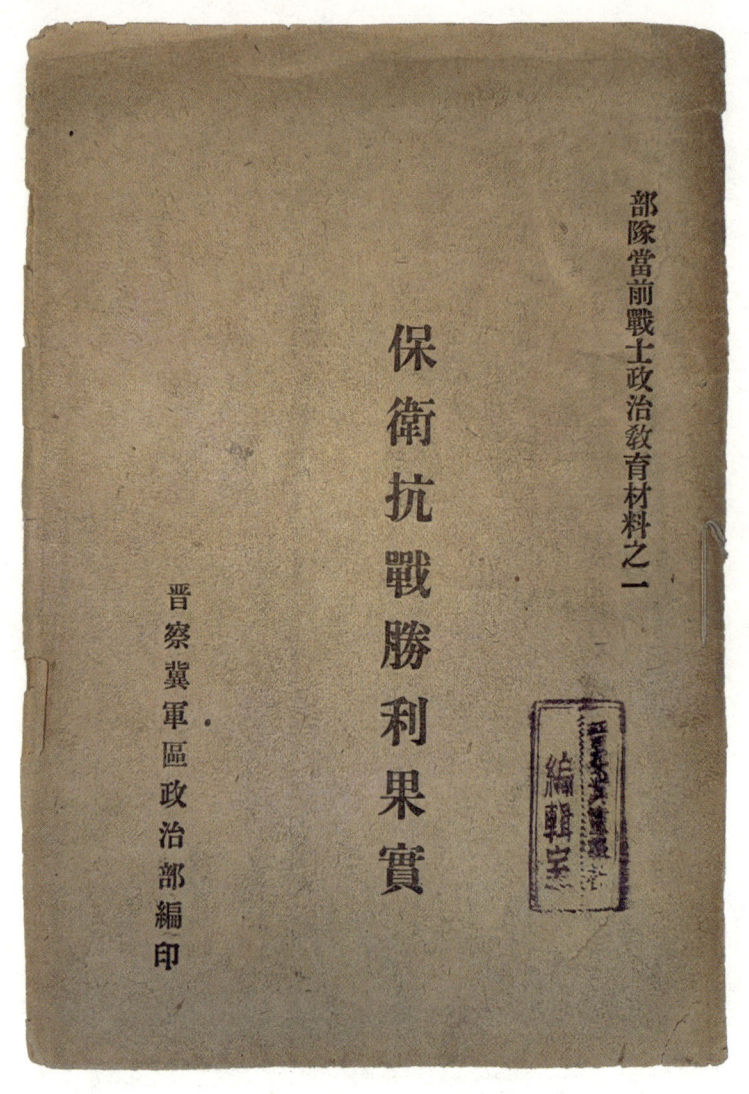

32 开本，13.4cm×18.9cm

晋察冀军区政治部编，约1946年初印。目录1页，通知1页，正文12页。

《保卫抗战胜利果实》

此书是晋察冀军区政治部编的"部队当前战士政治教育材料之一"，内部印行，共五个课程。第一课是"回想当年受苦受穷"，第二课是"国民党打内战，引进了日本狼"，第三课是"共产党领导人民大翻身"，第四课是"抗战胜利了，国民党却来抢咱们的果实"，第五课是"只有争取自卫战的胜利，才能保卫住已得的利益"。

该书目录之后，印有晋察冀军区政治部1945年12月27日下发的关于当前战士政治教育的《通知》。该《通知》指出："《保卫抗战胜利果实》是部队当前的具体的阶级教育内容。""当由抗日战争阶段转变到和平建国阶段的过渡时期，便生了种种怀疑，产生了厌倦斗争和追求享受的思想。为了取得今后自卫战争更大的胜利，争取和平、民主、团结的迅速实现，必须首先解决这个思想问题，因此编印本教材，以便在部队内普遍进行教育。各单位接到这一材料后，立即开始进行。"

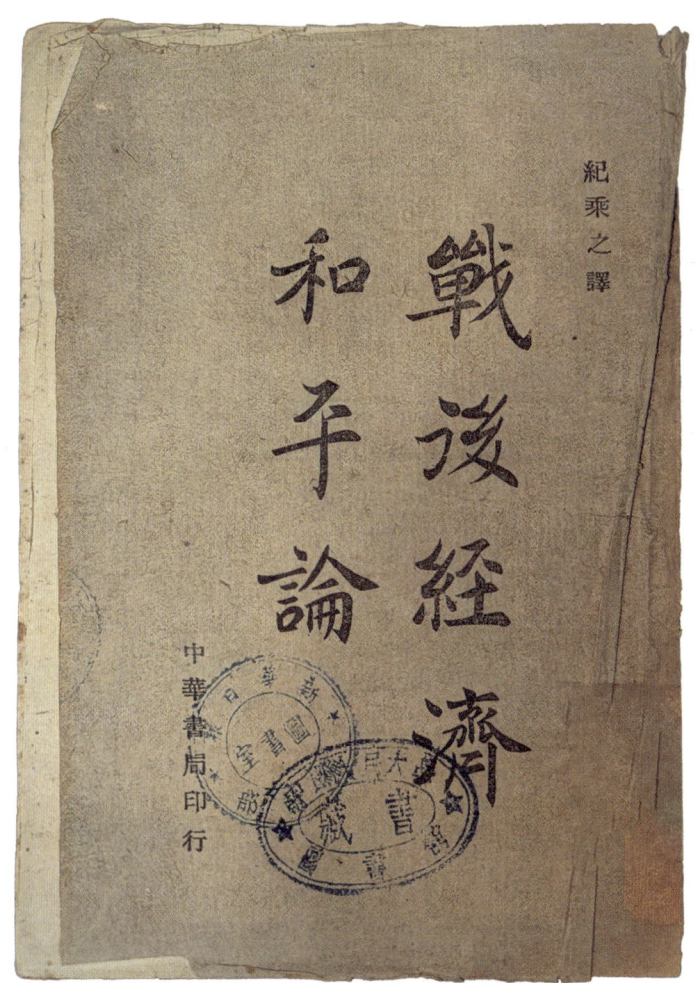

32 开本，13.2cm×18.8cm

[奥]Oswald Dutch 著，纪乘之译，中华书局（重庆）1944年11月初版。扉页1页，译者序1页，目次2页，正文138页，版权页1页。

《战后经济和平论》

  本书原为英文著述，立足一战后仅二十年又爆发第二次世界大战的历史现实，对当时的国际形势进行分析和反思，对过去国际社会政治、经济、文化等各方面彼此割裂的局面，人为的障碍，以及不能互相依赖的危机等，有较为详尽的论述，进而提出对战后维持世界永久和平的看法和建议。作者认为，奠定世界永久和平的第一要义，应使各国经济之间获得充分的国际合作。经济上有了充分合作，各国就会有更多利益交织，从而减少和压制矛盾的爆发与冲突。

  此书主要内容有：一战后签订的和平条约的错误，和平条约的经济反应，世界存亡的关键，计划经济与经济计划，工作的权利，生产体系，消费作为重要因素，自由贸易与贸易政策，信用、资本与资本主义，通货管理与政府财政，原料与代用品，殖民地与"生存空间"，赔款与外债，是有伸缩性的计划不是严格的法律等。译者序中说："当此战争结束之前，举世人士都在热烈的讨论战后国际经济问题，藉谋世界永久和平，作者在本书所提出的各种问题和他的独到意见，至值吾人参考，因抽暇译成。"

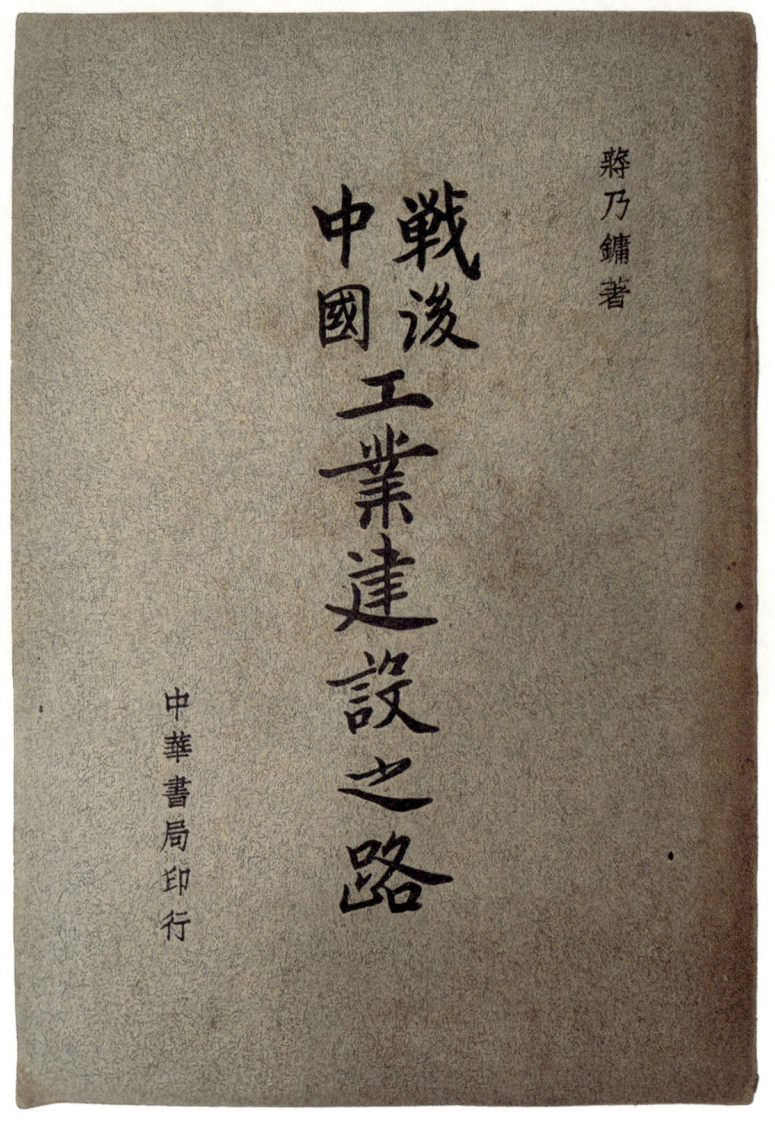

32 开本,12.8cm×18cm

蒋乃镛著,中华书局1944年4月初版,1946年1月再版。自序1页,目录3页,正文102页,版权页1页。

《战后中国工业建设之路》

此书第一章是我国战后工业建设总论,内容涉及战后工业建设的重要性,战后工业建设分区实施原则、公营、民营和公私合营的划分,战后工业建设的步骤及资金问题,战后工业建设的器材和人才问题,工作时间和工业标准化的问题等;从第二章至第十四章,分别谈论铁路建设、公路建设、汽车工业、商船建设、航空建设、电力建设、电讯建设、纺织工业、食品工业、居室建设、器皿工业、文具工业、制药工业的现状、标准、人才及发展前景等,是一本比较务实的探讨战后工业恢复和发展的专著。

作者蒋乃镛(1913—?),1913年1月出生于浙江长兴县小浦镇(今属湖州市),1930年考入私立南通学院纺织科(今南通大学纺织服装学院)攻读纺织专业,著有多种纺织学方面的专著,系我国著名纺织科学家,中国民主同盟盟员,为新中国纺织工业作出重要贡献。

32 开本，13cm×18.7cm

读者之友社编，读者之友社 1945 年 9 月初版，1946 年 1 月再版。扉页 1 页，前言 1 页，目录 5 页，序言及正文共 107 页，版权页 1 页。

《中国胜利与日本投降》

  此书分为 12 个部分：一是"序言"；二是"八年一个月零十天"，包括卢沟桥的号角，长沙三捷音，开辟了"到东京之路"，胜利光临的预兆，中国抗战大事记；三是"四千浬海洋的正义之剑"，包括珍珠港丑行与巴丹之辱，珊瑚海的胜利，瓜达康纳尔岛登陆，一千五百哩航程，无条件投降，三年八个月又八天等；四是"投降呢？还是毁灭？"，包括波茨坦招降宣言，原子弹出现了，苏联参战了，日本投降了等；五是"盟国受降记"，包括盟国复文，日本复文，一段戏剧式的内幕，"为万世开太平"，切腹能够赎罪吗，发布停战命令等；六是"幸运的马尼剌"，包括常胜将军麦克阿瑟，二十个钟头的"委屈"，到东京湾去等；七是"冈村宁次不再唱高调了！"，包括今井来降了，一幕不平凡的对白，万人争看今井武夫等；八是"全世界的欢情"；等等。

  编者在序言中说："我们在这胜利的日子，要记住我们神圣抗战的过程，要记住盟邦义师的战绩，要记住我们的仇敌是怎样倒下来的，要记住我们的仇敌是如何在自食其恶果，要记住我们领袖的昭告，要记住全世界正义胜利的欢情。以至要回溯我们六十年来血债的清算。于是我们向胜利的中国，贡献这一本纪念的小册。"

32开本，13cm×18.8cm

著者不详，北平励志出版社1945年11月1日初版。目录1页，正文48页，版权页1页。

《我们的胜利——太平洋战争纪实》

  此书主要分为11个部分：一是"从'九一八'事变到日本投降"，二是"四十八国对于最后胜利的贡献"，三是"陆海空配合行动保证了战争胜利"，四是"租借法案是击败日寇的有力武器"，五是"运输舰队克服了长距离供应"，六是"原子弹和空中堡垒加速日本屈膝"，七是"立下辉煌战功的盟国将星们"，八是"普遍亚洲的游击队活动为解放准备道路"，九是"日寇罪行备忘录之一：'共荣圈'成为东亚的浩劫"，十是"日寇罪行备忘录之二：屠杀平民，虐待俘虏"，十一是"太平洋战争大事记"。

  全书从国际形势整体变化的角度，分析和解读第二次世界大战进程，尤其是日本侵华的滔天罪行及其必然战败的结果。

  本书第四部分提到的"租借法案"，是指美国免费或有偿提供给法国、英国、中国及其他同盟国粮食、武器装备等军事物资的政策。该法案于1941年3月11日由美国总统罗斯福签署后生效，于1945年9月结束。此法案执行后，共有价值501亿美元的物资运抵了其他同盟国，中国也从中获得一定数量的物资和武器装备，对抗日战争的胜利起到一定的助推作用。

32开本，12.1cm×17.2cm

伍启元著，大东书局（上海）1946年6月初版。扉页1页，版权页1页，自序3页，目录4页，正文422页。

《由战时经济到平时经济》

  抗战时期，中国经济和中国社会一样，发生了剧烈的变化。这些变化不仅给当时的社会生活烙下很深的印记，而且对战后中国社会经济的发展产生很大的影响。此书通过对中国战时经济的考察，进一步讨论战后经济的重建和发展。全书正文分为六篇：一是对战时经济的一般检讨；二是对战时财政的检讨；三是对战时物价管制政策的检讨；四是对战时金融的检讨；五是对从战时经济到平时经济之有关问题的讨论；六是对战后社会经济各种病态的诊断，并提出战后经济恢复发展的首要条件，是需要休养生息的和平社会环境，坚决防止内战的发生。

  此书作者伍启元（1912—？），广东台山人，中国著名经济学家，曾任北京大学和西南联合大学经济学教授，战后兼任国民党政府行政院顾问。除这本书外，他还著有《中日战争与中国经济》(商务印书馆1940年1月出版)、《物价统制论》(正中书局1941年10月出版)、《战后世界币制问题》(青年书店1943年12月出版)、《宪政与经济》(正中书局1944年6月出版) 等。

  作为著名学者，作者在此书中对战时各种经济政策及措施，常分析其不足之处并提出非常有价值的改进建议。这与同类著作多半只是梳理资料、归纳事实，甚至等而下之者只为讨好当局而歌功颂德不大相同。

中國戰後經濟問題研究

方顯廷 著

商務印書館印行

16 开本，15cm×21cm

方显廷著，商务印书馆1945年11月重庆初版，1946年2月上海初版。扉页1页，序2页，编例1页，目录2页，正文257页，版权页1页。

《中国战后经济问题研究》

本书编著者方显廷（1903—1985），浙江宁波人，1921年前往美国威斯康星大学深造，后于纽约大学获经济学学士、耶鲁大学获经济学博士学位。1929年1月受聘于南开大学，任社会经济研究委员会（1931年后改为经济研究所）研究主任兼文学院经济系经济史教授，1946年赴上海中国经济研究所任执行所长。1947年底，受聘参加联合国亚洲及远东经济委员会工作，任经济调查研究室主任。1968年退休后应新加坡南洋大学之请重返教学第一线，1971年退休，为该校首席名誉教授。1985年3月20日于瑞士日内瓦寓所病逝。

此书正文分为五编。第一编为"国际经济与中国"，主要讨论战后世界经济建设，战后世界经济与中国，战后中美经济合作等问题；第二编为"经济政策"，主要讨论经济建设的远景与近路，中国政治传统与经济建设政策，中国工业化与资本来源问题等；第三编为"工业区位"，主要谈论战前工业区位的评价，战后工业中心的区位等问题；第四编为"币制外汇"，主要讨论战后外汇与货币政策，国际币制计划与中国，战后我国通货管理问题等；第五编为"对外贸易"，主要谈论自由贸易理论与保护贸易政策，战后我国采行保护贸易政策问题，战后我国出口贸易政策等。

此书封面和版权页都写"方显廷著"，但实际是多人合著的论文集，是方显廷担任南开大学经济研究所所长时所编，具体作者共有七位。这一点方显廷在序言中说得很清楚："本所同仁历年工作，虽以学术研究为主，但对实际经济问题尤致深切之注意。是以辄本国民职责，对于当前问题各抒所见，本书之编，即就同仁三年来在国内各报章杂志所发表有关战后经济问题之论文，选辑而成。计二十四篇，都十八万言。"大概因为方显廷是民国时期著名经济学家，出版社借重其名，故仅署其一人之名。

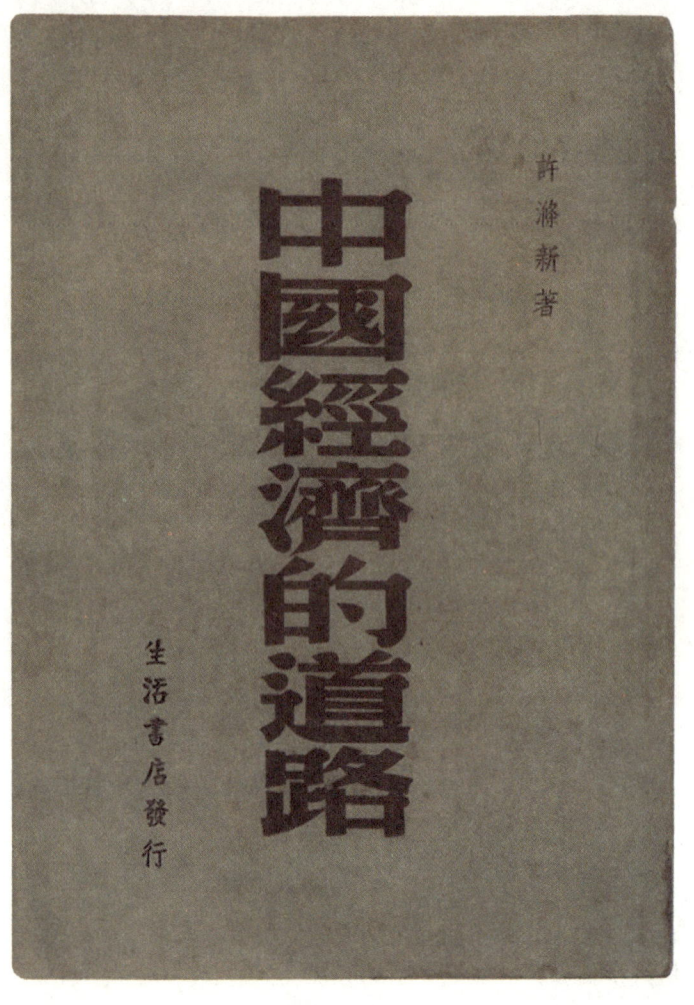

32 开本，12.7cm×17.9cm

许涤新著，生活书店（上海）1946年6月初版，同年9月再版，同年12月三版。扉页1页，目录5页，再版序3页，前言4页，正文及校后记共251页，勘误表2页，版权页1页。

《中国经济的道路》

  这是一本以中国共产党的观点为立论基础，探讨中国战后经济发展道路的书。作者许涤新 (1906 — 1988)，广东揭阳人。1928 年至 1932 年先后在厦门大学、上海劳动大学求学。1933 年参加中国共产党，历任中国社会科学家联盟宣传部长、中国左翼文化总同盟组织部部长、《新华日报》编委等。1949 年上海解放后，任上海军管会接管委员会第一副主任、华东财委副主任、上海市工商局局长、上海市人民政府秘书长等职。1952 年调往北京，任中共中央统战部副部长、中央工商行政管理局局长、全国工商联副主任、中国社科院副院长兼经济研究所所长等。著有经济学著作多种，是我国著名经济学家。在此书中，他从梳理近百年中国经济的性质变化，即由封建经济沦为半殖民地半封建经济的变化入手，讨论中国经济结构的内在构成及相互关系，进而提出中国经济的发展只能走新民主主义经济的道路，并对其根据、特点及宜采取的相关政策等作了具体阐述。

  此书的基本看法，多采自毛泽东当时对中国社会性质的分析及其在《论联合政府》中对土地、工业政策的论说。

32 开本，12.2cm×16.8cm

徐林仪编，山东新华书店1946年8月出版。扉页1页，版权页1页，目录12页，正文及附录共485页。

《战后中国的两条路线》

  此书分上、下两编，共七章。第一章是"蒋介石应当爱国"，举说日本投降以来国民党的一系列丧权辱国的事例，包括出让领土、任由美军长期驻留中国等；第二章是"中国法西斯的回光返照"，分为国民党自食其果的经济政策、黑暗的国民党统治区、独裁政府不可克服的困难，内容包括新公司法与官僚资本、被官僚资本绞杀的国统区工业、国民党收复区的米荒及农民生活、各地工潮风起云涌等；第三章是"全民族爱国运动的开展"，分为强大的中共及各民主党派足够对抗国内外反动势力，正义所在，蒋介石暗杀李公朴、闻一多等，内容包括南京六二三下关惨案真相、中外舆论纷纷抗议、各界民众呼吁停止内战等；第四章是"美国对外政策的分析"，举说美国马歇尔将军来华及美国对华政策、美国对中国战后势力范围的态度、美国试图在中国扩张军事基地等；第五章是"中美人民的呼声与正义的谴责"，举说延安权威人士严正谴责美国军事援助蒋介石、美国撕毁在华中立的假面具等；第六章是"美国国内危机与和平民主运动"，举说杜鲁门面临的美国问题、美国的通货膨胀和反对物价上涨运动、美国反"反劳工法案"的斗争等；第七章是"英美矛盾与被压迫民族反美运动"，举说英美矛盾的事实及其对世界和平的影响、英美经济会谈等。英美与苏联的矛盾在中国的表现，就是战后出现国民党与共产党两条路线的斗争。

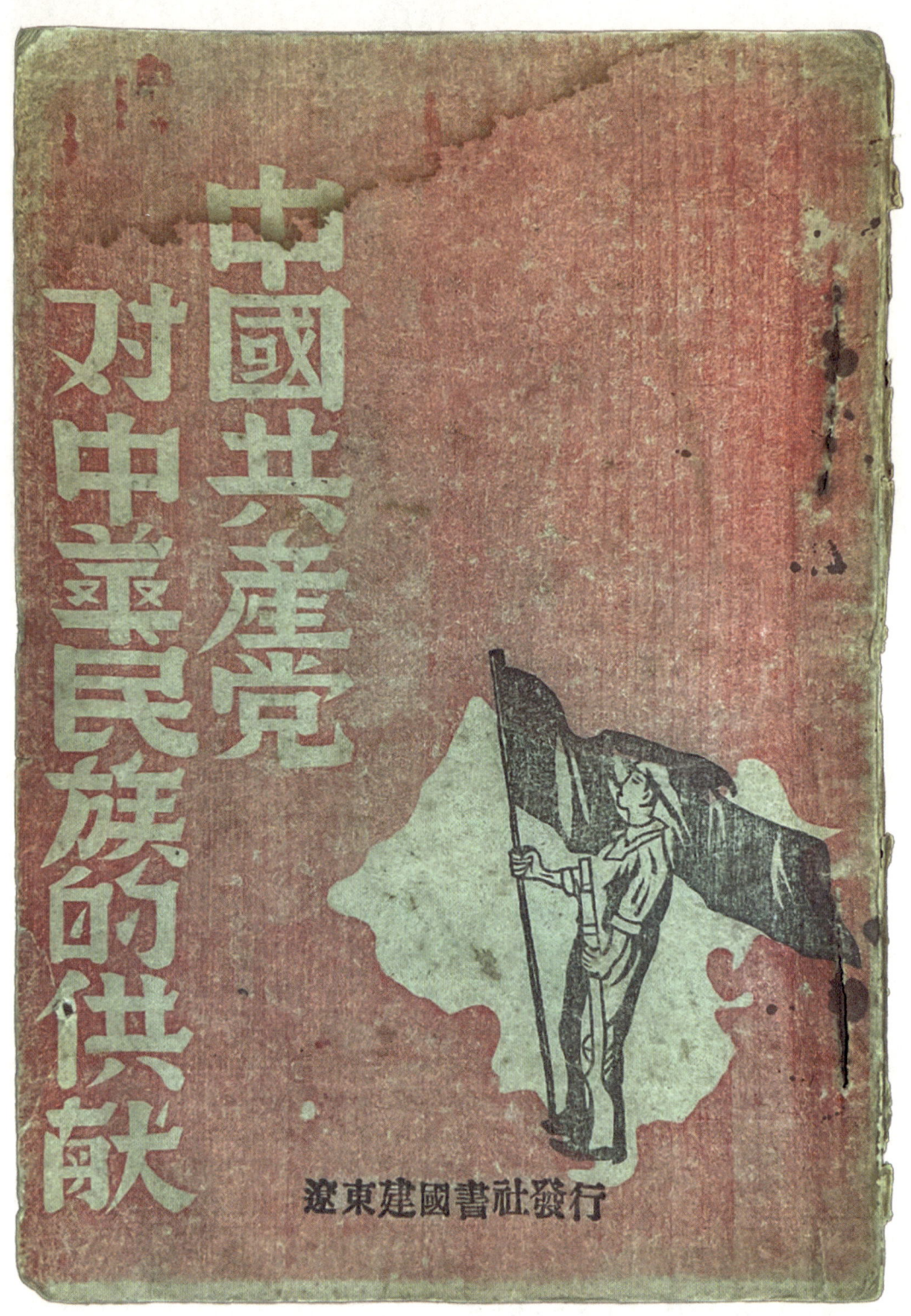

32 开本，12.5cm×17.5cm

著者不详，辽东建国书社印制，约 1947 年 4 月发行。扉页 1 页，目录 1 页，正文 110 页。

《中国共产党对中华民族的供献》

  此书由七篇文章组成：《八路军新四军的抗战成绩与敌后抗日根据地的概况》《百炼成钢的晋察冀边区》《一二九师与晋冀鲁豫》《新山东的成长》《战斗中生长的晋绥边区》《新四军和华中抗日根据地》《屹立在南海上的东江与琼崖抗日根据地》。由此目录可见，该书概述中国共产党抗日武装在全国各地的战斗和成长状况。如第一篇《八路军新四军的抗战成绩与敌后抗日根据地的概况》所说："三七年秋，敌占大同，直扑雁门关，国军蜂拥南退，三晋人心惶惶，此时八路军便星夜驰赴前线杀敌，首先以平型关的大胜，稳定了全国的人心，接着挺进敌后，建立了大大小小的根据地，把一度沦陷的国土重新光复……翻开中国的地图，西北到绥远，东北至辽热，东至大海，南至琼州，八路军、新四军及其领导下的抗日游击队，在华北、华中、华南的三大敌后战场上，建立了十五块抗日根据地。在这十五个根据地当中，华北有晋察冀、晋绥、晋冀豫、冀鲁豫、山东等五个战略区，华中有苏中、苏北、淮南、鄂豫皖边、苏南、皖中、浙东等八个战略区，华南有东江与琼崖抗日根据地，它像一座铁的长城，站立在抗战的最前线。"

  "八路军、新四军这一支出动在国防前线上的劲旅，只及国民党总兵力五分之一，可是以它的无比英勇，主动击敌，抗击了敌人全部侵华兵力百分之六十四点五，抗击了全部伪军兵力百分之九十以上。七年来，八路军，对敌作战七万四千余次，毙伤敌伪军五十九万人，俘虏敌伪军十五万余人，缴获长短枪十八万九千余支、轻重机枪三千余挺、炮四百八十余门。"这些记载于抗战时期的数据，以铁一般的事实说明，中国共产党及其抗日武装在抗日战争中作出了杰出贡献。

日本投降以來中國政局史話

華北聯合大學史地叢書之二

32 开本，12.6cm×18.1cm

胡华等著，冀中新华书店1947年8月10日出版。扉页1页、于力序2页，自序2页，目次2页，正文及附录共57页。

《日本投降以来中国政局史话》

  此书正文分为四章：第一章是"第一次武装自卫斗争时期"，叙述从1945年日本投降到1946年1月10日国共签署停战协定的过程，包括苏联参战、日本投降，延安命令痛歼顽敌、蒋电日伪军"维持地方"，一手签订双十协定、一手发布"剿共"密令，杜鲁门声明对华政策、三外长会议发布公告等内容；第二章是"和平斗争时期"，叙述自1946年1月10日国共签署停战协定到政协开幕再到关内大战的过程，包括停战协定举国欢腾、政治协商人民拥护，特务行凶校场口、暴徒捣乱执行部，反动派推翻政协、蒋介石出尔反尔，战局日益紧张、血案到处发生等内容；第三章是"第二次爱国自卫武装斗争"，叙述从1946年7月美、蒋反动派第二次大举进攻全国解放区开始，包括杀害李公朴，在京、沪、渝等地迫撤共产党，蒋介石新组"筹安会"、解放军转向大反攻等内容；第四章是"坚持和平民主独立，反对内战独裁卖国"，表达作者对当时局势的深深担忧，指出社会矛盾已处于官逼民反、民不得不反的爆发点。

  本书主要作者胡华（1921—1987），原名胡家骅。1938年进入陕北公学学习。1939年加入中国共产党。1940年在华北联合大学担任"中国近代革命运动史"教员，成为根据地最年轻的革命史教员。1948年担任华北大学中共党史教学组组长。中华人民共和国成立后，胡华曾任中国人民大学中共党史系主任和名誉主任，中国科学院近代史研究所学术委员会委员，国务院学位委员会学科评议组第一届和第二届成员、政治学和社会学分组召集人，中共党史人物研究会常务副会长兼《中共党史人物传》（1—50卷）主编。胡华是马克思主义历史学家，中国新民主主义革命史、中共党史学科的重要奠基人和开拓者。

32开本,13.2cm×18.1cm

李仁柳著,中国文化服务社1947年11月初版。扉页1页,陈序2页,罗序3页,自序3页,目次5页,正文及附录共184页,版权页1页。

《战后经济建设论》

  此书正文分为八章:第一章是"我国战时经济建设的检讨",谈论战时经济与平时经济的差异与关联等;第二章是"我国战后经济建设的途径",谈论各产业务求均衡发展、计划经济与统制经济相互为用等;第三章是"我国产业资本的形成与蓄积问题",谈论初期建设需要利用外资、国内资本如何形成和蓄积等;第四章是"我国战后工业建设的实践",讨论把握民族所有权的形式、尊重民生主义的整体性、国营与民营范围的规划等;第五章是"我国农业经营制度应有的改革",谈论工业化中农业建设的地位、过去农业经营上的弱点、今后改革应有的目标等;第六章是"我国工业农业的相辅发展问题",讨论工业与农业应该怎样相互配合、强化计划性是成功的关键等;第七章是"从民生主义看我国第一期经建原则",讨论民生主义的意义与性质、在经济建设中贯彻民生主义的作用等;第八章是"关于工业农业各种政策纲领的研究",谈论工农业各种建设纲领必须联合起来看、我们今后的任务等。

  该书作者认为:中国是一个以实行三民主义为目标的国家,战后的经济建设无疑必须采用民生主义的经济制度,而经济制度与政治制度密切相关,因此必须首先加强政治制度的改革。这一思想,在当时堪称富有卓识。

32 开本，12.6cm×17.7cm

王秀南著，商务印书馆1948年4月初版。扉页1页，目次5页，正文118页，版权页1页。

《战后中国的国民教育》

此书正文分为六章：第一章是"中国国民教育的体认"，讨论国民教育的意义、中国国民教育的体系、国民教育在战时和战后的异同、战后国民教育的特征等；第二章是"战后国民教育的目标"，包括培养公民自治的能力、提高国民的文化水准、训练国民自卫能力、灌输世界大同思想等；第三章是"战后国校的组织行政"，包括理想国校的组织原则、怎样安排国校的办公场所、如何建立国校的办学政策等；第四章是"战后国校的教导设施"，包括什么是学校式的施教、怎样在不同阶段设置不同的教育、社会施教与家庭施教怎样配合学校教育等；第五章是"战后国校的政教联系"，包括讨论为什么政与教要联系、学校如何协助和推进地方自治、怎样推进社会事业发展等；第六章是"中国国民教育的前途"，包括中国国民教育与联合国基本教育要求吻合、中国国民教育的内涵与特色、中国将来对于世界基本教育的贡献等内容。

作者王秀南（1903—2000），福建同安人，历任河南大学、中山大学、暨南大学、厦门大学等学校的教授及福建集美师范校长、福建省立龙溪中学（今漳州一中）校长、印尼印华高级商业学校校长、马来亚麻坡中华中学校长等职。著有《抗日救国与儿童教育》《小学校行政组织问题》《教育学科教学法综论》《东南亚教育史大纲》《教学著述六十年》等，是享誉我国及东南亚的著名教育家。

32开本，10.3cm×16.9cm

李正文著，新知书店1948年9月初版。扉页1页，版权页1页，目录2页，正文73页。

《战后经济学说》

  这是一本分析和批判资本主义经济理论的著述。作者开篇就指出："今日在中国以及全世界，资本主义经济学者都在抖擞精神，拼命辩解他们所代表的经济制度。在他们的辩解上，都认为美国是今日世界各国经济制度中最理想的，或是最接近理想的。这，帮助了美国的扩张主义者向全世界进军。"全书正文分为四章：第一章是"绪论"，主要讲述当时经济学的任务、派别，各派经济学的共同点和不同点；第二章是"放任派经济学说"，主要讲述放任派经济学的本质，介绍其代表人物安德生、哈耶克、罗宾斯的学说；第三章是"凯恩斯经济学说"，讲述凯恩斯经济学的主要观点、就业思想、消费理论、投资策略，以及计划经济的利弊等；第四章是"结语"，讲述经济学也是思想斗争的一种形式，以及马克思主义经济学与凯恩斯等经济学在实践中的运用等。

  作者在绪论中指出："在今天，美国扩张主义者已经成为世界和平的威胁，已经成为各国民族独立和主权完整的威胁，所以来批判一下歌颂美国经济制度的各派资本主义经济学说，并非无益的事情吧！"

后　记

　　一本书的诞生，总有某些机缘的触动，正如一场雨的降临，离不开高空云层的累积。

　　这本书的面世，虽然构思和动手于今年初，但酝酿准备时间起码已超过 20 个年头。早在 2005 年抗战胜利 60 周年之际，时任安徽教育出版社副总编辑包云鸠就曾约我撰写《无法尘封的历史：抗战旧书收藏笔记》。该书因以独特的史料和图文并茂的呈现方式反映抗日战争的悲壮历程，除获得"中国最美的书"和"安徽图书奖"等数个奖项外，还数次加印，颇受读者青睐。

　　有鉴于此，安徽教育出版社在去年底报选题时一再联系我，希望继续完成"作业"。经不住好话和劝说，更感到美意难违、人情难却，我只好给自己加码压担子，勉力答应下来。随后的一次春节小聚，在良好氛围的感染下，我有点底气加豪气地向安徽教育出版社的朋友们宣称："不做便罢，要做就要做好。"这是让编辑放心，自己承诺的事一定会做到，也是给自己打气和加劲，更是告诫自己要认真干活，决不马虎从事。

　　回过头来想，一个人能做什么事、能做成什么事，似乎多少有些命定因缘。我年轻时就爱好收藏，其中藏书是大项。当一位在写作做学问的文字旅途上闯荡漂泊的人，有缘与沧桑岁月筛下的珍稀抗战旧籍相遇，似也注定要为这种人海与书海里难得的相逢，在心底举行一个隆重的文化典仪，留下一点雪泥鸿爪的痕迹。如此而言，此书作为这种"相逢"的记录和结果，多少有些"躲过初一，躲不过十五"的命运安排，或者说，多少有点命该如此的必然性。

  厨师能烧出好菜，首先要有好的食材。我深知此书能否顺利写出，关键在于能否书海捞针，找到足够多的抗战当事人、当年写、当时印行的珍贵抗战旧籍。为越过这个不易跨过的坎，我向孔夫子旧书网的当家人和宏明先生求助。他作为执掌全球最大中文旧书交易平台的企业家和文化人，多年来斥巨资重点购藏晚清和民国书刊文献。孔夫子旧书网创办的大型私立公益性图书馆"杂书馆"，收藏各类民国时期图书、期刊及名人信札稿本等近百万件。接下来自然是北上京城，在"杂书馆"里探矿寻宝等，这些在序言中已有叙及，此不复赘。此书所蒐集、展示的抗战当年旧籍，除部分是自己的集藏外，多数来源于孔夫子旧书网"杂书馆"的典藏。

  我把汇聚在这里的珍稀旧籍，按抗战本身的历史和习常分类的思路，分为十个部分予以呈现，并对每一本旧书的内涵意义及时代背景等尽力略作客观的述评。为保持旧籍原貌，引用原文语句一般不做改动。我希望透过这些抗战当年留下的文字、书影和图片，感受那个时代的战火与硝烟，展现中华儿女奋力抗战的英勇事迹，控诉日本侵略者的滔天罪行，让我们在以史为鉴、面向未来的新征程中，走得更稳、更好。

  此书的成稿和出版，得到孔夫子旧书网和宏明先生的鼎力帮助，得到安徽教育出版社王能玉社长、李冰冰总编辑的热情支持，责任编辑文乾、赵佩娟、程心怡与美术编辑许海波、责任校对张文娟等细心编校与排版，孔夫子旧书网拍卖公司的刘宏、刘华军、汪华和"杂书馆"的沈文峰、陈沅陇等员工在我查找资料过程中伸出无私的援手，在此一并谨致由衷感谢！

  抗战旧籍涉及内容广泛，难点和疑点颇多，从研究抗战史和民国史的专业角度看，我充其量只是"票友"客串登台，不当和疏漏之处，敬请方家不吝赐教。

钱念孙
2025 年 6 月 29 日改毕于合肥书香苑